教育学究竟是怎么一回事：教育学辨析

陈桂生 著

上海教育出版社
SHANGHAI EDUCATIONAL PUBLISHING HOUSE

图书在版编目（CIP）数据

教育学究竟是怎么一回事：教育学辨析/陈桂生著.
— 上海：上海教育出版社，2020.9（2022.8重印）
ISBN 978-7-5720-0157-4

Ⅰ.①教… Ⅱ.①陈… Ⅲ.①教育学－研究
Ⅳ.①G40

中国版本图书馆CIP数据核字(2020)第164957号

责任编辑　董　洪
书籍设计　陆　弦

Jiaoyuxue jiujing shi zenme yihuishi: Jiaoyuxue bianxi
教育学究竟是怎么一回事——教育学辨析
陈桂生　著

出版发行	上海教育出版社有限公司
官　　网	www.seph.com.cn
地　　址	上海市闵行区号景路159弄C座
邮　　编	201101
印　　刷	上海展强印刷有限公司
开　　本	890×1240　1/32　印张 13.5　插页 5
字　　数	280 千字
版　　次	2020年10月第1版
印　　次	2022年8月第2次印刷
书　　号	ISBN 978-7-5720-0157-4/G·0121
定　　价	79.00 元

如发现质量问题，读者可向本社调换　电话：021-64373213

序 教育学的反思

现代社会中越来越多的人获得受教育的机会,又作为家长关注自己子女的教育,表明教育并非陌生的行业,几乎近于常识。既然如此,关于教育学究竟是怎么一回事,为什么还须一谈再谈、说三道四、呎五喝六、七谈八说呢?

说起来这件事非常简单。原来在我国近百年来西学东渐的过程中,从开始就把Pädagogik译为"教育学"。我等教育学人些微的教育学知识,就是从那里捡来的,并且从中或多或少形成自己的教育学见识。至于Pädagogik同教育学是不是一回事,在我们漫长的教育研究岁月中,却从未见到学者郑重地提及,以致多年来对Pädagogik的了解是否符合其原意,或者以Pädagogik审视我国教育文化的传统是否可取,诸如此类是是非非,屡见不鲜。"教育学究竟是怎么一回事"问题便由此发生。

本书对这个问题反思的过程是:从教育学的基本概念谈起。那还是出于把Pädagogik当作按照通行的学术规范建构现代教育学的考虑。后来只是觉得本来意义的教育学,是以未成年儿童、少年的基础教育为研究对象的学科,然而如今通常所谓教育学,不仅不再以未成年儿童、少年的基础教育为研究对象,而且就连儿童、少年基础教育的研究也逐渐走样。进一步反思,才察觉原来我国从西学东渐开始,就以我国原有教育语汇作为外来的教育语汇的中文译词，其中包括把Pädagogik译为"教育学"；由此又从中西教育文化比较中，逐步明了Pädagogik是怎么一回事，并且居然从Pädagogik的演变过程中，发现中国教育文化的影子。

现在看来，什么是教育？问题本来简单。通常把教育（狭义）、教养和称为教学的教-学活动，都列入教育范畴，或称广义的教育。其实，教育和教养指称的对象不同，教育、教养同教-学活动的性质不同，教-学活动中的教程与学程的类型不同。诸如此类教育学的基本概念，作为教育学的逻辑范畴，是这门学科论证的逻辑起点。无视逻辑起点的区别，合乎逻辑论证的"教育学"云乎哉？

现在看来，如此现象的发生，本不足为怪。因为现代西方社会—文化中的education（我国译为"教育"），大致为近两三百年间才逐步兴起的事业，免不了对其有个逐步认识的过程。正如每种值得研究的事物，在其发展到一定成熟的程度时，其内在的本质属性才逐渐显示出来。教育学自然也不例外。所以教育学基本概念的内涵以及相关概念之间的区别与联系，在这门学科演变过程中，经过有见识的学者舔破一层又一层"窗户纸"，才逐渐明朗。不讲别的，本书作者正是得益于前辈学者舔破的一层又一层"窗户纸"，才总算走近了教育学。

陈桂生

2019-7-27

于丽娃河畔

目录

序　教育学的反思 / 1

I
教育学辨析

引　言 3

教育学究竟是怎么一回事
——略议教育学的基本概念 / 5

一、教育是什么 6
二、教育概念内涵历史性的变化 8
三、教养是什么 10
四、教育和教养的区别与联系 11
五、教学是什么 13
六、教育、教养与教-学活动的区别与联系 15
七、现代教-学活动从教程向学程演变的趋势（上）——**教学论要义** 16
八、现代教-学活动从教程向学程演变的趋势（下）——**课程论要义** 19
九、教育学逻辑范畴的把握 26

教育原有性质变化引起的教育学问题
——再谈教育学究竟是怎么一回事 / 28

一、"教育"的本义与本来意义的教育学 29
二、现代教-学活动价值取向的变化 29
三、教育对象超越原先范围引起的教育价值观念问题 32
四、教育概念泛化与学校别解 33
五、教育概念泛化与大学别解 37
六、现代未成年学生在学历社会中的遭遇 42

西学东渐中发生的中国教育学问题
——三谈教育学究竟是怎么一回事 / 44

一、教育语汇中译问题 45
二、教育系统观念与各级各类学校定位问题 48

中西教育文化比较中透视的教育学问题
——四谈教育学究竟是怎么一回事 / 51

一、西方教育学演变中显示的中国教育文化的影子 52
二、教育视野中的教育学 58

Pädagogik学科辨析
——五谈教育学究竟是怎么一回事 / 63

一、Pädagogik研究的对象 63
二、教育学的学科性质 64

三、教育基础理论与教育实践理论的分化..................67
四、人类教育历史视野中的教育学..................70

我国教育文化的自信
—— 六谈教育学究竟是怎么一回事 / 72

一、关于教育学的再反思..................73
二、Pädagogik 建构中遇到的难题..................74
三、以他山之石攻本土教育文化之玉..................77
四、Pädagogik 有别于教育学..................80
五、Pädagogik 的再认识..................82
六、西学东渐的那些事..................83

教育学专业的命运
—— 七谈教育学究竟是怎么一回事 / 86

一、专业性质教育学发生的缘由..................86
二、教育研究易为其他学科治理领域的缘故..................88
三、教育学派现象观察..................90
四、以平常心看待教育学专业命运现象..................93

教育学逻辑范畴的建构
—— 八谈教育学究竟是怎么一回事 / 95

一、教育学的逻辑范畴..................96
二、以教育学逻辑范畴对教育学现象的审视..................97
三、从辨明学术范畴走近教育学..................99

Pädagogik 出典 / 105

一、关于 Pädagogik 在学术分类中定位的假设 105

二、关于 Pädagogik 学科的假设 108

关于教育学的讨论
——教育学书简 / 111

一、张建国致陈桂生（2019年6月13日）...... 111

二、陈桂生致张建国（2019年6月25日）...... 119

三、张建国致陈桂生（2019年8月20日）...... 121

四、陈桂生致张建国（2019年8月27日）...... 124

五、张建国致陈桂生（2016年9月19日）...... 127

六、陈桂生致张建国（2016年9月26日）...... 134

II
运用马克思主义理论与方法研究教育问题的尝试

引 言 141

"唯物主义教育史观"刍议 / 143

一、通常的唯物主义教育见识 144

二、社会物质的寻求 146

三、具有社会物质制约力的制度文化 148

关于教育属于社会上层建筑问题
——唯物主义教育历史观的探求 / 152

一、教育属于社会上层建筑的提出——杨贤江见解平议..........152

二、教育与政治经济的关系——刘佛年见解平议..........154

三、教育属于社会上层建筑质疑——于光远见解平议..........155

四、教育是否属于社会上层建筑——教育本质问题论证中的是是非非......156

五、教育属于社会上层建筑问题的症结——"教育相对独立性"别解......157

六、意在言外——从以上层建筑视角审视教育到以教育视角审视上层建筑..........160

七、马克思在列举社会上层建筑诸现象时为何并未提及教育..........162

马克思恩格斯关于国际工人运动中若干派别教育倾向的评论 / 166

一、蒲鲁东派、巴枯宁派教育倾向批判..........167

二、拉萨尔派教育倾向批判..........169

三、杜林"未来学校计划"批判..........170

四、工人运动内部诸派别教育倾向批判所体现的教育立场..........171

马克思关于精神生产方式对个体影响的考察 / 173

一、精神劳动的分工对个人发展的影响..........174

二、精神劳动的协作对个人发展的影响..........179

三、社会生产关系对社会精神生产和个人精神发展的制约作用..........180

历史的逻辑的教育研究的尝试 / 183

一、历史的逻辑的教育研究立论的依据 184

二、教育逻辑范畴的建立 186

三、从历史的逻辑的教育研究到历史的具体的教育研究 187

四、从历史的具体的教育研究到历史的逻辑的教育研究 189

五、历史的总体研究与细节研究 190

教育研究中逆溯法的运用 / 192

一、何谓逆溯法 193

二、以教育的发达状态审视其不发达状态的属性 193

三、以教育的原生态观照教育的发达综合征 195

四、逆溯法有别于今古互度 196

关于运用马克思主义理论与方法研究教育问题的讨论
——教育学书简 / 198

一、陈桂生致张建国（2015年10月25日）..........................198

二、张建国致陈桂生（2015年11月4日）............................203

三、陈桂生致张建国（2015年11月8日）............................205

四、陈桂生致张建国（2015年12月25日）..........................208

五、张建国致陈桂生（2016年1月13日）............................212

六、张建国致陈桂生（2016年4月18日）............................217

七、陈桂生致张建国（2016年4月20日）............................222

八、张建国致陈桂生（2016年6月29日）............................226

III 中国实践教育的理论基础

中国实践教育的理论基础 / 233

一、教育究竟是怎么一回事……………………………………………234

二、教化是怎么一回事…………………………………………………237

三、从"人本位"文化到"人民本位"文化的探求……………………238

四、从经世致用之学到实践理论的探求………………………………242

五、现代教育专业理论的由来…………………………………………247

六、教育学建构中的一般理论问题……………………………………250

七、教育学的特殊性质…………………………………………………256

八、教育基础理论与教育实践理论的区别……………………………259

九、我国教育实践理论研究中有待探访的问题………………………261

十、后记…………………………………………………………………262

IV 教育学的是是非非

引 言………………………………………………………………………267

以教-学活动为研究对象的教学论与课程论
——教育学子学科辨析（一）/ 268

一、现代教学理论的由来………………………………………………269

二、课程要义 271

三、学程和教程的区别 273

四、客观地审视教程与学程的价值 275

五、我国课程研究中有待解决的问题 277

从教育理论到德育原理
——教育学子学科辨析（二）/281

一、从教育理论到德育原理 281

二、教育原理与教育伦理学的区别 282

三、中西道德教育的区别 282

四、从教育原理到德育原理发生的问题 284

教育交叉学科辨析 / 287

一、教育交叉学科缘起 287

二、教育交叉学科的性质与类型 288

三、教育交叉学科现象 288

"教育理论"和"关于教育的理论"的区分
——教育学名实辨析 / 292

一、关于"大教育学"现象的质疑 293

二、以教育学"姓教"自律 294

三、"教育理论"与"关于教育的理论"的区别 296

四、"关于教育的理论"再分析 297

五、为教育学正名的原因何在 300

六、毋忘历史的鉴戒 301

七、后记 303

传统教育语汇与现代教育语汇名实辨析 / 305

一、传统教育语汇同现代教育语汇性质的区别 306

二、现代教育概念内涵问题 307

三、传统教育价值取向的合理性 308

现代教育和传统教育的区别与联系 / 311

一、20世纪初期关于现代教育和传统教育的争议 311

二、两种性质不同的传统教育 313

三、隐在两个标号中的货色 314

基础教育辨析 / 316

一、基础教育概念内涵的变化 317

二、西学东渐的反思 321

三、我国基础教育的再认识 324

四、以教育的常理常规为基础教育的新常态 327

教育实践中的学生文化在变化中 / 330

一、学生是教育的对象吗 330

二、何谓以学生为本 333

三、学生角色的自我认同 342

四、学生"以自我为中心现象"的警示 345

五、学生可能自主管理吗 349

六、学生集体的教育价值 351

中西师资文化比较 / 354

一、广义师资文化与狭义师资文化的区别 355

二、中西师资文化何以不同 357

三、西方师资文化在变化中 359

四、师资文化变化的缘由 361

五、中国传统师资文化的道理何在 364

六、我国现今师资文化有何特点 365

学校管理演变的轨迹 / 368

一、从家长式管理到规范管理 368

二、强序管理与弱序管理 370

三、从规范管理到以价值原则为导向的管理 371

四、从学校管理到学校领导 373

五、学校管理演变中的学校观念 374

师资培训辨析 / 377

一、师资培训问题的提出 377

二、师资培训问题的症结 378

V 附 录

一个执着的教育学人
——陈桂生教授访谈纪事 / 383

一、教师职业的选择 384

二、教育学专业的选择 385

三、教育学研究的选择 385

四、萧承慎教授的指导 387

五、关于教育学基本概念的认识 388

六、以马克思主义理论与方法指导教育研究 391

七、关于毛泽东教育思想的思考 393

话说教育学的学习与前程
——王建军—陈桂生教育学问对 / 395

一、如何使所学的教育知识融入自己的思维并转化为认识的工具 396

二、思维的性质和类型的区别 399

三、关于教育学的命运 402

关于教育学基本概念的内涵问题
——殷玉新—陈桂生教育学问对 / 405

一、关于教育学基本概念的内涵 406

二、何谓教养 408

三、何谓教学 409

四、何谓课程 411

跋 / 416

I 教育学辨析

  发展教育科学的尝试已将近二百年了。像这样的科学是否可能，应当探讨哪些问题，这些问题应当怎样解决，诸如此类的问题还一直在争论着。对这些问题有许多根本不同的回答，即使在今天也还是争议着的对象。

  ——［德］布雷岑卡：《元教育学：教育科学、教育哲学、实践教育学基础导论》

引 言

我国近百年来，有感于落后于时代，不得不经历西学东渐的过程。如今所谓"教育学"，其实是外来的Pädagogik的中文译词。至于它是不是教育学，它究竟是什么学问，诸如此类疑问，百年来不仅罕见分辨，甚至诸如此类疑问也未发生。如今竟然发生诸如此类疑问，似乎不成问题的问题成为问题，便不免有把简单问题复杂化之嫌。

在我国，虽然一般舆论中以为教育以至教育学近于常识，不过对于教育常识也须具体分析。其中虽有为时代所淘汰的成分，但正如任何有价值事物的发展过程中都不免存在绕不开的"坎"一样，我国长达五千年的教育文化传统也不免跨过了许多无法回避的"坎"。这种教育发展过程中问题的症结，至今仍若隐若现地存在于中国人的教育意识中。只是由于迄今尚未形成"有中国特色的教育学"，故对其中的关节似明白，又不分明。

好在Pädagogik毕竟是人类教育历史上晚而又晚后发的研究成果，由于当时当地作为研究对象的现代世俗的教育基本上是现代发生的新问题，其研究不能不一步一步"摸着石头过河"。其中的"石头"，便是教育学论证过程中绕不开的"坎"。倒是他山之石，可以攻玉。我们居然可以从摸石头过河途中发现我国教育文化的影子。

现在看来，无论是教育学还是Pädagogik建构中问题的症结，简单地说，便是：教育究竟是怎么一回事（教育元概念），教育与教养的区别与联系，教育–教养和教–学活动（实践）的区别与联系，教–学活动中教程与学程的区别与联系。在习俗舆论中，把其中任何一端视为教育，都不成其为问题，而在专业性质的研究中，若不明乎此，便成为逻辑论证中的难题。

除此以外，个性与社会的区别与联系、理论与实践的区别与联系，其中的是是非非，或许更是教育学建构中外在的难题。

教育学究竟是怎么一回事
——略议教育学的基本概念

一、教育是什么[6] —— 二、教育概念内涵历史性的变化[8] —— 三、教养是什么[10] —— 四、教育和教养的区别与联系[11] —— 五、教学是什么[13] —— 六、教育、教养与教-学活动的区别与联系[15] —— 七、现代教-学活动从教程向学程演变的趋势（上）——教学论要义[16] —— 八、现代教-学活动从教程向学程演变的趋势（下）——课程论要义[19] —— 九、教育学逻辑范畴的把握[26]

如今，拿教育说事的洋洋大作成堆，教育学人（学士、硕士、博士）成阵，"教育学家"云集，以致教育学几乎成为常识性的学科领域。问题在于，教育学究竟是怎么一回事？其中有什么独到的见识？它是否已经成为一种以经验事实为依据，按照通行的学术规范建构的理论？这便同这门学科理论能否成立、是否成熟相关。

如果说教育学以教育问题为研究的对象，那么"教育是什么"（教育元概念）便是其中一个前提性质的问题。因为任何一门基础性质的学科，只有形成本学科的专门概念，并且尽可能严格地保持自身的基本概念，进而培植出本学科独立的见识，作为研究范围的核心，才可能在林立的基础学科群中具有独立设置的价值。在教育基础学科建构的传统中，通常以"教育""教养""教学"和"课程"为本学科的基本概念，而这个学科领域的其他概念，大抵是从这些基本概念中派生出来的亚种。檀传宝博士曾有教育学的"鸡和蛋"的隐喻，这些基本概念就相当于教育学的基因，问题在于遗传因子本身存在是否健康问题。故何谓教育？何谓教养？何谓教学？何谓课程？这几者之间的区别与联系如何？对这些问题的不同回答，不仅同教育基础学科成熟的程度相关，弄不好就连其立论能否成立也成为问题。故有必要从教育学基本概念问题谈起。

一、教育是什么

在如今这个教育如此普及的时代，"教育是什么"，几乎尽人皆知。至于教育究竟是什么，不讲别人，反躬自问，直到现今，读罢英国学者彼得斯（Richard Stanley Peters，一译"皮德思"）《教育即启发》一文，才发觉自己原先对教育自以为知，其实是强不知以为知。

据彼得斯称，"教育"本身并非一种活动方式，而是衡量教-学活动的价值标准。①这种判断虽不免使人费解，其实这种判断不无经验事实的依据。

简单地说，我国汉语中的单音字"教"，一字两音，一词两义。其中去声之"教"（今第四声，音叫），相当于现今的规范

---

① 皮德思.教育即启发［M］//张人杰，王卫东，主编.20世纪教育学名著.广州：广东高等教育出版社，2002：629.

词"教育",表明它属于价值观念;阴平之"教"(今第一声,音交),相当于现今的"教学",为中性词,指称教–学活动,表明自古以来就形成价值性质的教育与活动性质的教学之间的区别。

先秦时期所谓"以善先人者之谓教"(《荀子·修身》),"修道之谓教"(《礼记·中庸》),以及"教也者,长善而救其失者也"(《礼记·学记》),其中之"教",都是衡量某种活动的价值标准。古代的"经师""人师"之分,现代习俗用语中的"教书"与"育人","管教"与"管导"之别,同样表明作为价值性质的教育同作为活动性质的教学是性质不同的两回事。

这种区分表明,教育作为对教–学活动判断的价值标准,有别于教–学活动本身,可算是人们心中所有,普遍认同,只是通常在口头或笔下若明若暗。直到当代英国学者彼得斯一语中的,才轻轻舐破这层薄薄的窗户纸。

问题在于,对这个判断的费解,是如何发生的呢?简单地说,其实,在近代教育学科建构初期,教育学同教学艺术(教–学活动法则)原是性质不同的两种并行的学科。由于教育毕竟是教–学活动价值判断的标准,故早就萌生两者合流的意向。如果说早在17世纪中叶,夸美纽斯(Johann Amos Comenius)所谓"大教学论",其"大"在于超越当时兴起的以拉特克(Wolfgang Von Ratke)为代表称之为"新方法"的教学艺术(教学法则),而把教学艺术置于称之为"泛智主义"的教育价值和学校制度构想的前提之下,那么18世纪与19世纪之交,赫尔巴特(Johann Friedrich Herbart)则率先超越当时教育学和教学艺术(教学法则)并行的状况,把教学法则问题引入教育学,从而同"大教学论"异曲同工。

教育学同教学艺术（教学法则）融合的合理性在于教育以教-学活动为价值判断的对象，而教-学活动以教育为价值判断的标准，判断这种活动的正当性与合理性才有依据。于是，客观上便可能由此衍生出把教学视为教育，把教育当作活动的误解。这虽然似乎只是提法的不同，但由于价值理性同实践理性之间存在逻辑的鸿沟，也就造成理论论证上的难题。这种难题，容后再议。

二、教育概念内涵历史性的变化

教育作为一种价值观念，其内涵是什么呢？

早在17世纪，近代科学鼻祖培根（Francis Bacon）在其《新方法》一书中就认定，教育是不可定义的。现代英国学者彼得斯也持此见。原因何在呢？正由于教育本身不是一种活动方式，其上位概念难以确定，同位概念随之不定，也就不能按照属概念加种概念之差的逻辑学规则下定义。不过，这并不意味着教育概念没有一定的内涵，否则就不成其为衡量教-学活动的价值准则。

实际上，自古以来就以"使人为善"为衡量教-学活动的价值标准。"善"，原是伦理学上同"恶"对举的价值判断。不过，在这个意义上，只表示善的内涵中排除恶，并不表示"非恶即善"。因为"非恶"是一个负概念，到底如何"善"，尚有待界定。教育在其源头上同道德的区别，在于它原是教-学活动中长善救失的价值准则。此义至今仍未失效。

然而，教育是一个历史范畴。其中即有一脉相承的价值，即教育的本义未变，而在不同时代、不同社会-文化之中，教育的内涵不免发生历史性的变化。这种变化首先集中表现为从古代到近代教育价值追求的变化。

自古以来的教育都以使人（首先是未成年人）形成善良的人格为价值追求。古代授业（教-学活动）中传承的文化，以伦理为要义，旨在造就那种时代的道德人格。唯在等级制度时代，普遍漠视独立人格与个性自由。当时以道德人格为要义的教育，依法依规对不同社会等级成员的个性，存在不同程度的束缚。至于不入等的平民（尤其是未成年人），更无独立人格的保障，以致随着中世纪向现代社会的转变，教育内涵的更新和教-学活动相应的变革势在必行。

现代教育价值观念的更新，是在生产及各项事业社会化客观需要与现实条件背景下逐渐形成的。生产社会化的过程，从简单协作开始，经过工场手工业阶段，直到机器大工业兴起，在产业革命过程中实现。

各种事业社会化的过程，客观上需要从根本上解脱传统社会等级制度加诸人们个性的束缚。为增进社会的活力与生机，尊重人格的独立与个性的自由。在此背景上，教育概念内涵的更新，集中表现在，在培养善良的道德人格的同时，以形成个人能力多方向发展的独立人格为价值追求。通常以"人的各种能力协调发展"，或"个性全面发展"为其标志性的口号。

问题在于现代所谓个性，从一开始，就是一个复数的概念，泛指所有个人的各种个性，而不限于单个人的个性和心理特征，其中表示每个人的独立人格、性格特点与行动自由，都该受到尊重。由于个性是一个复数概念，故每个人的个性自由，都以不侵犯他人的人格、行动自由和正当权益为前提。否则个人的自由便应受到干涉。在这个意义上，社会化时代普遍尊重个人的独立人格、个性自由，其实这种普遍的对独立人格的尊重正是新时代个人应有的社会性。所以，社会学意义的个性，是指不同人在个体社会化过程中所形成的个人秉性、人格之类的差异。不过，这是后话。

三、教养是什么

在现代教育概念中，把"各种能力协调发展"作为教育题中应有之义。其实，"各种能力协调发展"本身属于教养问题。

在教育学中，所谓教养，是指使学生获得所处时代应有的知识与技能，从而成为"有教养的人"。教养本身便成为衡量教–学活动的另一种价值准则。从此，现代教–学活动不仅应有教育（狭义）价值，还须具有教养价值。涵盖这双重价值的教育，为"教育"一词的广义。

其实，教–学活动自古以来就带有教养价值的意思。因为在教–学组织形成以前，教育价值问题早就发生。而教–学组织，是在文字发生后才逐渐形成的。因为文字及书本知识，主要借助于文化人的传授才能获得。即使是个人从自学中获得知识，也得在成年人的传授下从识字开始。问题在于古代的书本知识，无论是启蒙读物，还是"四书"之类经典著作，在授业中，作为道德人格陶冶的读本，其教养价值有限；相比之下，现代以来形成的客观知识，对于客观世界和人类本身，均具有认识的价值，故成为教-学活动应有的独立的价值追求。

唯其如此，在德国教育学中，一向把教养作为同教育（狭义）并用的基本概念。据牛国兴的博士论文（导师董标）考察，在赫尔巴特《普通教育学》问世之前，自赫尔德（Johann Gottfried von Herder）、洪堡（Wilhelm von Humboldt）以还，早期教育学著作如特拉普（Ernst Christian Trapp）《教育学尝试》、康德（Immanuel Kant）《论教育学》、尼迈尔（August Hermann Niemeyer）《教育与教学原理》以及施瓦茨（F. H. C. Schwarz）《教育与教学学说》中，都以"教养"为基本概念（论文中把"教养"误译为"培养"）。① 倒是赫尔巴特《普通教育学》中未出现教养概念。他所谓"多方面协调的兴趣"，实际上便是他赋予教养价值的内涵。至于以凯洛夫（Иван Андреевин Каиров）《教育学》为代表的苏联各种教育学，都把教养作为同狭义教育并用的基本概念。

关于在欧洲大陆以外的文化圈中，未以教养为教育理论的基本概念，容后再议。

四、教育和教养的区别与联系

欧洲大陆教育学以教养为基本概念，而英语地区未把教养纳入教育学的基本概念，个中的缘由何在？在以教养为基本概

---

① 牛国兴.情境、语言、观念与教育学——早期德意志教育学形态研究（1780—1810）[D]. 广州：华南师范大学，2017.

念的教育学中，教育同教养之间的关系如何？其实，是否以教养为基本概念，实际上反映两种"元教育"概念之间的差异。

西方"教育"一词，为"引出"之义。意味着教育是把受教育者意识中原有的价值倾向，引向应有的价值追求，而学习者的知识，要靠从外部输入。把外部输入的客观知识转化为学习者的知识，便成为学习者的教养。正是在这个意义上，存在教育与教养的区别。

问题在于"引出"如何使应有的价值转化为学生自己的价值追求呢？中国传统的"说教"加死记硬背，类似于客观知识的输入。虽不足以使施加的影响转化为学习者的价值追求，单靠"引出"，也达不到应有的成效。故在欧洲大陆教育学中，是在教养的基础上教育，使受教育者基于个人理性的自觉与自律，成为受到教育影响的人。

虽然英语地区和欧洲大陆都把教育列入价值范畴，而对教育价值的理解却有区别。在彼得斯看来，教育并不表示师生之间要有任何特殊的互动方式，它只说明这种互动所应遵循的准则而已。所谓教育，主要是指刻意以一种合乎认知性与自愿性的方式，来传递价值事物的一些历程，它能使学习者产生成就动机，同时也和生活中其他事物一样受到重视。[1]具体讲，其要义在于：教育传递的是有价值的事物；所传递的价值为学生所认知，从而成为他自己的价值追求，才算是教育。

这两种教育价值观念的区别在于：

---

[1] 皮德思.教育即启发[M]//张人杰，王卫东，主编.20世纪教育学名著.广州：广东高等教育出版社，2002：629.

1. 前者的教育内涵源于伦理道德价值。正如以上谈到的教育概念内涵历史性的变化一样，现代教育内涵不局限于此，已经把独立人格、个性自由、个体身心健全发展，尤其是个体社会化涵盖在内。所以在后者观念中，不管施加什么影响，重要的是只传递有价值的影响，才堪称教育。

2. 前者把教育本身视为一种价值，教育价值在教养的基础上实现；在后者的观念中，所传递的价值，转化为学生自己的价值追求，才算是教育价值的实现。

以上见解都属于教育的元概念。通常把教学活动作为教育经验事实，才对于把教育归入价值范畴感到费解。

五、教学是什么

教学，更是尽人皆知的事情，殊不知这个概念更加含糊。

教学，在中国原先译为"教授"。"授"即传授，也就是教（阴平）的意思。陶行知针对教与学脱节的现象，把"教授"改译为"教学"，即教学生学的意思，意味着把原先的中性词改为规范词。不过，此后通常仍把这个词当作中性词运用，即不管教是否同学脱节，都称之为教学。问题在于教同学，毕竟是相互关联的两回事，两者不可能完全"合一"。如果"教学合一"，势必反而把"教学生学"之教同"未起到教学生学作用"之教的区别掩盖起来。原先的名目（如教授、教习）为中性词，其得失以教育与教养价值衡量。

"教"原是同"学"对举的概念。按理教是因学而发生的。

不过，在一般意义上，因学而教，即学什么，才教什么，而在具体情境中，则是因教而学，即教什么，才学什么。如果说应当学什么、教什么，同教育价值和与教养价值相关，那么因学而教与因教而学，则是历史形成的教-学活动两种基本的类型。

古代所谓学，主要是指未成年人通过学，成为那个时代所需要的人。可算是那个时代"个体社会化"的实现。正如子夏所说："贤贤易色，事父母能竭其力，事君能致其身，与朋友交言而有信，虽曰'未学'，吾必谓之'学'矣。"（《论语·学而》）乃师说得更深刻："好仁不好学，其蔽也愚；好知不好学，其蔽也荡；好信不好学，其蔽也贼；好直不好学，其蔽也绞；好勇不好学，其蔽也乱；好刚不好学，其蔽也狂。"（《论语·阳货》）这便是孔子对子路之教。尽管这是针对子路的说教，仍反映出当时教与学的一般观念，并且表明那个时代的教-学活动，虽从识字开始，基本上属于实现教育价值的方式。

古代教-学活动，旨在使人成人。其实，当时造就的人，不仅不是具有独立人格的正常人，而是当时那种等级制度的附属物。唯其如此，现代教育的改革则以培养独立人格为旨趣。由于人格的独立，植根于理性的自觉，故现代教-学活动以知识、技能的传授为基本任务，从而成为实现教养价值的基本方式。

问题在于不仅舆论上法律上认可的独立人格、个性自由，同事实上的人格状况不是一回事，就连教-学活动中学生的人格状况也须具体分析。

由于现代教-学活动中传递的是集纳于基础学科的人类长期积累的基本知识，这种基础学科知识，是教师已知而学生未知的成人经验的结晶,从而导致教-学活动从因学而教到因教而学的转化。加之随着教育日趋普及,教-学活动越来越制度化,导致教-学活动反而同造就学生独立人格的初衷越来越远。甚至成为学生独立个性及学习主动性与创造性的束缚。唯其如此,教-学制度的进一步改革,成为大势所趋、人心所向。

由此可见,教-学活动其实也属于历史的范畴。综观人类教-学活动的历史,其路线图为:曾经从朴素、简单的尚未制度化的"学程",转变为越来越复杂的制度化的"教程",今后将可能从制度化的"教程"向"学程性的教程"或"教程性的学程"方向转化。

六、教育、教养与教-学活动的区别与联系

由于教育、教养基本上是通过教-学活动实施的,故通常不仅把教育、教养称之为活动,往往把教-学活动亦看成是教育活动(或教养活动)。就连村井实,也把教育定义为"使儿童(或每个人)变成善良的各种活动"。我自然也不例外。

关于教育(或教养)同教-学活动之间的区别与联系,直到20世纪中叶英国学者彼得斯才率先舔破这层薄薄的窗户纸。他认定,教育这个概念,并不像训练或演讲等活动那样,标定了某种特殊的活动历程,而是就训练等各种活动历程,提出应当依循的规准。规准之一便是各种教育历程所传递的必须是"有价值的事物"。[①]

---

① 皮德思.教育即启发[M]//张人杰,王卫东,主编.20世纪教育学.广州:广东高等教育出版社,2002:620.

由此联想到我国自古以来，单音词"教"，存在一字两音、一词两义问题。其中去声之"教"，相当于双音词"教育"，为规范词。按照彼得斯的分析，属于衡量教-学活动的价值标准；阴平之"教"，相当于教-学活动之"教"，为中性概念。可见彼得斯的见地，也近于常识。然而这层窗户纸是否舔破，对于教育（或教养）及教-学活动的理解颇不相同。因为一般把教学活动理解为传授知识、技能的活动，而忽视以教育（或教养）为衡量教-学活动的价值标准。其实教-学活动既可能有一定的教育（或教养）价值，也可能不过是走过场而已，并无什么价值，甚至还可能具有负面的价值（如教唆）。

其实，教育价值也是通过教-学活动实现的。在我国由于通常把称之为教学的活动看成是传授知识、技能的活动，既忽视教学的教养价值，又因另立德育（工作），而默认教学只同传授知识、技能相关，虽然只是默认而已，其实默认自有默认的影响。

七、现代教-学活动从教程向学程演变的趋势（上）——教学论要义

"教学"一词几乎尽人皆知。殊不知教学概念尚有待分辨。这个概念不辨则已，一旦分辨，或许明白，也可能越辨越含糊。故不妨从何谓教学谈起。

（一）教学的一般属性

"教学"一词指称的对象，是教-学活动。它是一个组合词。

其中"教"是同"学"对举的概念。无学即无所谓教，无教之学为"自学"，表明"教学"本身是一个关系语词。

简单地说，作为研究对象的教学，其实是以我国现成的"教""学"两字构成的双音词，为英语instruction的中文译词。唯其如此，且不说存在把中文词原意羼入其中的可能性，其实就连"教学"一词的语义和这个概念的内涵也有待分辨。

instruction一词以教–学活动为指称的对象。我国起初把这个词译为"教授"（教师对学生的传授），而通常往往把这种活动看成是教师的职务。问题在于教师之教，可能成为对学生学习的指导，然而为教而教，疏于对学生学习指导之教，却屡见不鲜。

陶行知针对教与学脱节的现象，把教–学活动解为"教学生学"的活动，故把教–学活动改称"教学"。这便是"教学"一词的由来。

把教–学活动改称"教学生学"活动，看起来非常合理，故一直沿用至今。不过，这不是教学活动描述性的定义，而是这种活动规范性的定义，即"应然的教–学活动"的定义。在应然的事物转化为普遍的实然的事物之前，它依然不成其为通用的描述性的定义。唯其如此，在把教–学活动改成"教学"之后，通常不管为学而教，还是为教而教，仍把教–学活动泛称为"教学"，表明把中性词改为规范词，反而成为对不规范现象的掩饰。这是由于"教"（音交）的一般性质是历史地形成的。它作为中性词，教人学好与教唆都是"教"（音交）。唯其如此，这种活动本身才有必要受到一定的价值追求支配，并以一定的价值标准衡量。

（二）教-学活动的价值判断

不仅如此，我国通常所谓教学，专指传授文化知识、技能的活动。还是那个问题：传授为传授，学生学得如何？其实即使如陶行知所见，以"教学生学"为教学，仍属于一种活动，教-学活动既是中性的活动，其价值仍须以一定的标准衡量。这种标准，便是使传授的文化知识、技能成为学生的文化知识与技能，从而成为有教养的人。所以教养为衡量教-学活动的价值标准。

不仅如此，由于通常把教-学活动看成是文化知识、技能的传授，随之把文化知识、技能的传授看成是任课教师的职责，由此似乎默认任课教师同教育无干（默认而已）。基于如此假设，便在教-学活动一旁，另立由班主任负责的所谓德育（工作）。难道教-学活动不该有教育价值么？难道德育（即教育价值）不也是通过教-学活动实现的么？其中就存在是否明了教育（狭义）与教养的区别与联系问题。因为教育（狭义）同教养的区别，涉及德与智、体的区别，而德育本身又不仅存在理性的自律的道德行为与顺从的被动的道德行为的差异，还涉及社会政治态度与行为问题，所以，教育同教养之间又存在一定内在的联系。如漠视教育与教养的内在联系，教-学活动之外的班主任虽号称"德育教师"，实际上成为不可或缺的学生行为管理人员。故"德育专业化"云乎哉？

（三）教-学活动内在的矛盾

"教学"是一个组合词，其中"教"与"学"是对举的概念。教与学不仅是相关的两回事,而且是相当不同的两回事。由于教与学的联系以课程为中介,就课程来说,在教-学活动当事人教师与学生之间,相对说来就存在已知与未知、先知与后知、先觉与后觉的区别,更存在当事人双方相互了解,尤其是成年人对未成年人了解的难题,所以在客观上可能发生教与学的矛盾。问题在于如此矛盾如何解决?

在我国舆论中,曾经把教与学的矛盾,归结为当事人教师与学生之间的矛盾。解决这个矛盾的选择,便是所谓"以学生为主体,以教师为主导"。问题在于"主体"与"客体"、"主导"与"被导"都是关系词语。没有"客体",便无所谓"主体",有"主导"必有"被导"。否则所谓"主体""主导"都是空对空的空谈。假使如此空谈能够成立,由此推导出来的结论必然是:作为主体的学生在教-学活动中处于被导的地位;在教-学活动中发挥主导作用的教师,只能算作这种活动的客体。如此逻辑未免滑稽,却并不有趣。

其实,教与学之间的内在矛盾,是由作为这两者联系中介的课程所引起的。正如解铃还须系铃人一样,这种矛盾的解决主要从课程选择中寻找出路。

八、现代教-学活动从教程向学程演变的趋势(下)——课程论要义

如今通用的"课程"一词,是以我国古代"课程"一词为英语curriculum的中文译词。其实在欧洲大陆德语、法语、俄

语地区的教育学基本概念中,并无课程概念。在英语地区,curriculum也是在19世纪中叶以后才逐渐采用的概念。我国从民国时期起,把课程解为教学内容,以迄于今。其实,如此解释,同欧洲大陆地区的教学内容观念以及英语地区的课程观念都同中有别,异中存同。且从教学理论的形成和课程问题的发生谈起。

(一)早期教学理论形成的过程

在欧洲大陆地区,关于教-学活动的理论探求,经历教学艺术—教学法—教学论演变的过程。其中教学艺术探求的,是所谓教学法则,实际上是经验性的教学原则(或行为规范)与教学规则;教学法是教学法则的意思,分为普通教学法与分科教学法。后来在普通教学法基础上,形成所谓教学论。

在德语与俄语地区的教育学中,以教养为衡量教-学活动的价值标准,以由教学计划、教学大纲和教科书为规定性的教学内容作为实施教养的工作规范。至于尔后教学论实际上演变成什么状态,同具体的教-学活动之间的联系如何,那是另外一回事。

(二)课程问题的发生

课程问题如何发生?这是拟向课程论专家请教的问题。如果说"课程"原为以拉丁语词根建构的新词,拉丁语原意为"跑道",或"道路",那么如今英语地区学者的课程研究中,似乎把课程看成是各个研究者课程思路中"运行的道路",即各个学者对课程的理解。所以其中关于课程的解释莫衷一是。如"课程是一门（种）学习或训练的常规学程"，或"课程是儿童在教师的指导下所获得的所有经验"，或"课程包括学校所提供的所有学习机会"。①

这种情况说明什么问题呢？

不同课程专家对课程的界定，实际上只能算是定义式表达（或称规定性定义），信不信在于读者。至于诸如此类规定性表达能否成立，取决于在其陈述中能否保持其规定性定义的单义性，而不致在行文中走样。问题在于在其行文中若不羼入通行的课程语义，将非常困难。

其实课程既然成为英语地区教-学活动的基本概念，免不了有新内涵。这就是自杜威（John Dewey）以来逐步以"儿童在教师指导下获得的经验"为"轨道"取代传统教-学活动理论中"以应有的知识与技能"（即教学内容）为轨道。那么为什么会发生如此变化呢？

如果认定以教材形式表达的教-学活动的内容是未成年的学生应当掌握的人类文化基础，那么未成年的儿童、少年是不是可能掌握基础性质的人类文化成果，便是无法回避的问题。

由于有待学生掌握的基础性质的文化知识本身，是成年人历史经验的结晶，并且是以客观文化知识的形态集纳在教材中，却撇开前人获得这种经验的过程，即前人获得这种经验的那种经验，以致未成年的学生不仅难以理解教材，而且不能不承认

---

① 威廉·派纳，等.理解课程（上）[M].张华，等译.北京：教育科学出版社，2003：25.

未成年人也有自己形成中的经验，其经验甚至同教材中表达的成年人的历史经验，往往截然相反。如：儿童的狭小的然而是关于个人的世界，和非个人的然而是空间和时间无限扩大的世界相反；儿童生活的统一性和全神贯注的专一性同专业化的分门别类的课程相反；逻辑分类和排列的抽象原理同儿童生活的实际和情绪的结合相反。①

如此分析，实际上是把教-学活动中普遍存在的问题的症结，归结为成年人与未成年人经验的区别，即历史形成的应为未成年人掌握的人类文化的成果，同形成中的个人经验之间的区别。所谓个人经验，虽指个人在同客观事物直接接触中通过感觉器官获得的关于客观事物的现象与外部联系的知识。其实每个人又不是以空白的头脑感受外在事物，实际上无论是运用感觉器官获得的感性认识，还是通过阅读或其他方式获得的理性结论，都存在同个人原有的相关经验是否沟通的问题。由于把教-学活动中普遍存在的问题归结为成年人的经验与未成年人经验、历史经验与个人经验的区别，故课程又集中表现为间接经验与直接经验关系的处理。

有意思的是，如果说在英语地区形成课程概念而鲜见教养概念。其实，以经验取代（实际上解读）知识与技能，实际上追求的正是以课程名之的教养；那么在欧洲大陆若干地区，以教养为教-学活动的价值追求，虽未以课程为教育学的基本概念，那里教学内容+普通教学法与分科教学法，同课程概念的内

---

① 杜威.儿童与课程［M］//顾岳中，编译.学校与社会·明日之学校.北京：人民教育出版社，1994：117.

涵却有可比之处。因为普通教学法与分科教学法所拟解决的正是成年人经验与未成年人经验沟通中的问题。

至于我国的教育学或教学论、课程论，虽以"课程"为教学内容的同义语，却鲜见相当于普通教学法与分科教学法的建树。虽然所谓课程理念、教学理念，越来越新，越来越玄，好不热闹，至于何时落地，没有调查，也就没有发言权。

（三）教学与课程一元化

教学理论与课程理论都以教-学活动为研究的对象。研究的是教-学活动如何实现教育价值与教养价值（或把教养融于教育概念的内涵）。其中既存在教育与教养价值追求的区别，亦存在教与学权重的区分。16—19世纪现代社会形成时期兴起的教学理论，大致属于教程论；19世纪中叶萌生、19世纪与20世纪之交开始形成中的课程理论，实际上反映从教程向学程转化的探求。为什么会以教程与学程区分教-学活动的类型呢？

通常"以教师主导作用"与"以学生为主体"（或称儿童中心主义）区分教-学活动的类型，其实教程与学程是解决教与学内在矛盾的不同选择。这两种选择之间的区别，既在于作为教与学联系中介的课程、教学法的不同，更是教-学活动运作机制使然。这两种不同的选择，虽然给予教师（以及学生）活动的机会不同，对教师（以及学生）适应这种机制的要求不同，而教师（以及学生）本身，对这种机制却无能为力。如果认错了此类矛盾发生的对象，不是不可能人为地制造教师同学生之间的矛盾。

所谓教程，是指教师依据教学计划、教学大纲和教科书，组织与指导学生学习活动，以实现教育价值与教养价值。所以，在教程中教师不仅要掌握教学大纲中规定的集纳在教科书中的人类基本的文化知识与技能，还须运用普通教学法表述的教-学活动法则和分科教学法总结的学科教学经验，解决教与学的沟通问题。

由于客观上存在现代人应当掌握的人类有价值的文化遗产，同未成年的儿童、少年形成中的人生经验与学习意向之间的差距甚大。加之随着基础教育的普及，为了使得教-学活动有序地开展，教-学活动越来越趋于制度化，从而使教-学活动在一定程度上反而成为对教师自主授业、学生自主学习的束缚。时至19世纪与20世纪之交，不可避免地发生对教程式教-学活动的质疑。

学程是指按照课程计划（或称教学方案）、课程标准和教材（不局限于教科书），开展教-学活动。其中课程计划同教学计划、课程标准同教学大纲、教材同教科书之间的区别，在于兼顾人类文化遗产与现代社会-文化的需求、教师经验的课程与学生经验的课程，加之自发或自觉地出现制度化的教-学管理解构的现象，学生自主地学习的机会增加，教师的自主活动可能受到另外一种限制。其中的问题在于相对于人类文化遗产，学生经验本身的价值毕竟有限。然而学生经验的课程，正是教-学活动中不应回避也回避不了的问题。所以在现实状况下，学程的选择，不仅受到关注，而且存在质疑。

（四）教-学活动发展的辩证法

19世纪与20世纪之交，主要针对现代社会形成时期正规化并日趋制度化的教程，兴起批判教程的舆论和重新建构学程的尝试。这是由于虽然教程本身出于指导学习的需要而发生，而在事实上日趋制度化的教程，不仅有先教师"为学而教"的本义，反而演化为学生"随教而学"的常规，从而成为学生自主学习的束缚，养成被动学习的习惯，扼杀内在的学习动力。有识之士明乎此，便萌生重新建构学程的尝试。

同一时期，我国在西学东渐的氛围中，有识之士在批孔的同时，重新估量我国古代学程传统的价值。例如把"不愤不启，不悱不发"归纳为启发式教学法，并对古代书院重新加以审视。

传统学程同现代教程的区别，在于它是非正规的个别授课的方式。哪怕是同等文化程度的学生，学习同一教材，都分别授课。其前提性质的假设，在于把学习看成是各个学生自己的事情。教师只承担指定课业、简单指导和检查、监督的职责。因为那种教-学活动毕竟是教育普及以前发生的状况。

现代教程是在以班级授课制取代以非制度化的个别授课方式的基础上发生的。由于它把全班级学生当作"一个学生"授课，实际上为基础教育普及提供了一条可行道路。问题在于现代教育原以尊重学生个性自由为前提，基础教育旨在造就独立的道德人格和启蒙性质的文化教养，以致把众多学生当作"一个学生"授课的教程本身，便存在教-学活动程序同教育价值之间的矛盾。

如果说现代教程是对传统学程的否定，那么19世纪与20世纪之交以欧洲"新学校"和美国"进步主义教育"为代表的新学程取向及其尝试，带有针对现代教程对传统学程否定之否定的性质，那么随着义务教育的实施，基础教育迅速普及，未成年的教育对象为数日益庞大，何况现代学生与传统学生不可同日而语，表明新学程的历史前提尚不具备，新学程的经验尚待积累。故20世纪中叶以后，出现针对新学程尝试对教程否定的否定。

其实无论是教程还是学程都是处理教与学关系的程序，这两种教-学活动类型（或课程模式）虽然在教与学、教师与学生关系处理中权重不同，都非以偏概全。通常把这两种教-学活动类型的差异，看成是"教师主导"与"学生主体"的区别，实际上是把复杂问题简单化的典型表现。

九、教育学逻辑范畴的把握

"教育""教养""教学""课程"都是教育中日常交流的话语，并且其语义大致约定俗成。不过在教育专业理论中，它们属于教育学的术语。实际上作为教育思维工具，表达的是教育学的基本概念，即教育学的逻辑范畴。术语同日用语的区别在于日常用语往往存在一词多义情况，同一语词在不同语境下内涵有别，术语则是单义词，只表达含有特定内涵的概念。所以作为专业性质的教育学的建构和对于教育学的了解，取决于对教育学逻辑范畴的把握。这是由于教育学的基本概念，属于教育论证的逻辑起点。概念内涵的确定，包含概念的教育命题才不致有不同的解释，进而可能对不同教育命题之间的关系进行合乎逻辑的论证，否则教育"理论"云乎哉？

所以作为专业性质教育学科建构和对教育学的了解，取决于对这门学科逻辑范畴的把握。这是就教育专业理论而言。其实，无论建构教育专业理论还是对教育专业理论的了解原非难事。这是由于教育学的专业概念，基本上是历史地形成的，并无什么深文大义。不过唯其如此，这反而成为了解教育学的难题。难在何处呢？

我国在西学东渐之初就把英语education译为"教育"，并把德语Pädagogik译为"教育学"，把其中的主要语汇中译，虽不得已而为之，问题在于其中对语词同原词之间的出入，既浑然不觉，更不在乎。

事实上在现代教育学发祥之地，由于经过十多个世纪天主教精神统治的中世纪，世俗的理性的基础教育属于新兴的事业。故Pädagogik以及其他人文学科中的基本语汇，一般都是以古代拉丁语或希腊语中某个语词为词根建构的新词，以示同习俗用语的区别，其语义实际上是参照现代社会-文化的客观需求为现代世俗的理性的教育暂时设定的语义，以期在实践中不断调整与丰富。有意思的倒是居然可以从那里的教育理论演变过程中发现我国传统教育文化的影子。

问题在于我们毕竟缺乏逻辑范畴意识，不仅在拿教育说事时，满足于用日常话语交流，而且在教育学建构中保持这种习惯。其中的能人，甚至长于标新立异，玩弄教育学。呜呼！"中国式教育学"云乎哉？

教育原有性质变化引起的教育学问题
——再谈教育学究竟是怎么一回事

一、"教育"的本义与本来意义的教育学［29］——
二、现代教–学活动价值取向的变化［29］—— 三、教育对象超越原先范围引起的教育价值观念问题［32］——
四、教育概念泛化与学校别解［33］—— 五、教育概念泛化与大学别解［37］—— 六、现代未成年学生在学历社会中的遭遇［42］

教育学是怎么一回事？在现代教师和教育学人中几乎尽人皆知。每门学科的基本概念，可算是本学科的逻辑起点。因为其中本专业的主要命题，是由本学科的基本概念同相关的语词构成的，基本概念含糊将引起命题含糊，势必难以展开合乎逻辑的论证。加之在我国导致如此状况，另有缘故，故或许就连遭遇教育学的学者也未必了解这门学科究竟是怎么一回事。为此曾以《教育学究竟是怎么一回事——略议教育学的基本概念》为题，对教育学基本概念进行初步分析。现在看来，言犹未尽。其中有关作为教育学研究对象的"教育"指称的对象、教育概念泛化的缘由、教育学基本概念组合中主要概念的区别与联系，以及如何按照现代专业规范研究教育问题，都有待补充说明。

一、"教育"的本义与本来意义的教育学

教育学以教育为研究的对象。教育研究原以未成年人的成年准备为主题。因为这既出于现实社会中人际正常交往的需要，亦同社会延续、文化传承相关，以致成为任何时代、各个社会-文化中都无法回避的课题。

由于每个人出生后，在其成长过程中，经历婴儿—幼儿期、儿童—少年期以及青年早期逐步过渡的阶段，故他们的成年准备，有必要接受行为管理、能力训练和指导。在不同年龄阶段，接受能力不同。处在同一年龄阶段的未成年人，各个人成熟的程度也不尽相同。此类问题的解决，固然有赖于借助生理学、发展心理学研究成果，增进对未成年人身心发展的了解，更取决于对未成年人管理、训练与指导本身的讲究。加之其中不免存在成年人同未成年人之间理解与交流的障碍，即所谓代际鸿沟，也就更加成为有待研究的课题。现代教育学便由此发生。

由此可见，"教育"，原有特定的内涵，教育学自有别的学科替代不了的研究主题。由于其中的难题攻克不易，故谁也没有理由小看教育学。不过如今，由于教育概念趋于泛化，以致几乎谁都有理由小看教育学。这且不谈，重要的是教育概念含糊可能误导教-学活动。故不能不从发生教育概念泛化的缘由谈起。

二、现代教-学活动价值取向的变化

如果说教育原以未成年人道德人格的形成为要义，辅以

读写算基本训练和自然常识与社会常识的传授，作为成年后融入社会-文化的必要准备，其实基础教育的价值也只在于此。时至现代，各项事业都日趋社会化与现代化，客观上需要社会成员具备相应的现代文化教养。教养问题就由此发生。

这里提到的"教养"，原为德语Bildung和俄语образование的中文译词。中文所谓"教养"，既同"文化"连用（即"文化教养"），又带有受过教育的意思，而在德国和俄国教育学中，教养是同教育（狭义）并用的教育学基本概念。不过，在英语国家和欧洲其他国家，未把教养作为教育学的基本概念，所以我国在学习俄国教育学时曾对"教养"一词感到费解。话虽如此，是不是使用"教养"一词是一回事，它是不是现代教育（广义）普遍性的价值追求，则是另外一回事。

在我国教育学人中，教养仿佛是一个陌生概念。至少并未把它视为教育学的基本概念。其实早在18世纪与19世纪之交，教养之学与教育之学原为形成中的两种学科，或为教育学与教养学合一的学科。在尔后形成的赫尔巴特《普通教育学》中虽未出现教养概念，由于当时是以"教育目的"表达教育基本价值，其中以"性格的道德力量"为普遍的教育价值，以"多方向协调的兴趣"为选择性的教育价值。其实是未用教养名义的教养价值。所谓《普通教育学》原为"一般教育学"之义，表明它实际上是涵盖教育与教养的广义教育学。

在《普通教育学》中，教育与教养的内在联系，不仅在于"多方面兴趣"的教养的价值追求不限于多方面的认识，还包括涵盖人类同情、社会同情与宗教同情的"多方面同情"（可知其中未用教养概念表达的缘由），还在于在这种教养的基础上才可能形成理性的自律的道德行为与内在的道德性格的力量。

我对教育概念内涵的认知，于20世纪80年代首先得益于日本学者村井实的"教育"定义，他率先舔破这层薄薄的窗户纸，把"教育"定义为"使儿童（或每个人）变成善良的各种活动"。不仅如此，他还对当时诸位教育学者的"教育"定义发表评论。如：教育是"对照过去的经验使新经验条理化""经过参加种族的各种活动而不断增强个人自立的力量"（克伯屈），或教育是"社会和文化的自我增殖作用"（涂尔干、克里克、杜威）。依他所见，诸如此类"教育"定义，都"有意识地回避"教育"使之善"的内涵。①

起初，对如此界定非常费解。为此曾先后五次向同行求解，都无果而终。必然想到我国古代所谓"以善先人者谓之教"，"教也者长善而救其失者也"。才知教育旨在"使人为善"，其实是一个常识性质的问题。不过教育概念的内涵又不是一成不变的。由于时代的变迁，教育的内涵或早或迟随之变化。涂尔干（Émile Durkheim）、克里克（Ernst Krieck）、杜威等学者的界定，虽然似乎"回避"教育"使人为善"的要义，实际上是参照现代社会的客观需要和教育的历史经验，属于现代教育使人完善的表述。只是此类见解并非现代教育的定义，而是现代教育的"定义式表述"。现代普适性的教育价值观念，为"各种能力的健全发展"。更有远见的表述为"普遍的个人

---

① 大河内一男，海后宗臣，等.教育学的理论问题[M].曲程，迟凤年，译.北京：教育科学出版社，1984：7-31.

（个性、人格）全面而自由的发展"（马克思语）。其实，此类定义或表述的，实际上是教养的价值追求，而自古以来形成的旨在为道德人格长善救失的教育本义未变。

明乎此，曾致力于教育概念内涵历史性演变的研究。其中论定教育以道德人格之善（善良）为本义，在近代以人格（个性）的完善为教育的转义，时至现代则以社会性人格（个体社会化）的完善为第二义的转义。[①]属于对教育内涵的历史性变化进行合乎逻辑分析的尝试。

三、教育对象超越原先范围引起的教育价值观念问题

其实教-学活动价值取向变化背后，隐含着教育价值观念的变化。原因何在呢？

如果说本来意义的教育以未成年儿童、少年为对象，随着社会-文化的发展，越来越多人获得受教育的机会，并且逐渐形成包括各级各类学校的所谓教育系统。由于教育概念泛化，教育观念也随之变化。这是由于以未成年儿童、少年为对象的教育，不仅以道德人格为要义，现代儿童、少年教育还以造就独立个性为基本要求。

时至19世纪与20世纪之交，由于教育对象超越了未成年人培养的限度，不仅形成以科学为依据的现代文化教养的客观需

---

① 陈桂生.普通教育学纲要[M].上海：华东师范大学出版社，2009：11-12.

要与价值取向，而且促成未成年人基础教育观念发生相应的变化，形成所谓个体社会化观念。加之在现代教育与传统教育争论中，形成所谓社会本位与个人本位观念对立，在一定程度上成为对教-学活动的误导。

问题在于西方社会历史中并不如中国历史那样，存在一个近代社会阶段。加之当时对所谓人（个人）本位与社会本位对立之见，未加识别，才形成那种不成熟的判断。

其实西方从现代社会形成时期开始，传统教育理论中的"个性"就是一个复数概念，表示每个人都是社会成员中平等的个体；后来兴起的儿童中心主义，不过是试图解决日趋制度化的传统教育有违其初衷的问题而已，同时又针对所谓新教育中出现的倾向，对个性的价值与个性的形成重新加以解释，即每个人出生后都不可避免地经历逐步实现个体社会化的过程。所谓个性（人格）其实是不同个体在社会化过程中显示出来的差异。

四、教育概念泛化与学校别解

学校，早已尽人皆知。不过即使是教育学人，也不见得明白学校究竟是怎么一回事。不讲别的，且从作为教育学基本概念中的学校概念谈起。

（一）学校语义

在我国，学校原为古代官学的泛称。其中有中央官学与府学、州学、县学之类地方官学之别。当时私学不在学校之列。

如今所谓"学校",实际上是西学东渐后英语school的译词。若不明乎此,便可能把现代学校的概念,反套于古代教育历史研究,从而在不经意中发生历史错觉;反之,若把我国古代"学校"原意羼入现代学校概念内涵,不仅成为古今中外学校观念沟通中的障碍,还可能成为现代学校事务处理中有待解决的问题。故有必要对"学校"一词的语义加以澄清。

我国古代官学虽然时兴时废,时废时兴,称之为学校的官学诸名目,如太学、府学、州学、县学,大致未变,却存在名副其实问题。一般讲,古代秀才,即成为府学、州学、县学的生员。从生员中脱颖而出的贡生,可以直接成为国子监的监生。其中虽存在监生在监攻读、生员在庠求学的情况,而监生不在监,生员不在庠,亦属常情,表明古代所谓学校,未必是聚徒讲学的场所。问题在于,"现在对于庠序、大学、小学、学龄等等都是空谈。实际上不是那样。用较确切的话来说,庠序就等于礼堂,太学等于旅馆,府州县学等于文庙"。虽然赋予中举者以"生员""监生"之类身份不无使其进德修业之义,"对待古代的东西,终究要还原其本来面目,按原来的实际意义加以理解",以免发生"历史错觉"。[①]

如果说古代官学存在名不副实的情况,那么古代的私学,如私塾、书院,作为聚徒讲学的场所,同现代学校倒有可比之处。

---

① 孟宪承.孟宪承讲录(一)(二)·孟宪承谈话录[M]//孙培青,记录整理.瞿葆奎,杜成宪,编.孟宪承文集·卷十二.上海:华东师范大学出版社,2010:353.

（二）古今学校的区别

中国古代学校同现代学校的区别何在呢？

现代学校为实施国民教育的机构。以未成年的儿童、少年和接近成年的青年为授业对象；中国古代并不存在国民教育观念。当时的官学以成年人为主要授业对象。国家虽未承担国民教育义务，隋唐以来的科举制度，不仅诱发国人求学动机，而且使官学与私学成为科举的附庸。故中国古代书院林立，明清之际私塾几乎遍布城乡，成为没有国民教育观念的国民教育。

虽然古代学校与现代学校都属于教育的机构，而其中教育的价值取向颇为异趣。现代学校教育以形成未成年人独立个性和道德人格为要义；古代学校甚至比现代学校更加重视学生道德人格的陶冶。问题在于当时通行的是家族习俗、社会等级制度意义的道德，实际上期待的是奴隶式服从的道德人格。

（三）广义学校概念问题

虽然存在古今学校之别，现代应试化的中小学却近似于升学考试制度的附庸。虽然现代学校同古代学校之间存在根本性质的区别，由于我国如今以本国现成的"学校"一词，作为现代学校（school）的译词，如果望文生义，便可能在中国古代教育历史研究中有意或无意地套用现代学校概念。简单的说法，便是"学校古已有之"。也可能把我国"学校"的原意羼入现代学校概念中。其中明显不过的一例，便是不再把作为school译词的"学校"，专指中小学，而使其成为涵盖大中小学校的广义的学校概念。与此相关，如今所谓教师，不再专指中小学教师，而成为涵盖大学教授、副教授、讲师、中学教师、小学教师以及幼儿园教养员的广义的教师概念。甚至就连教授也不只是大学中专有的概念。只是广义的学校中包含狭义的学校。唯其如此，如今所谓"学校""教师"因语义模糊而不成其为专业概念。不过是一些约定俗成的语词而已。

问题在于在我国为什么会形成既有别于现代学校概念又不同于我国古代学校观念的广义学校概念？如何看待我国如今的学校概念？

现代学校同幼儿园、大学，既各有特定的性质，又不无共性。其共性在于它们都是教–学活动的机构。故把大学及幼儿园列入学校之林，以示同其他社会活动机构的区别。

不过通常称之为教学的教（音交）–学，属于中性的活动，其价值取决于其内在的性质。如大学及幼儿园并入学校之林，势必把幼儿园与大学也视为公共教育机构。虽然在我国早已成为共识，其中不免存在教育概念泛化问题。重要的问题在于如何保持大学、幼儿园本身的性质，并且不致因教育概念的泛化而使学校固有的性质若明若暗。

把各有专门指称对象与专门职能的教–学机构，统称学校，虽或有助于各级各类学校之间的沟通，由于人生不同年龄阶段身心成长、成熟的可能性与有待解决的问题不同，故在邻近教–学机构的沟通中，如发生幼儿园小学化、中小学应试化之类倾向，若超越一定的限度，势必错过个体自然生长、自然成熟的时机。其中个体早熟现象，不仅为个人的人生留下难以补偿的遗憾，还可能为尔后的学习留下说不清、道不明的难题。即使补救，也难免事倍功半。

五、教育概念泛化与大学别解

何谓大学？《辞海》把大学定义为"实施高等教育的学校"。在我国，如此表述虽成为共识，不过这是否足以表示大学有别于一般学校与一般教育机构的专门性质还是问题。那么大学究竟是怎么一回事呢？

我国如今所谓"大学"，实际上是英语university的中文译词。university有别于school（学校），亦不同于现代以古拉丁语educauo为词根建构的"教育"一词"引出"的原意。故既要明了大学本身到底属于什么性质的机构，还有待讨论究竟在什么意义上把大学列入教育机构。

（一）大学的基本性质

现代大学是在专业分化背景下发生的。依照专业设置的需求，分为综合性大学与专科大学（或学院）。每所大学内部又有不同专业的设置。每个专业由若干学系构成。学系为学科系别的名称。每个学系课程结构，大体上包括三类课程，即：（1）专业课程；（2）为防止片面专业化导致狭隘的专业观念，设置的专业基础课程；（3）为增进对专业基础课程的理解，设置相关的基础文化课程（或称通识课程）。这三类课程的比重将对大学的专业水平发生不同的影响。

大学同研究机构的区别，在于通过教-学活动使应有的专业知识、专业理论或专业技术，转化为学生专业知识、理论或技术的教养，即他们自己的知识、理论或技术。如以为大学只为传授知识、理论、技术而已，那是对大学的误解。因为大学应以教养为教-学活动的价值标准和价值追求，属于高等教养性质的机构。大学附设专业研究机构，或有助于专业水平的提升，也可能因此而转移对大学应有的教养价值及教育价值的追求。大学排行榜和由此引起大学之间的竞争，也得看其中比较项本身的价值如何。

所以，通常以为在大学本科学习四年，考试合格，就表示受了大学教育，其实是一种错觉。事实上即使是同专业同年级同班级一同毕业的同学，各人专业修养、专业能力往往相差甚大。故如此错觉的发生，实属教育、教养概念模糊所致。

（二）大学内在的教育潜力问题

如果论定大学为专业教养机构，那么究竟在什么意义上把大学列入教育机构呢？这就同大学应对的教育问题和大学本身可能具有的教育潜力相关。其中涉及教育概念内涵，不免说来话长。

在教育历史文化中，从古代希腊以来就发生"美德是否可教"的争议，以迄于今。争议的焦点在于其中所谓"教"，是指教-学活动之"教"（音交），还是教育之"教"（音叫）。如属"教育"，又有不同见解。不过我国自古以来对于美德可教（音叫）或可教（音交）基本上并无疑义。①

---

① 在中国虽未以"美德可教"为议题，所谓"以不教（音交）为教（音叫）""身教（音交）重于言教（音交）""以善先人者谓之教"，都有别于"美德可教（音交）"，而"美德可教（音交）"，即通常所谓"道德说教""道德灌输"却是常情。

如果说西方教育理论原则上不承认美德可教（音交）。现代虽有伦理课程，不仅认为其意义有限，而且对直接道德教学的质疑正是针对这种倾向而出。其实，关于美德是否可教（音交），是否可教（音叫），都须对"教"进行具体分析。教-学活动如不致使应有的伦理文化或一般文化转化为学生的教养，自然同学生的美德无干。反之教-学活动若有教养价值，就有助于学生美德的形成；同样，非教-学活动，如身教或示范，如无教养基础，虽有教育影响，对美德形成的影响却有限。唯其如此，现代教育学基本上肯定在教养基础上辅以学生行为指导与行为管理，将有助于理性的自律的道德行为与道德修养的形成。

言归正传。大学传授专业知识、理论与技术，或可能转移对学生道德修养、道德人格的关注；反之，大学如成为名副其实的教养机构，使学生形成专业知识、理论、技术教养与价值追求，则可能较之作为教育机构的中小学，更具有内在的教育潜力。毕竟有较高文化教养与价值追求明确的人，较之文化教养一般的未成年人与成年人，更有理性判断力和自制能力。

话虽如此，大学中依然无法回避有待解决的教育问题。

（三）我国大学中有待解决的教育问题

大学虽属于以专业理论与专业技术为基本内容的教养机构，其中却存在无法回避的教育问题。我国大学更是如此。

大学虽不同于作为教育机构的中小学，由于中小学（尤其是中学）应试化，或多或少把耽搁的形成学生独立道德人格与初步文化教养的任务，转交大学补救。正如幼儿园小学化为小学附加的难题一样。

其实大学不仅另有职责，由于大学的学生有别于个性尚在形成中的中学生，如试图扭转某些学生不良的心性、品质、行为习惯与价值倾向，便可能受到有些学生消极应对。在一般情况下，学生学业的进步与事业的追求，主要诉诸个人的努力。如把大学生当作中学生般的教育对象，势必事倍功半。

如果说在一定文化教养基础上可能形成理性的自律的道德行为和自觉的道德修养，那么作为走向成年的大学生，在较高的文化教养基础上，还可能形成理性的自主的社会政治态度甚至参与政治活动。问题在于社会政治态度与行为有正当与不正当、适合时宜与不适合时宜之分，故有待具体分析与区别对待。由此看来，大学中的教育问题或许比中小学更有现实意义，亦更为复杂，也就成为有待高等教育学研究的课题。

（四）高等教育学浅议

这里关于大学概念问题的议论，自知犯了学术研究中的大忌，即把教育学中的教育、教养之类概念，套用于大学，或有张冠李戴之嫌。

现代大学源于中世纪末期自治性质的大学。[1]原为教授自治组织或学生自治组织，13世纪后才逐渐以亚里士多德著作为教材，进行经院哲学的学习与研究。现代小学，源于13世纪由手

---

[1] 如意大利的萨莱诺大学（1060年）与博洛尼亚大学（1067年）、法国巴黎大学（1150年）、英国牛津大学（1167年）与剑桥大学（1209年）等。

工业行会举办的基尔特学校。16—17世纪后,才逐渐形成现代小学的雏形,表明大学同小学原是互不相干的两回事。

18世纪与19世纪之交形成的教育学,原为以未成年人的基础教育为研究对象的学科领域。其中的基本概念,如教育、教养、教学及随后形成的课程概念,均为基础教育(原称普通教育)研究与实践中形成的概念。在各个时代,各个社会-文化中,作为未成年人成年准备的基础教育,不仅是一代又一代社会成员的必要准备,而且是社会延续、文化传承不可或缺的大规模工程。

随着时代的变迁,教育的内涵不免发生相应的变化。由于这是事关亿万人参与的一代又一代的事业,故即使发生变化,将是历史性的变化。如有失误,也将是难以挽回的历史性的迷误。

问题还在于随着时代的变迁,在基础教育之外,职业教育、高等教育、业余教育以及名目繁多的教育分支学科林立。按理,每门学科,若能成立,少不得形成本学科的基本概念,提出有待本学科解决的命题和合乎逻辑的论证,以示同基础教育学科的区别。问题是不论各种分支学科如何建构,都算在教育学的账上。不仅如此,就连基础教育亦因应试化及教育概念的泛化,而或多或少同其原意发生距离。唯其如此,如今中国的教育学不知因其失重还是过于超重,才发生遭遇教育学的迷惘与困惑。有道是教育学近于常识,"学了无用",不足为怪。由此不免发生有关高等教育学的联想。

如今虽然把大学看成是高等教育学校,然而大学究竟是怎一回事，其实置身于其中的学者都心中有数。尽管人们不致以教养概念表达，谁都不致否认大学为专业教–学活动的机构，更不致忽视专业教养的价值追求。在大学教师与学生中，哪怕只有十分之一甚至百分之一的学人，形成既不为己、也不为什么人、什么事，只为专业完善的专业精神（或称"事业精神"），不管这所或那所大学的收益率与排行榜如何，都将是大学"教育的成就"和对社会事业与国家事业的贡献。

即使把大学看成是高等教育学校，其实大学有别于中小学，不仅在于级别的高低，更在于其专业性质与教养价值的不同。在大学，如有专于应有的教养价值，其教育也可能流于形式。那么诸如此类价值判断本身是否出于空谈呢？

如以赫尔巴特《普通教育学》为现代教育学形成的标志，其实教养之学诞生于前。不仅由于中世纪大学的形成远远早于现代学校之前，而且现代教育先驱原先着眼于人的一生教–学活动价值追求的构想，18世纪与19世纪之交，着眼于普及教育的需求，才专注于以未成年儿童、少年教育为研究对象的教育学。其实，在教育学脱颖而出之前，就形成教养概念和教育学与教养学（只是当时的教养学或为教养–教学之学）。

明乎此，可知如今所谓高等教育学，以专业教养为研究对象，才较为名副其实。

六、现代未成年学生在学历社会中的遭遇

虽然涵盖各级各类学校的教育系统的形成，不失为现代社

会-文化中的进步,问题在于各级职业学校和大学,既是青年成长的机遇,又成为基础教育面临的早已不新的新问题。

事实上现代学生中学毕业后,越来越多的学生不是直接进入社会,而是在职业学校或大学深造,从而在中学学习时为升学做准备。即使并无升学意图的学生也不得不陪着别的同学接受所谓应试教育。其实应试就是应试,"教育"云乎哉?尽管应试同教育或可相反相成,两者如背道而行之,不仅耽误未成年人健康成长,焉知不是为社会-文化基础遗留下缺陷。

那么未成年儿童、少年健康成长的耽误,能否在大学或职业学校中补救呢?不仅存在大学及职业学校性质问题,而且存在错过的自然成熟时机能否补救问题。

不得不面对如此强势的学历社会,教育学夫复何言?

西学东渐中发生的中国教育学问题
——三谈教育学究竟是怎么一回事

> 一、教育语汇中译问题［45］—— 二、教育系统观念与
> 各级各类学校定位问题［48］

现代教育学虽以教育为专门的研究对象，由于教育本身不免发生历史性的变化，加之不同社会-文化中教育研究的传统与风尚同中有别、异中存同，故关于教育学究竟是怎么一回事不能一概而论。因此对具体的研究对象以及对对象的不同研究只能进行具体的分析。

其实，现代教育学中，不仅存在以德国教育学为代表的欧洲大陆教育研究的学术传统和以美国教育研究为代表的学术风尚，还存在教育西学与教育东学之间的联系与区别，在教育东学中，还存在日本教育研究风尚同我国教育研究风尚的不同。因此不能不考虑中国的教育学究竟是怎么一回事。

简单地说，我国同东方与西方各国的区别在于，我国素有长达五千年之久的教育文化传统，近百年来的教育学虽为教育西学东渐的产物，对于悠久的教育文化传统既难以释怀又缺乏具体分析。何况我国国情同外界区别甚大，以致不时萌生教育西学中化的意向或尝试。至于多年来教育西学或教育东学究竟

化而化之还是化而未化，正是有待探讨的课题。

一、教育语汇中译问题

几乎谁都明白，我国现代教育学是在西学东渐的过程中逐渐形成的。其实这个过程从开始就打上了"西学东化"的烙印。这是由于在引进外国教育学之初，就以我国自古以来形成的教育语汇，如"教育""学校""教学"（原称"授业"）"课程"等，作为同教育术语对应的中文译词。这是西学东渐过程中才发生并且难以避免的特殊现象。因为现代教育学中，表达其中基本概念的语汇，大都以古代拉丁语或希腊语中某些语词为词根建构的新词，使其成为有别于当时当地习俗用语的术语。术语表达的基本概念，实际上是本学科论证中逻辑的起点。

若不明乎此，从西学东渐中可能发生甚至常常发生的问题，或者使我国习俗用语的词义羼入外来语汇的词义。习俗用语同学术用语混用，将导致对引进的教育学似懂非懂而又浑然不觉；或者不顾学术用语同习俗用语语义的区别，自觉或不自觉地把现代语汇反套于中国古代教育的历史。例如开口闭口教育、学校、课程等，中国"古已有之"，从而形成对古代教育历史的错觉而又浑然不觉。所以教育语汇的翻译，虽打上了"西学东化"的烙印，却可能使教育西学或教育东学化而未化。

至于虽经我国学者长期努力，为何化而未化，个中缘由其实非常简单。现代教育学以及其他基础学科初建时，一般以古代拉丁语或希腊语中某个可资借用的语词为词根，建构本学科基本专业用语。既避免同当时当地习俗用语混用，亦同对应的古代原词的词义保持距离，从而避免以古度今，或以今度古。

例如curriculum（课程）为以拉丁语currere为词根建构的新词。那个拉丁词的词义为"跑马道"（race-course）。在现代教-学活动中无非是引申为"通道"意思的借用。古代罗马即使有教-学活动，而那里的教-学活动同那里的跑马道并无关联。然而事实上教育东学同教育西学恰好相反。如果说现代教育学从本学科专业语汇的建构开始，并使专业语汇保持同古代语汇及现代习俗用语的距离，那么在我国，外来教育专业语汇的中译，正是为了便于流传，才借用我国自古以来的教育语汇。虽成为不得已而为之。只是若不明乎此，便难免发生对教育专业语汇的误解，或形成对本国教育历史的错觉。

例如我国现代是以"学校"为英语school的中译词。这个英语词原是以作为公共教育机构的中小学为其指称的对象，同我国自古以来的学校观念相去甚远。我国古代有官学与私学之分，学校为中央官学和府级、州级、县级地方官学的总称。当时的学校即使授业，也只以秀才为起点的成年人为授业的对象，同未成年的学生并无直接的关系，何况当时虽有学校之名，未必都授业。现代以来，才把学校反套于古代的私学与官学，以致振振有词地宣称：在我国，学校"古已有之"。唯其如此，有道是：现代教育历史研究中，所谓"庠""序""大学""小学"，"都是空谈"。针对如此"历史错觉"，极而言之，"庠序就等于礼堂，太学等于旅馆，府州县学等于文庙"，①表明望文生义，很可能触犯学术研究中的大忌。

关于翻译问题，马克思说得好："就像一个刚学会一种新语言的人总是要把它翻译成本国语言一样；只有当他能够不必在心里把语言翻译成本国语言，能够忘掉本国语言而运用新语言的时候，他才算领会了新语言的精神，才算是运用自如。"②不过在我国"忘记本国语言来运用新语言"，实在难乎其难。

说到这里，不免记起一件往事。1961年华东师范大学教育系副主任张家祥，约请我们的老师萧承慎教授和萧孝嵘教授讨论本系1958—1962级教学计划的调整（我作为该班的班主任列席）。萧孝嵘并未提出什么具体建议，却说了几句题外话。他说："我每天至少用一刻钟复习英语，以保持用英语思考专业问题的习惯。"

关于翻译中对外文原意的把握，还有一件往事。据了解，黄向阳博士在翻译美国学者巴罗《教育与文化繁衍》一文时，曾向其专业英语老师吴棠请教。吴棠建议：文中的关键词不用查询英汉辞典，而查阅英语辞典中的英文解释。不仅如此，由于英语辞典中的英文词，存在一词多义的情况，故还应根据原文中的语境，即联系上下文，对词义作出选择。

话虽如此，可这样一来，教育学的研究岂不是难乎其难？其实这主要是就确切把握源于西方教育专业理论而言。至于教

---

① 孟宪承.孟宪承讲录（一）（二）·孟宪承谈话录[M]//孙培青，记录整理.瞿葆奎，杜成宪，主编.孟宪承文集·卷十二.上海：华东师范大学出版社，2010：353.
② 马克思.路易·波拿巴的雾月十八日[M]//中共中央马克思恩格斯列宁斯大林著作编译局，编译.马克思恩格斯文集·第二卷.北京：人民出版社，2009：471.

育实践中教育言论交流，尚须具体分析。

严格说来，表述教育诸基本概念的术语，如教育、教养、课程、教学等，是从普遍的同类事实中抽象出来的概念。为教育一般、教养一般、课程一般、教学一般之类情况的表述。简单地说便是"教育是什么""教养是什么""课程是什么""教学是什么"，有别于"非教育""非教养""非课程""非教学"之类现象。这个简单的道理实近于常识。

问题在于实践中的教育以及教养、课程、教学等，都是历史的具体的现象，其界定，是在"教育一般"以及"教养一般""课程一般""教学一般"中，添加历史的具体的规定性。这依然是就教育专业研究而言的；至于日常交流中的教育用语，只要约定俗成，便可交流。由于习俗用语，往往存在一词多义的情况，并非其中每一语义都经得起逻辑论证，故同教育专业研究不是一回事。如把习俗用语混同于教育专业术语，其实同教育专业研究无干。问题在于我国在西学东渐过程中，正由于通常用汉语词汇翻译教育学术语，教育学术语同习俗用语混用而导致化而未化。

二、教育系统观念与各级各类学校定位问题

其实这种教育学"西学东化"现象，不仅从西学东渐开始，而且随着教育事业的发展，在我国，源于西方的教育学实际上却越来越东而化之，并且更加化而未化。这是什么意思呢？

由于在以教育学术语表示的教育诸基本概念中，每个术语

都表示概念的特定内涵,按理在论证中保持概念的单义性,否则在论证中逻辑性质的差错不难被人们察觉。由于现代教育学原以未成年儿童、少年和接近成年的青年为教育研究的对象,其中教育为"引出"之义。现代学校原为以实施未成年人教育为旨趣的公共教育机构。随着现代教育事业的发展,逐渐形成各级各类成年人进德修业的机构。问题在于诸如此类机构何以名之?内涵如何?

进入20世纪之初,杜威于1900年率先关注这个问题。依他所见,当时从幼儿园到大学,不同名称的机构有八种之多,各有来源与专门职能,互无制度性质的纵向联系与横向联系。①然而在我国却把这种现象以"中化"的方式表示,即把诸如此类机构统称学校,把学校统称教育机构。那么对这种西学东化的现象究竟如何看待呢?

不妨说,在我国把杜威罗列的西方历史形成的诸种独立而互无制度性质联系的组织(或机构)统称为学校早就成为比较自然的现象。因为在我国古代,学校原为中央官学和府学、州学、县学之类地方官学的统称,主要以成年人为授业的对象。当时的私学,另有书院、家塾之类名称。问题在于此类语词的语义同用以翻译的原词语义的可比性非常有限。

欧洲所谓大学,源于从13世纪开始的中世纪末期的大学,那里的小学,萌生于中世纪末期手工业行会举办的称之为"基尔特"的组织。大学和基尔特都属于自治性质的机构。所谓学

---

① 陈桂生.学校教育原理[M].上海:华东师范大学出版社,2012:37-39.不过中国学者已经用中化的译词表示其中提到的几种机构。

校（school）是指现代社会形成时期（近代）才建立的公共教育机构。那里的教育原为"引出"之义。所以，汉语中的"教育""学校""大学"同用以翻译的原词的可比性非常有限。

虽然无须介意别国学者是否读懂我国的教育文章，好在运用我国如今的教育语汇，倒形成涵盖各级各类学校的学校系统与教育系统观念，由此发生邻近学校之间衔接问题。不过有一利或有一弊。幼儿园小学化、中小学应试化之类的倾向或与此相关。

重要的是学校系统中的"学校"还是school的译词么？教育系统中的"教育"究竟如何界定？它还是"引出"么？以专业理论与技术或专门理论与艺术为授业基本职能的大学，究竟是什么性质的机构？诸如此类问题若无合理性的解决，怎么可能避免学校错位或教育空谈？

中西教育文化比较中透视的教育学问题
——四谈教育学究竟是怎么一回事

一、西方教育学演变中显示的中国教育文化的影子［52］
二、教育视野中的教育学［58］

作为教育学人，关于教育学究竟是怎么一回事，是经常考虑的问题。以往的考虑不谈，2018年曾一而再、再而三地不断反思。议论之余，不免进一步反思：究竟议论出什么名堂了？

关于教育学，首先想到的是：按照现代基础学科建构的学术规范，新建的学科，免不了形成本学科的基本概念，作为本学科论证的逻辑起点，形成本学科的主要命题，经过合乎逻辑的论证，形成本学科表达的思想系统，以示同其他学科区别。进而想到：现代教育学原以未成年儿童、少年为研究的对象，其中的基本概念和主要命题都与此相关。事实上，此类概念和命题往往在超越基础教育范围，如在职业教育、大学研究中运用，便成为有待研究的问题。基于如此认识，加之察觉教育翻译可能引起的问题，便发觉教育"西学中化"化而未化现象更是不容忽视的问题。

以上对于教育学的初步认识，虽不无道理，现在看来，教育学究竟是怎么一回事，毕竟是一个含糊的说法。因为不同时代、不同社会-文化中的教育文化不是一回事。即使在同一社会-文化中，或许还存在教育基础理论与教育实践理论的区别。由此便发生另行研究的设想，即在历史的逻辑的教育研究基础上，运用马克思倡导的历史比较的研究取向（时人或称其为"逆溯法"），从中西教育文化历史的比较的研究中发现问题。

一、西方教育学演变中显示的中国教育文化的影子

我国近百年来经历了西学东渐的过程。我等教育学人非常有限的教育学见识，基本上就是这点东西。以往甚至还自以为是，凭借这点东西解读源于西方的教育学和本国教育文化传统与现实，并未意识到诸如此类意识中隐含着一个不言而喻的价值判断，即教育学中的教育概念和教育学本身为理所当然的事情与学问，并以此解读本国的教育文化的传统与现实。冒昧地说，现今或许到了站立起来睁眼看教育学的时候了，也就产生重新审视教育学的念头。

现在看来，以往虽对教育和教育学曾进行历史的逻辑的研究，由于对教育历史和教育学的了解有限，故当时对问题的认识若明若暗，故有必要对原有认识进一步反思。为此，尝试运用逆溯法，既以源于西方的现代教育学为研究的对象，又从中西教育文化的比较中发现问题。

由于任何事物发展到相当成熟的程度，其内在的本质属性

才显示出来,马克思据此以人体与猴体比较,作出"人体解剖对猴体解剖是一把钥匙"的判断。因"低等动物身体表露的高等动物的征兆,只有在高等动物被认识之后才能理解"。[①]这便是时人所谓逆溯法。

鉴于西方民族国家是在现代化过程中形成的,那里经历天主教的精神统治的黑暗时代,一般不存在本民族国家或地区教育文明的历史。唯中国古代教育文明传承不息。故尝试运用逆溯法,既以西方教育学为研究的对象,又从中西教育文化比较中,发现其中的问题。如此假设能否成立呢?权且证明如下。

(一)

西方文化中在价值研究盛行后,于20世纪中叶,才有学者指明教育与称之为教学的教-学活动的区别。在此之前,在很长时期里,关于这两者的区别与联系的了解若明若暗。如17世纪夸美纽斯的建树称之为"教学艺术",实际上是有待完善的教-学活动规则、原则与行为规范的概括。至于衡量教-学活动的价值标准,通常以"教育目的"表示,包括"认识自己"(认识万物)、"管束自己"与"皈依神"。指其为"教育目的",实际上是后人的说法。18世纪与19世纪之交,从称之为教学法的教-学活动理论同教育学从并行不悖到以教学为"真正的教育"的赫尔巴特《普通教育学》,显示教育与教-学活动的区别若明若暗。事实上人类教育意识的萌生经历多少世纪才形成教-学活

---

① 马克思.1857—1858年经济学手稿摘选[M]//中共中央马克思恩格斯列宁斯大林著作编译局,编译.马克思恩格斯文集·第八卷.北京:人民出版社,2009:29.

动。值得注意的是,在我国,早在所谓"轴心时代","教"字即一字两音,一词两义。去声之"教"(音叫),相当于双音词"教育",阴平之"教"(音交),为中性词,相当于双音词"教学"。如此区分的意义在于教-学活动可能流于形式,尤其是科举的负面影响,故讲求教-学活动的教育价值追求。此理,从历史遗留的数十篇以"师道"为主题的《师说》足以证明。

(二)

西方"教育"(英语education)是以古拉丁语educauo为词根建构的新词,为"引出"之意。其实,"引出"是有别于"输入"而赋予教-学活动的新义,并非教育概念的内涵,以致那里在很长时期,是以"教育目的"表示教-学活动的价值追求。其中教育概念的内涵若明若暗。如赫尔巴特《普通教育学》,虽以"性格的道德力量"为必要的教育目的,近于教育的内涵,又以多方面能力的协调发展,为选择性的教育目的。"兴趣的多方面性"实际上近于那里的教养概念。

其实,我国从先秦时期开始,就一以贯之地形成"以善先人者谓之教"的判断,以长善救失为教-学活动的价值追求。直到20世纪中叶,日本学者村井实在根据我国自古以来的教育观念,把"教育"定义为"使儿童(或每个人)成为善良的活动",以矫正法国学者涂尔干、德国学者克里克、美国学者杜威"教育"定义之失。不过那些学者认定教育"社会和文化的自我增殖作用"本身并没有错,只是忽视了教育促使未成年人道德人格的形成的本义。

（三）

西方教育学原是现代社会形成时期（我国称其为近代）为未成年人教育的普及，参照日趋发达的自然科学先例建构的学问。如夸美纽斯在培根的归纳法启发下，建构"教学艺术"。18世纪与19世纪之交，赫尔巴特力求按照科学规范建构"普通教育学"。不料"科学的教育学"（或称"教育科学"）诞生不久，其"科学性"便受质疑，并且长期争论不休。更由于"科学的教育学"同广泛的教育实践之间的距离日益扩大，越来越受到舆论与学术界的关注。于是，20世纪初涂尔干提出"教育科学"与"教育学"分途的建议。此后的争议中，逐渐把教育学归入教育实践理论范畴。不过教育实践理论究竟是怎么一回事，依然成为有待探讨的课题。

教育实践理论为什么成为尚待继续探索的课题呢？其原因相当复杂。简单地说，西方社会-文化早已形成科学的传统，以致原先由教育学引起的那些争议，在教育实践理论话题中继续存在。其实，20世纪30—50年代以凯洛夫《教育学》为代表的苏联教育学，在马克思主义实践理论的启发下，参照"教学艺术"先例，在一定程度上解决了这个难题。问题在于"教学艺术"实际上属于教程的设计，同学程的距离甚大，以致引起必要的争议和不必要的误解。

其实，当年的苏联教育学，虽同科学有距离。它本身依然未摆脱科学的影响，其可取之处在于按照教育与教养的价值追求建构教程性质的教-学活动的常理、常规（规则与行为规范）。

其实，实践是由人所参与的活动，教-学活动是由教师和学生参加的活动，其中的常理、常规取决于教师的理解和根据学生情况的具体运用。我国教育文化传统中虽无教育学的建树，在"天地君亲师"的舆论中，形成以"师道"为主题的《师说》。当时所谓师道，并非单指为师之道，或许更指治国尊师之道与学生求师之道，实际上更加符合教育实践的精神。

不仅如此，我国从农村革命根据地到中华人民共和国的教育实践过程中，历史地形成学校中教师组织与学生组织传统。可惜如此传统即使在本国也未受到应有的重视，更谈不上研究。

（四）

欧洲从天主教精神统治的中世纪，经过文艺复兴与启蒙运动，才逐步演变为现代社会。其中源于中世纪末期的大学为自治机构。随着现代学校的发生和义务教育的实现，才形成公立学校与私立学校之分。中国教育文化传统从未中断。自古以来，早就形成官学与私学之分。其中官学（包括中央官学和地方官学）都以成年人为教育对象，而以未成年人为教育对象的私塾，在废科举后才改造为学校。

我国在西学东渐后，本国教育文化传统影响并未轻易消退。中西教育文化中，公立学校与私立学校之分，同官办学校与民办学校之别，其实并非名称差异。其中实际上反映大学与中小学管理体制不同。如此比较，或许可从各自得失的具体分析发现改进的方略。不过在西学东渐后，一般以西学视野审视本国教育文化传统与现实，把双方得失看成是利弊之分，这才长期发生所谓教育管理体制问题的争议。

（五）

教育学是18世纪与19世纪之交，在建构人文科学潮流中脱颖而出的新学科。其中以自然科学为先例，建构本学科的基本概念和主要命题。按照科学规范，概念的内涵应是从大量同一事物中抽象出来的这一事物的本质属性。其实，教育学中的基本概念，并非出于对教育之类本质属性的界定，而是现代社会-文化中"应然教育"的规定性的定义（或称"定义性表述"）。为何如此呢？由于如今欧洲各民族国家大抵是在现代化过程中逐渐形成的。在此以前，世俗性质的基础教育难得存在。尽管教育历史上并不存在教育西学中化的假设，现代教育学在演变过程中才逐渐明了的教育内涵、教育同教-学活动的区别，以及某些教育常理常规，在一定程度上倒同我国教育文化中相应的部分不谋而合。因为教育毕竟是教育，教-学活动就是教-学活动，其中自有绕不开的常道、常理、常规与人之常情。

（六）

现代教育学属于专业性质的学科，以示同其他专业及拿教育说事的业余看法区别。所谓专业是在职业分工基础上形成的专业分化。现代人文专业原是借鉴自然科学的专业分化建构的，其中教育学首当其冲。由于其科学性备受质疑，进而引起对人文科学特点的思考和探索。其中教育学因以一代又一代未成年人教育为研究的对象，更有特点。不过其特点却易于被其他专业及其他活动领域观念掩饰。

其实，在马克思的"人的全面发展"（普遍的个人体力和脑力全面而自由的发展）学说中，对专业的由来、专业的价值及凝固化的职业分工与专业分化可能发生的负面影响，有深刻的分析。只是在马马虎虎的教育研究中，把如此学说当作教育目的价值判断的依据看待，加上客观条件限制和利益考虑，以致把前人的专业学说几乎置若罔闻。

明乎此，可知专业之于职业专门性质的形成虽值得肯定，问题在于任何职业都不是社会生活中的孤立存在，其发生与发展都同社会生活实际情况与客观需要存在复杂的联系。如果说教育学专业研究中难免受狭隘职业观念影响和长期甚至终身束缚于一种专业或一项专业中的局部问题的限制，那么不符合学术规范的教育研究固然难以成立，有些拿教育说事的研究，因未受狭隘职业观念的影响，倒可能在一定程度上说出了某种教育问题的所以然。

二、教育视野中的教育学

若问以上诸见识如何发生，一言以蔽之，为运用逆溯法分析教育文化所致。具体说是以较为高级的教育文化为解开较为低级教育文化的钥匙。如以20世纪中叶才明确的教育同教-学活动的区别与联系的见识（彼得斯）解读17世纪的"教学艺术"（夸美纽斯）与19世纪的"普通教育学"（赫尔巴特）未解的问题。同样，也不妨以杜威的"教育无目的说"，审视19世纪的"教育目的说"。不仅如此，更运用中西教育文化的比较，以较为低级的中国传统教育文化，揭示现代教育学中关于教育的内涵及关于教育同教-学活动的区别与联系的认识长期若明若暗问题。

诸如此类现象发生的缘由何在呢？不能不以教育为根本重新认识现代教育学。

在教育历史上，现代教育学仿佛是"半路上杀出的程咬金"。因为在此以前，长达十个世纪的中世纪，在天主教精神统治下，以未成年儿童、少年为对象的世俗性质的基础教育，几乎难以寻觅。所以新兴的教育学，缺乏必不可少的实践依据。如"引出"实际上为针对精神统治中的"输入"建构的教-学活动价值取向的新词，同教育概念的内涵颇有出入。相比之下，我国自古以来，以善先人者为教育，早就习以为常，这才对教育学演变过程中发生的相关问题较为敏感。

这样看来，源于西方的教育学原先似乎是"无根之谈"，其实它另有根据。它是那个时代在现代科学优势压力下建构的专业性质的学科。问题在于那个"根"毕竟有别于世俗基础教育之"根"。因为科学本身旨在发现问题，科学研究人员未必有指导实践的意图。而教育学原出于指导教育实践的需求，故从教育学诞生时起，就发生跨越理论与实践鸿沟的难题。经过长期探讨，这才发生教育基础理论与教育实践理论的分化。不过，教育实践理论有别于教育实践。作为理论，依然受到科学的压力，又须解决从实践中来，到实践中去的路线问题。实际上是把原先教育学遇到的难题，转移到教育实践理论建构中。

解决这个问题的先决条件在于探讨人文科学的特点。从人文科学特点探讨中，把历史和价值引入研究者的视野。故专业性质的教育实践理论，以教育与教-学活动的历史与现实为客观依据，从历史经验与现实经验中寻求教-学活动的规则；从历史与现实的教育价值变化中得出合理而可行的教育原则和教育行为规范。话虽如此，迄今教育实践理论的建构，仍是有待解决的课题。

我国通常所谓"教育学"，原为英文pedagogies（法文pedagogie，德文Pädagogik，俄文педагогикой）的中文译词。原词为以古希腊文paidagogos为词根建构的新词，希腊文原为"教仆"之义。在以教育为根本对教育学再认识基础上不免产生疑问：西方所谓pedagogies究竟是什么学科的名称？

按照名与实的关系，学科名称作为学科的符号，必须符合学科本身。那么pedagogies究竟是什么学科呢？其实，与其称为教育学，倒不如称其为教养学，才较为符合这门现代学科的实际。凭什么这样说呢？

其实"教养"也是西方语词（德语Bildung，俄文образование）的中文译词，原意为使应有的知识与技能转化为学生的知识与技能，成为他们本身的教养。在教养的基础上形成理性的自立的道德人格的意义上，较之非理性的道德教育，更有教育的意义。只是知识、技能教养同道德人格形成，毕竟是不同性质的问题。

那么教育实践中的pedagogies是怎么一回事呢？

19世纪初赫尔巴特以"多方面兴趣平衡发展"为教-学活动

选择性的目的，并把这个目的"用通常一种表达：一切能力的和谐发展"。其实属于教养目的。

20世纪初法国学者涂尔干、德国学者克里克、美国学者杜威把那里的"教育"定义为"社会和文化的自我增殖作用"。日本学者按照东方的教育学观念，把"教育"定义为"使儿童（或每个人）变成善良的各种活动"，并称"其他定义有意识地回避了这个概念"。其实倒是东方学者本着东方的教育学观念误解了西方学者近于教养学的表述。

20世纪50年代中叶，我在大学学习教育学时，恩师萧承慎教授曾告诉我：我们所谓普通教育，外国称之为普通教养，我们说的职业教育，外国叫作职业教养。经查阅词典，"普通教育"为德文Allgemeinbuilung的中文译词，"职业训练"为德Berufsausbiung的译词。

现代pedagogies是在科学的压力下兴起的专业性质的学科。其中关于基础教育的内容逐渐从传统的"七艺"改变为现代学科，即除语文、数学外，主要为现代自然科学与人文科学的基本知识、技能和艺术，使未成年儿童、少年获得现代教养。

在什么意义上把pedagogies称为教育学呢？按照现代教育观念：

1. 以"引出"为出发点的教-学活动。
2. 以知识、技能为基础的影响。
3. 有社会价值的课程与学生参与的社会活动。

否则只能算是"关于道德的教育"或"关于教育"。

有感于自己对源于西方的教育学和本国教育文化的传统与

现实的了解若明若暗,才不断发生教育学问题的自我反思。其中并非试图把被颠倒的观念颠倒过来,无意以一种片面的见识取代另一种片面的见识,只是从西学东渐影响下,一向以外来教育文化为标准,观照本国教育文化的历史与现实,到尝试从中西教育文化比较中初步获得对这两种教育文化的新见。自然其中的新见仍有待继续验证。

Pädagogik 学科辨析
——五谈教育学究竟是怎么一回事

一、Pädagogik 研究的对象 [63] —— 二、教育学的学科性质 [64] —— 三、教育基础理论与教育实践理论的分化 [67] —— 四、人类教育历史视野中的教育学 [70]

德文 Pädagogik，中文译为"教育学"，泛指源于西方的教育学。至于它究竟是什么学科的名称，研究什么学问，只能视其研究的对象而定。那么它究竟研究什么学问呢？其中以 education 为研究的对象，英语地区干脆以 education 取代 Pädagogik，中文把 education 译为"教育"，才把 Pädagogik 译为"教育学"。所以为分辨 Pädagogik 的原意，只能先从 education 的原意谈起。

一、Pädagogik 研究的对象

education 原为"引出"之义，表明它实际上是同教-学活动中"输入"对举的概念。在这个意义上，Pädagogik 实际上属于教-学活动之学。这不奇怪。由于西方理论界在很长时期里关于教育同教-学活动之间区别与联系的认识若明若暗，而以"引出"取代"输入"，为变革教学活动的客观需求，才使"引出"

为 Pädagogik 研究的对象。

除此之外，在德国，Pädagogik 研究的对象，除 Erziehung（中译"教育"）外，还有 Bildung（中译"教养"）。英语地区虽然未把教养作为专业概念，其实现代教育兴起之际，欧洲各国无不把培养"有教养的等级"后代作为 Pädagogik 题中应有之义。在这个意义上，Pädagogik 也算是教养之学。

如此说来，难道 Pädagogik 同教育无干么？其实不然。现代欧洲毕竟经历称之为理性时代的 18 世纪启蒙运动，一般难以接受"输入"性质的所谓教育，而致力于从儿童时期开始，培养独立的人格。其中包括在教养基础上形成理性的自律的道德人格。这便是 Pädagogik 中的教育概念。

总之，以教育（狭义）和教养为衡量教-学活动的价值标准，合为广义教育，便成为 Pädagogik 中完善形态的研究对象。这在一度以凯洛夫《教育学》为代表的苏联教育学中表达得更为清楚。

其实，引出与输入，理性与非理性，自律与他律，都是相对而言，不必视为排他性的概念。因为排他难免得到他排的报应。所以实践中的是非、对错，只能因实际情况而定。

二、教育学的学科性质

18 世纪与 19 世纪之交，在以自然科学为先例，把形而上学的实践哲学改建为现代人文科学的潮流中，以赫尔巴特《普通教育学》为代表作的教育学领域首当其冲。有道是"由于各种错综复杂的社会关系,最初倒出现了一种引人注目的现象,教育学一时变成了主要的学科,为其他科学之桂冠。因为当时其他学科的提高相应较慢"。①问题在于新兴的教育学,实际上是什么性质的学科。

赫尔巴特在《普通教育学》即将出版时,曾在哥廷根报纸上刊载自拟广告。据称该书为"从教育目的推论出来的教育原理"(其中"教育"为education的中文译词)。关于教育学的性质,作者自称:"教育学作为一门科学,是以实践哲学和心理学为基础的。前者说明教育的目的,后者说明教育的途径、手段与障碍;同时教育学希望尽可能严格地保持自身的概念,并进而培植出独立的思想,从而可能成为研究范围的中心,而不再像偏僻的、被占领的区域一样受到外人治理。"②那么《普通教育学》究竟在什么意义上算是教育的科学呢?

按照以自然现象为研究对象的实证-实验科学的学术规范,每个事物的基本概念,是以大量同一事物(无例外)共有的本质属性为概念的内涵,进而揭示事物发展的必然联系,发现事物发展的内在规律。现代人文学科(如教育学)都是参照中世纪末期以来,尤其是17—18世纪流行的形而上学的实践哲学,建构本学科的基本概念,即每个基本概念未必以事物的内在本质为其内涵,而是按照时代的需要,以该事物"应有的属性"为基本假设,并以古代拉丁语或希腊语的某个语词为词

---

① 第斯多惠.德国教师培养指南[M].袁一安,译.北京:人民教育出版社,1990:66.
② 赫尔巴特.普通教育学·教育学讲授纲要[M].李其龙,译.北京:人民教育出版社,1989:10.

根，建构表达基本假设的新词。如此假设只要经过合乎逻辑的论证即可成立。若在论证中出现逻辑差错，假设便不能成立。education便是以古代拉丁语educauo为词根建构的新词，意为"引出"。其实，教-学活动从"输入"到"引出"的转变，是有待长期实践中逐步解决的课题。"引出"作为"应然"的教-学活动的假设，实际上是一个价值观念。唯其如此，在实证-实验科学优势的学术氛围中，教育学的科学性不能不受到质疑。如此质疑虽不无道理，而教育学是否应有这种科学性，却是有待解决的问题。

其实，实证-实验科学本身旨在发现问题。虽可作为认知事物的参考，其研究本身并不在于指导实践。后来经历从基础科学到技术科学的转化，进而从技术科学到工程科学的转化，才逐步接近改造客观事物的实践。

至于教育学和其他人文科学，其研究的对象至少不像自然科学研究对象那样长期相对稳定，并且其中还存在人本身的能动性问题，故人文科学研究中对象的偶然性难以排除。通过研究才逐步发现人文科学的特点，即研究对象历史性的演变中在一定程度上可以排除偶然性，并显示研究对象历史事实演变的趋势，在此基础上把握价值变化的缘由。那么如此研究是否堪称科学呢？其实科学有两义，一为按照实证-实验科学研究规范求知之义；一指合乎逻辑的系统的学问。尽管科学有两义，实际上科学研究的基本规定大体上一致，即既以客观事实为依据，对事物之间的关系又须进行合乎逻辑的论证。

三、教育基础理论与教育实践理论的分化

我国自古以来，单音词"教"即一字两音，一词两义，表明我国早就明白教育同教-学活动之间的区别与联系。这是由于人类有别于动物，有"类"的观念。故在人类产生后便形成近于教育的意识，经历许许多多世纪，在文字产生后，才产生教-学活动。所以明了这两者之间的区别与联系，非常自然。现代education是在人类社会-文化发展到一定阶段才兴起之学，经历很长时期才逐渐明了教育同教-学活动的区别与联系，不足为怪。问题在于教育同教-学活动之间存在价值与中性活动的区别。是否明了这两者的区别，毕竟是绕不过去的坎。加之科学性之类的纠缠和价值研究意识的发生，终于促成作为"一般教育学"同义语的"普通教育学"在总体上分化为教育基础理论与教育实践理论。

所谓教育基础理论，原称普通教育学。有两义：或为以普通教育（基础教育）为研究对象的学科，或为"一般教育"（"教育一般"）之学，都无不可。作为"教育一般"之学，在我国通称"教育原理"（未必是所谓"教育学原理"）。"教育原理"在表述中也有两义：由于教育并非社会生活中孤立的现象，其发生与演变必有内在或外在的缘由。故作为"原理"，有必然研究教育的"所以然"。故一度兴起若干"教育学理论基础"性质的教育分支学科，如教育生理学、教育心理学、教育文化学、教育伦理学、教育哲学、教育经济学、教育法学以及教育行政

学、教育政治学等。问题在于其中若干犹如盲人摸象式的研究，似乎从别的学科门缝中窥测到的未必是教育的全貌，故我在教育原理研究中，尝试通过教育历史的比较发现其中的基本问题。

教育原理研究的重要命题列举如下：

1. 教育概念界定；

2. 教养概念界定；

3. 教育与教养的区别与联系；

4. 学生概念界定；

5. 教育的性质与基本特点；

6. 教育性质与特点形成与变化的内在缘由与外在条件；

7. 教育同相关的外在领域的关系；

8. 教育性质历史性的变化；

9. 教育概念内涵历史性的变化；

10. 教育-教养同教-学活动之间的区别与联系；

11. 教育基础理论对教育实践的影响；

12. 各种教育基本观点平议。

如果说教育基础理论或教育原理为"教育一般"之学，那么教育实践理论是一定时代、一定社会-文化背景下的教育之学。前者以教育是什么和教育实践是什么为研究的对象，后者则以一定时代、一定社会-文化背景下教育应当是什么为前提，着重以教什么、怎样教为研究的对象。

教育实践理论有别于教育实践。其立论一般以现存实践的教育倾向和教-学活动中的问题为出发点，其中教育应当是什么、应当教什么、应当怎样教都须经过可能性论证才可成立，再经可行性论证才可望有效。由于教-学活动是由一代人参与的以一代又一代未成年儿童少年为对象的群众性的事业,故事实上教育实践理论同教育实践之间的距离很遥远。教育实践的见识即使经过可能性、可行性论证,还有待实践的检验,以致即使经过短期局部的试验,其意义依然有限。所以任何学者,哪怕是高明的学者也不能不承认这个客观的事实。例如20世纪初期称之为"现代教育"的欧洲"新学校"和美国进步主义教育,在盛行一代人时间之后,一度作为进步教育代言人的杜威,不得不承认:"以新的一套思想和由新思想所引起的新活动为指导的各种运动,或迟或早,总会返回到过去表现为比较简单的和比较基本的思想和实际上去——现时的教育又在企图恢复古代希腊和中世纪的各种原则,这便是明显的例证。"[1]

这个历史经验表明,具有普适性的教育实践理论,是概述比较简单和比较基本原则的理论。这种理论回答的教育实践问题如下:

1. 一定时代、一定社会-文化中实际上存在什么教育价值倾向?按照时代的要求,应有什么教育?如何根据应有的教育价值取向和实际条件,规定教-学活动可能实现的目标?其中有关某种目标实现的可能性的论证更重要。

2. 为实现教-学活动的目标,拟定学与教的教学计划或课程标准,回答应当学什么-教什么问题。其中关于教学计划与课程标准的区别和学科选择依据的论证更重要。

---

[1] 杜威.我们怎样思维·经验与教育[M].姜文闵,译.北京:人民教育出版社,1991:246.

3. 根据教-学活动的目标和教学计划或课程标准，作出教程或学程的陈述与论证更重要。

上述诸项大致为教-学活动的基本解释。其实如此解释并不充分。因为如把教-学活动视为教育实践，就不能不承认教-学活动是教师、学生及同如此活动相关人士有目的地参与甚至改造教-学活动的实践，并且是带有群众性的社会实践，才与教育实践理论名副其实。

话虽如此，其实关于教-学活动的解释中，隐含着教-学活动的常理、常规与常法，不仅是教-学活动理性地实践的要素，而且在使不正规的教-学活动趋于正规的意义上，符合实践的精神。自然，随着时代与社会-文化背景的变化，习以为常的教-学活动不能不发生相应的变化。由于教-学活动毕竟是每个社会-文化中上一代人对下一代人实施的群众性的社会活动，故每一项改革的举措要转化为普适性的常理、常规与常法，将是一个漫长的过程。这就是说，历史性的问题只能历史地加以解决。自然根本性的变化是在局部变化积累基础上发生的。

四、人类教育历史视野中的教育学

近年来以教育学究竟是怎么一回事为话题，一谈再谈、说三道四，啰唆一通又一通，才发觉原来我国译为"教育学"的Pädagogik究竟是怎么一回事，还若明若暗。其实，正如任何事物发展到某种成熟的程度，其本质属性才显示出来一样，Pädagogik也是如此。它原为在世俗的基础教育并不普遍存在的背景下新建的学科领域,可谓先天不足。其中的基本概念大都以古代拉丁语或希腊语中某个语词为词根建构的新词表达,其词义为某个概念应有的含义,而非客观存在事物的内在属性,属于形而上学的假设,或形而上学的逻辑起点,经过合乎逻辑的论证才可成立。却同那里原拟构建的"科学的教育学"不谐。正如任何事物发展过程中都有不可绕过的"坎"一样,事实上Pädagogik中一系列的"坎",如所谓教育、教育与教养的区别与联系,教育、教养与教-学活动的区别与联系,教程与学程的区别,Pädagogik本身基础理论与实践理论的分化,都是在这门学科发展过程中才逐步明确或尚待明确的问题。

如果说教育西学先天不足,那么教育东学后天失调。因落后于时代,才发生长达百年的西学东渐过程。不过在如此漫长的岁月中,由于不明Pädagogik究竟是什么学科,就亦步亦趋,有时甚至堂而皇之地东施效颦。虽然教育事业总算日趋现代化,却几乎忘却教育的根本和本国教育可行之路,甚至其中的是是非非也难以自主判断。其中烦恼莫过于一代又一代难以数计的教师与他们的学生。唯其如此,才有必要把教育之学连同Pädagogik,放在人类教育历史视野中审视。

我国教育文化的自信
——六谈教育学究竟是怎么一回事

> 一、关于教育学的再反思[73] —— 二、Pädagogik 建构中遇到的难题[74] —— 三、以他山之石攻本土教育文化之玉[77] —— 四、Pädagogik 有别于教育学[80] —— 五、Pädagogik 的再认识[82] —— 六、西学东渐的那些事[83]

我国百余年来，有感于社会-文化落后于时代，故经历漫长的西学东渐过程。我国的教育学便是这个过程中含糊不清的产物。我等的这点教育学知识基本上正是从外来的相关知识中捡来的。其中或形成这种或那种似乎是独立的见解，而似乎独立的见解，又不免在匆匆而来又匆匆而去的潮流中化为泡影。尽管我国有长达五千年传承不息的教育文化传统，近七十年间也不乏独立自主的教育建树，然而多年来常常不由自主地以外来的眼光审视本土的教育文化，甚至还以此引为自得。现在才明白，原来自己几乎不由自主地丢失了教育文化的民族自信而又浑然不觉。那么，为什么现在才获得这点自知之明呢？

说来话长，长话短说。一般学子为求知才关注教育学，而教育学的状况却令人费解。我写的第一篇文章题为《教育学的迷惘与迷惘的教育学》（1988年）。在1993年出版《教育原理》

后，这门课程的教学成为我无法摆脱的遭遇。从此,"教育学的迷惘"便成为我无法解脱的困惑。唯其如此，教育学究竟是怎么一回事，一直是我心中无法解脱的难题。旧话不提，2018年以来，为解决这个难题，不断自我反省。经过先后五度自我反省又反省，才总算明白，原来自己并不明白自以为明白的教育学，也不明白自以为明白的本土教育文化。明乎此，才总算明白自己已缺乏本土教育文化的自信。至于为什么获得这么一点自知之明，还得从对教育学的反思过程谈起。

一、关于教育学的再反思

虽然对教育学的每次反思都有收获，甚至还自以为获得"新见"，其实这个过程，是从参照建构新学科的学术规范观照教育学开始的。① 当时尚未察觉现代教育学实际上是如何建构的，其基本假设是怎么一回事。后来又想起现代教育学原以未成年儿童、少年的教育为研究的对象，由于教育事业的发展，教育学事实上越出了原有研究对象的范围，由此发生大学性质问题的质疑（它是教育机构么？）以及教育概念泛化对未成年教育的影响。② 进一步反思才发觉，尽管我国教育学是在西学东渐过程中逐步形成的，事实上这个过程自始至终基本上是一个"西学中化"的过程。不过，作为教育学，无论西学还是中学，

---

① 参见本书中《教育学究竟是怎么一回事——略议教育学的基本概念》。
② 参见本书中《教育原有性质变化引起的教育学问题——再谈教育学究竟是怎么一回事》。

都化而未化，算不上成熟的教育学科。①

以上见识，得自马克思关于翻译见识的启发。他提到："就像一个刚刚学会外语的人总是要在心里把外国语言译成本国语言一样，只有当他能够不在心里把外国语言译成本国语言，当他能够忘掉本国语言来运用新语言的时候，他才算领会新语言的精神，才算是运用自如。"②

尽管西学东渐和用中文翻译西学，都是不得已而为之，重要的是在按照西方语言思考西方教育学和用中文思考西方教育学之间，不免存在同中有别、异中存同的情况。明乎此，如果说原先意识到中译词引起按本土教育文化思考教育西学问题，由"西学中化"导致对教育西学化而未化，那么正是由于把education译为"教育"，从而把以education为研究对象的Pädagogik译为"教育学"，开始从教育学究竟是怎么一回事，转而发生Pädagogik究竟是怎么一回事。为此，尝试运用"逆溯法"，追溯Pädagogik演变的过程，并以中西教育文化比较来审视其中遭遇的、解决与尚待解决的问题。③想不到正是由此在一定程度上萌生了本土教育文化的自信。

二、Pädagogik建构中遇到的难题

我国把Pädagogik译为"教育学"，如以此眼光看待它，那

---

① 参见本书中《西学东渐中发生的中国教育学问题——三谈教育学究竟是怎么一回事》。
② 马克思.路易·波拿马的雾月十八日[M]//中共中央马克思恩格斯列宁斯大林著作编译局，编译.马克思恩格斯文集.第二卷.北京：人民出版社，2009：471.
③ 参见本书中《中西教育文化比较中透视的教育学问题——四谈教育学究竟是怎么一回事》《Pädagogik学科辨析——五谈教育学究竟是怎么一回事》。

么就可以说它"先天不足"。因为既以教育为研究的对象，一定以教育的存在和一定程度的发展为前提。事实上在那里当时这个前提基本上并不存在。即使逐步存在，得到普遍的认同，仍不得不经历漫长的过程。

欧洲经历长达十个世纪的天主教精神统治，16世纪宗教改革后，宗教仍占有绝对优势。18世纪启蒙运动中逐渐发生教会与国家分离、学校与宗教分离的舆论，落实不易。现代教育学正是在如此背景下发生的。在学校与宗教分离过程中，法国于19世纪80年代实施初等教育世俗化。在这个过程中，涂尔干称："我们曾决心对我们在学校的儿童进行一种严格意义的非宗教的道德教育。""所谓非宗教道德教育，就是不以默示的宗教为基础，而仅仅以理性所承认的观念、情感和实践为基础的教育。"[①]问题在于当时在欧洲世俗的教育并非常态。尽管那里并不存在"道德""教育"的真空，而在舆论中未必以如此世俗观念亵渎神圣的宗教。不仅习俗使然，如就"道德""教育"而言，宗教信仰或许更有成效。在当时那种氛围中，涂尔干出于对道德教育的辩解，尝试从宗教本身的变化中，寻求"道德""教育"的渊源。依他所见，宗教本身从人对上帝的义务（道德宗教化）逐渐演变为人对人的义务（宗教道德化），[②]证明道德教育虽有别于诉诸信仰的默示的宗教，实际上同变化中的宗教并不相悖。

Pädagogik不仅先天不足，而且后天失调。原因何在呢？现代西方社会-文化中不仅存在宗教优势，而且在17世纪、18世

[①][②] 涂尔干.道德教育论[C]//张人杰,主编.国外教育社会学基本文选（修订版）.上海：华东师范大学出版社,2009：323-327.

纪以后逐渐形成科学优势。现代教育学正是18世纪与19世纪之交以自然科学为先例建构现代人文科学的潮流中应运而生的。我国称其为"教育学"的Pädagogik，按照每门科学学科的学术规范，建构本学科的基本概念（如教育、训育与教学及儿童、少年行为管理），作为本学科论证的逻辑起点，形成本学科的基本命题（如作为教育必要目的的"性格的道德力量"和作为教育选择性目的的"兴趣的多方面性"），命题以及命题之间的关系经过合乎逻辑的论证，形成本学科的思想系统。按理，每个基本概念是以大量属于同属同种的事物内在的本质属性为概念的内涵，才成其为科学性质的学科。赫尔巴特自称："教育学（译词）作为一门科学，是以实践哲学和心理学为基础的。前者说明教育的目的，后者说明教育的途径、手段与障碍。"[①]事实上Pädagogik中的"教育""训育""教学"之类，并非是按照属概念加种概念之差的规则界定的概念。其中表达教育目的的命题，如"性格的道德力量""兴趣的多方面性"，并非实践经验的概括，而是形而上学的假设，是实践中有待解决的课题。

问题在于，在科学压力下建构的Pädagogik，诞生不久，其科学性便受到质疑。尽管按照基于自然科学形成的学术规范，如此质疑不无道理，而依此教条质疑Pädagogik，理由并不充分。话虽如此，由于现代教育学建构过程中尚存在一系列有待解决的前提性的问题，如：人文科学与自然科学的区别与联系、人文科学的特点、教育学与一般人文科学的区别与联系、教育

---

① 赫尔巴特.普通教育学·教育学讲授纲要[M].李其龙,译.北京：人民教育出版社,1989：190.

学的特点以及两种不同的科学概念。加之Pädagogik原以未成年人教育为研究的对象，这门学科如何面对千千万万教师和他们的学生的实践，是指导而非干扰他们的实践，更是有待这门学科解决的难题。

三、以他山之石攻本土教育文化之玉

每项值得研究的事物，在其形成与演变的过程中，都可能遇到在逻辑上绕不开的"坎"。Pädagogik先天不足，后天失调，其发展过程不可能不遇到不断解决或有待解决而又回避不了的问题。如果说以往从西学东渐中只关注西学中化问题，由于我国长达五千年的教育文化是历史地形成的，对其演变过程中曾经遇到的解决与有待解决的问题，往往习以为常，浑然不觉。如今察觉Pädagogik演变过程中问题的症结，却可提醒我们，他山之石，可以攻玉。

西方教育学似乎长期以"引出"为研究的对象，那是由于那里在宗教压力下，并不缺乏现代宗教涵盖的道德人格意义的教育。其实在现代社会-文化背景中，既不可能继续满足于宗教信仰意义的非理性的道德人格影响，"引出"更代替不了世俗的教育。话虽如此，其实那里的教育观念依然若明若暗。这才发生东方学者村井实指陈杜威、涂尔干、克里克之类西方学者在"教育"定义中"有意识地回避"教育"使之善"的内涵，[①]何况

[①] 大河内一男，海后宗臣，等.教育学的理论问题[M].曲程，迟凤年，译.北京：教育科学出版社，1984：317.

很难说那里Pädagogik，或education著作都以"引出"为研究的对象，而在中国，道德人格意义的教育近于常识。

Pädagogik虽有两百多年的历史，毕竟是人类教育历史中晚出的后起之秀。在很长时期里，其中不明教育和称之为教学的教-学活动之间的区别，不足为怪。在如我国这样有五千年教育文化历史的国度，如此区别非常显然。这是由于人类有别于动物之处在于人类有"类"的意识。故人类诞生后出于群居共处和种族习俗延续的需要，早就萌生带有道德人格影响意义的意识，直到所谓"轴心时代"（如先秦），由于文字的出现，才逐渐发生教-学活动。我国单音词"教"，一字两音，一词两义。去声之"教"，相当于双音词"教育"，为规范词；阴平之"教"，为双音词"教学"之"教"，为中性词。由于教-学活动可能有教育价值，也可能并无教育价值，甚至还可能发生负面影响（如教唆）。所以自古以来，不仅以大量《师说》评议教-学活动（授业），还有以不教（音交）为教（音叫）的价值追求。

在Pädagogik通行的社会-文化中，虽然迟至20世纪中叶，才总算有学者明确指出教育同教-学活动之间的区别与联系。如彼得斯论定教育是衡量教-学活动的价值标准。具体说，教育是使有价值的事物变为学生的价值取向。[①]问题在于如此定义本身就未必承认教育本身就是其他价值取代不了的一种特殊的价值。明乎此，才可能对以各种价值名义拿教育各说各事保持起码的警惕。

---

① 皮德思.教育即启发[C]//张人杰，王卫东，主编.20世纪教育学名家名著.广州：广东高等教育出版社，2002：620.

有道是"探求新教育运动前景以适应新社会秩序的现实需要的人,应当只思考教育本身的含义,而无须顾及关于教育的一些'主义',甚至连进步主义也不必考虑。因为抛开本身的含义,任何以一种'主义'为思想和行动依据的运动,都会陷入被其他'主义'所控制的运动的对立面"。①

Pädagogik属于以education为研究对象的科学。由于科学研究本身在于发现问题,而不是直接解决问题,所以这门学科演变过程中,长期存在科学性争议,由于同教-学活动之间的距离越来越远,又不免受到责难。即使发生教育基础理论和教育实践理论分化,在科学优势压力下,教育实践理论的建构,依然成为难题。即使逐渐得出教育的常理常规,形成教育基本原则和行为规范,同教-学活动问题的解决仍有距离。这是由于教-学活动的实践,是由实践者依照客观需要和实际情况解决实际问题的过程。即使形成有教育实践理论依据的教育常理常规,以及有教育价值的原则与行为规范,仍有赖于实践者对教育实践理论的了解,尤其是对教育价值或教养价值的认同。

唯其如此,我国教育文化传统中虽无教育学建树,但不仅早已形成"天地君亲师"的价值观念,而且以"师道"为主题的《师说》。唐代韩愈《师说》以还,代有所出。宋代柳开《续师说》,王令《师说》,明代黄宗羲《续师说》《广师说》,清代章学诚《师说》等,据不完全统计,此类著作在七十篇以上,"师道"一脉相传。

---

① 杜威.我们怎样思维·经验与教育[M].姜文闵,译.北京:人民教育出版社,1991:246.

不妨一提的是，据美国学者库姆斯回顾，在1958—1988年长达三十年间，该国在基础教育改革方面进行多种尝试。如语言学、教学机器、心理测验、视听装置、开放学校与开放教室、新数学、新科学、行为矫正、行为目标、能力分组教学、凭证制度、计算机技术，以及"回到基础去"，其结果，却不免"如此令人失望"。其原因有三。首要原因便是多年来关注的是物而不是人。所谓物，泛指装置、机械、方法、学科、组织或管理的方式。而被忽视的是教师的价值意识，即教师的价值追求或价值倾向。①

有道是"他山之石，可以攻玉"。意思是不妨把他山的石头用为琢磨自己之玉的砺石。我国漫长的教育文化中，虽然对"教育"的含义几乎无人不知，而对于隐在历来教-学活动背后的不可或缺的文化要素却未必知晓。如今在中西教育文化比较中，从Pädagogik不断反思中发觉的那里教育文化问题的症结，才反照出我们多年来几乎视而不见的我国教育文化中所包含的作为教育所不可或缺的文化要素。

四、Pädagogik有别于教育学

Pädagogik之所以如此，实系它所面临的时代使然。由于那里的社会-文化中既存在历史形成的宗教优势与压力，在基督教本身趋于"道德化宗教"的情况下，未成年人道德人格影响一

---

① 库姆斯.教育改革的新假设［M］//施良方，译.施良方，唐晓杰，崔允漷，选编.教育学文集·国际教育展望.北京：人民教育出版社，1993：273-274.

般并不成为突出的问题；由于那里更经文艺复兴、宗教改革与称之为"理性时代"的启蒙运动，富于理性的有识之士，不再满足于非理性的宗教影响，导致宗教与理性的道德影响意义的教育并行不悖，相辅相成。在这个意义上，并且只有在这个意义上，才可以把Pädagogik视为教育学。然而由于那里逐步进入"科学时代"，故形成以科学为依据的现代教养，为现代社会成员的基本要求。问题在于教养的性质与逻辑毕竟有别于狭义教育的性质与逻辑，故Pädagogik有别于教育学。

Pädagogik有别于教育之学，从根本上说，在于其研究对象同本来意义的教育之间存在逻辑鸿沟。本来意义的教育即所谓元教育，那是在所谓"轴心时代"（以公元前500年为中心的公元前200年至公元前800年）形成的在我国民族文化中一脉相传的精神文明基础观念。Pädagogik研究对象同教育学研究对象的区别，属于教养与教育之别。这种区别实际上各自价值追求中存在以科学为依据的文化知识与技能同道德人格的区别。由于价值追求不同，实现价值的途径也不尽相同。如果说"输入"虽非实现教养价值的充分条件，却是实现教养价值的必要条件，故教-学实际上应当是始于识字，逐步实现教养价值的活动。教育虽是衡量教-学活动的价值标准，更重要的是在教-学活动过程以外，"以善先人者谓之教"，"修道之谓教"，甚至"以不教（jiāo）为教（jiào）"。

在西方教育文化中，彼得斯虽然论定教育为价值观念，并率先点明教育同教-学活动的区别，他所谓教育是指使有价值的事物成为学生自己的价值，表明其教育实际上是指涵盖狭义教育与教养的广义的教育。有意无意地忽视狭义教育本身，就是一种特殊的不可替代的价值。

五、Pädagogik的再认识

现在才知原来我国把Pädagogik译为"教育学"，其中就隐含着百年来并未察觉并难以察觉的内在矛盾。

Pädagogik是在西方历史形成的宗教强势一旁，基于现代个体社会化的客观需要形成的主要以未成年儿童、少年教养为研究对象的学科。我国把它当作教育学，并以其为效法的对象，其实双方至少教育观感不同，教养价值观念有别。以其为教育学，名实未必相符。如以我国学者熟悉的教育文化衡量，才见其先天不足。如因此而漠视其价值，便成为另外的一回事。

Pädagogik虽无意触动欧洲历史形成的宗教对未成年儿童、少年的影响的客观现实，但事实上由于欧洲经历文艺复兴、宗教改革、启蒙运动，国家与教会分离、学校与宗教分离逐渐成为客观现实，并促成义务的免费的世俗的基础教育普及。Pädagogik正因此而发生。在这个意义上（主要在这个意义上），确有理由把它称为教育学。

在世俗的教育与宗教习俗并行的情况下，道德人格意义教育的地位与作用与世俗国家不可同日而语，在现代为适应个体社会化的客观需求，使社会成员从未成年起，逐步获得以科学为依据的现代文化教养，并在此基础上形成理性的自律的教育，成为现代学校的基本职能，亦是Pädagogik立论的基本依据。在这个意义上可以说只以其为教育之说，理由并不充分。至于把教养也算是教育，那是另外一回事。

六、西学东渐的那些事

我国经历长达百年的西学东渐过程，把源于西方的Pädagogik译为"教育学"，并以我国教育文化中若干语词作为其中相关用语的译词。由于不明白或不甚明白这两者语义之别和由此引起对其中基本概念的差异长期浑然不觉，以致我国近百年、近七十年、近四十年现代教育历史中形形色色、泡泡影影风里来雨里去。其中是是非非的发生，除了外在的缘由外，单就教育学专业而论，实同不明Pädagogik和教育学的差异不无干系。

Pädagogik同教育学的区别何在？说来话长。

简单地说，其中存在教养（德语Bildung）同教育价值判断的区别。所谓教养，是指通过教-学活动使现代需要的基础性质的文化知识、技能转化为未成年学生自己的文化知识、技能，成为他们的文化教养。例如，德国中小学的性质属于普通教养学校（Allgemeinbildende Schule）。其中实现初等普通教育与中等普通教养的机构，我国则把本国中小学作为初等教育机构和中等教育机构，也把别国的不同教养机构当作教育机构。把"职业教养"称为"职业教育"，把"综合技术教养"称为"综合技术教育"，还把大学纳入高等教育范畴。其实这哪里只是一种称谓问题，直接涉及中小学、职业学校、大学属于什么性质机构问题。何况，诸如此类的机构各按自身的逻辑实施，其中就存在教育同教养之间的逻辑鸿沟。

如就教育、教养同教-学活动的区别与联系而论，在Pädagogik形成中，迟至20世纪中叶才由学者指出教育同教-学活动的区别与联系。其实人类诞生之初就或隐或现地萌生近于教育的意识与习俗，经历数不清世纪，到文明时代，由于文字的形成，才发生教-学活动的客观需求。因为文字及与此相关的文字知识，主要通过别人"教"（jiāo）学会。所以教-学活动的发生主要同教养的客观需求相关。至于教育虽然在教-学活动中实施，也可能在日常生活中，尤其在正常的人际交往中、在正常的舆论制约下以自我修养实现。

不仅存在教育与教养之别，其实教育观念亦同中有别，异中存同。由于双方教育都同道德人格影响相关，而双方道德观念也同中有别，异中存同。

英文morality是以古代拉丁文moralis为词根建构的新词。拉丁文moralis原为"风俗"之义。中文把morality译为"道德"。这个译词是"道"和"德"两个单音词连用而成为双音词。正如"教"和"育"连用而成现代"教育"一词一样。

"道"原为路的意思，"德"（惪）为"得"的意思。孔子所谓"志于道，据于德，依于仁，游于艺"（《论语·述而》），表示君子应以正道为价值追求；是否以正道为价值追求，以其是否得道为依据；至于何为正道，便是以仁为道。是否道德从其爱好中可知（玩物适情之谓艺）。由于中西教育都同道德人格影响相关，故中国教育带有使教育对象形成道德价值追求之义，而西方教育一般以习俗舆论中形成的普适性的行为规范为衡量教育对象道德行为的准则。

不仅如此,西方认同并追求的是诉诸理性,因而是自律的教育,以有别于那里的宗教影响。中国教育是符合并服从道德价值原则及行为规范为准则。因此形成以教养为基础的教育和不以教养为前提的教育的区分。

西学东渐历时百年,至今才发觉Pädagogik同教育之学同中有别,异中存同,不足为怪。有道是"对人类生活形式的思索,从而对这些形式的科学分析,总是采取同实际发展相反的道路。这种思索是从事后开始的,就是说,是从发展过程的完成的结果开始的"。[1]如今很自然地会想到把Pädagogik译为"教育学"似有文不对题之嫌,其实Pädagogik原为以古代希腊文为词根建构的新词,那个希腊文原意为"教仆"。由于那是新建构的有待成熟的学科领域,故其学科性质并未定格。不过就其试图解决教会与国家分离、学校与宗教分离的背景下有待解决的教育问题来说,指其为教育学并不为过。何况在世界文明古国中,唯有有五千年教育文化传统的中国学者,才有可能视其为教育学。

虽然西学东渐风里来、雨里去的那些事,过去了就过去了,好在我国教育事业发生了翻天覆地的变化,教育视野相应大开。重要的是在这个过程中,或隐或现地存在以人民为本位的有中国特色的教育取向同外来的教育取向的区别。有待建构的是有中国特色的教育学。

---

[1] 马克思.资本论(第一卷)[M]//中共中央马克思恩格斯列宁斯大林著作编译局,编译.马克思恩格斯文集·第五卷.北京:人民出版社,2009:93.

教育学专业的命运
——七谈教育学究竟是怎么一回事

> 一、专业性质教育学发生的缘由 [86] —— 二、教育研究易为其他学科治理领域的缘故 [88] —— 三、教育学派现象观察 [90] —— 四、以平常心看待教育学专业命运现象 [93]

我们所谓"教育学",原为Pädagogik的中文译词。Pädagogik从建构之初,赫尔巴特就表明:尝试建构独立的教育学,以便不再发生教育研究"像偏僻的被占领的区域一样受到外人治理"的危险。[①]其中所谓外人,当指其他学科专家或非专业人员。问题在于从那时起,迄今已达两百余年。不仅独立的教育学尚待继续建构,而且教育研究越来越成为其他学科占领的区域。林林总总的教育分支学科便是这种现象,至于这种现象何以发生,还得从专门性质教育学问题发生的缘由谈起。

一、专业性质教育学发生的缘由

教育原以未成年的儿童、少年为对象(通常泛称"儿童

---
① 赫尔巴特.普通教育学·教育学讲授纲要[M].李其龙,译.北京:人民教育出版社,1989:10.

教育"），为其成年的必要准备。这种准备，简单地说，便是成为"好人"，以便彼此之间和谐共处。人之好坏，通常以习俗舆论评价标准衡量。这便是我们先贤所谓"以善先人者谓之教""教也者长善而救其失者也"，这在当代术语中算是教育元概念。

Pädagogik建构的当时当地，虽未必存在教育观念，而在基督教信仰中，不乏使教徒为善之义。问题在于从中世纪向现代社会转变时期，按照现代社会-文化的客观需求，为使现代未成年儿童、少年形成理性的独立的道德人格，不得不在公共性质的教-学活动中以"引出"取代宗教活动中的"输入"。于是，Pädagogik应运而生。

Pädagogik原以未成年儿童、少年获得普通教养为研究对象，我国把它译为"普通教育学"。其中"普通"有两义：（1）事关儿童的普通教养，即各种社会生活中共同需要的基础性质的文化教养和在此基础上形成的理性的独立的道德人格；（2）在普通与专门对举的意义上，Pädagogik以普通教养或普通教育为研究的对象，由于在各门学科中唯有Pädagogik为专门研究未成年人教养、教育之学，所以其中"普通"又具有"一般"之义，即以未成年人教养-教育之学原为"教育学"的同义语，以有别于其他学科。故从开始就警惕这门学科成为"外人"治理的领域。

问题在于不仅好事多磨，而且磨又有磨的番番道理，故Pädagogik（或教育学）或许反而较之其他学科更加可能成为"外人"占领的领域。那番番道理又成为有待研究的问题。

二、教育研究易为其他学科治理领域的缘故

教育作为元概念，原是一种几乎无可替代的特殊价值。关于教育与教养的区别与联系，关于教育-教养同教-学活动的区别与联系，都是在Pädagogik形成与发展过程中尚待探讨的问题。

Pädagogik建构的当时当地，世俗的理性的教-学活动在形成中。初等教养尚未普及。当时当地在很长时期里按照"双轨"运作，即一般平民子弟以读、写、算为教养的基本内容，至于"有教养的等级"，主要请家庭教师指导自己子女学习，后来实施中等教养的正规中学得到发展。未成年人原先假定中等学业完成后直接进入社会。在中等学校和高等学校发展后，越来越多的中学毕业生并不直接进入社会，而在职业学校及高等学校深造，从而使初级中学与高级中学，越来越从就业准备转为应试准备。我国有"应试教育"一说，其实，应试和教育不是一回事。应试虽同教养相关，不过其中存在为应试而教养和为教养而应试之别。随着中等及高等专业学校的发展，和中等普通教养学校日渐趋于应试化，教育领域越来越成为别的学科治理的领域。不过教育学不再是独立的学科，还同教育学本身的变化相关。

Pädagogik为什么较之其他学科更易受别的学科治理？

Pädagogik源于培根在《论学术的进展》（或译为《崇学论》）一书中以古希腊文paidagogos为词根建构的新词。这个希腊文词义为"教仆"。培根建构的这个新词，原无"教育学"之

义。因为他以为"教育"不可定义。他在《论学术的进展》中进行学术分类的尝试，即第一级科学，第二级哲学，第三级人类哲学，第四级人类个体哲学，第五级灵魂学，第六级逻辑学，第七级文法、讲授、修辞。第七级附级有附1——阅读，附2——Pädagogik（《教育世界》1904年第5期译为"教育学"），表明Pädagogik是同开设文法、逻辑学（当时称辩证法）、修辞之类课程相关的学科，即教-学活动之学，或所谓教学艺术。中世纪末期13世纪兴起的大学主要开设文法、逻辑学、修辞之类课程，后来才有其他课程，所以Pädagogik作为教学艺术，也就容易被其他学科占领。

不仅如此，虽然教育价值观念早就若明若暗地存在于人们的意识中，由于一向把教育作为教学艺术的同义语，直到20世纪时，才由学者指出：教育有别于教-学活动，而是衡量教-学活动（或教学艺术）的价值标准。

人类有别于动物，有"类"的观念。所以人类早期就萌发使未成年人成为符合成年人习俗中的"好人"。"以善先人者谓之教"，在我国，便成为每一代人们的教育观念。这种教育观念被后人解为道德人格的形成。既然教育旨在使未成年人为善，而随着时代的变化，出于对善的追求，时至现代，根据时代的需求，便发生现代以科学为基础的文化知识、技能为内涵的教养概念。教养虽在完善的意义上，符合教育精神，但同道德人格之间，存在逻辑鸿沟。涵盖狭义教育与教养的广义教育，便为其他学科占领教育领域开辟了广阔的空间。

由于教育几乎近于常识，以致"教育学究竟是怎么一事"，反而成为不介意的事情，以致几乎有一定文化素养的人，都可以拿教育说事，说他们所关注的事，这门学科的命运如此，"教育学"云乎哉？

三、教育学派现象观察

我国所谓"教育学"本是Pädagogik的中文译词。Pädagogik原为培根创立的新词，是有关古代希腊学者派"三艺"（文法、修辞和逻辑）讲解的学科领域，故近于教-学艺术学科，或近于教养学科。因为在当时当地近于教育的问题原先主要在宗教活动中解决。现代社会形成过程中，经历16世纪宗教改革、18世纪启蒙运动，才逐渐萌生有别于宗教的世俗教育。所以把Pädagogik译为"教育学"也不无道理。不过，其中隐含着对Pädagogik或教育学理解的差异。

在Pädagogik代表作赫尔巴特《普通教育学》诞生时，这位著者曾讥称，"学派本身也是时代的一种游戏"，甚至发生一种不祥的预感："教育学不久也将走向这种命运吗？"[①]不料历史也作弄人，19世纪60年代开始形成了红得发紫的赫尔巴特学派，迫使他成为那场不是游戏的"游戏"的符号。

学派未必都是游戏，然而择其一端，恣意发挥，排斥异端的所谓学派，有派无学之学派，充其量只能以热热闹闹的游戏赏玩。

---

① 赫尔巴特.普通教育学·教育学讲授纲要［M］.李其龙，译.北京：人民教育出版社，1989：10.

发达国家未必都有所谓教育学派。那里至多以平常心客观地看待学派。杜威学说或许堪称一派，不过在杜威看来，学派问题的发生，实因同一问题中往往可能发生冲突。"各个学派都挑选能迎合自己的一系列因素，然后把它们上升为完整的和独立的真理，而不是把它们看作一个问题的并需要加以校正的一个因素"。[1]话虽如此，并不妨碍一般教育学人把杜威学说也视为学派。

在学术多元化的氛围中，教育研究基于类似学派观念的价值倾向，还发生所谓"教育学的理论基础"问题，即教育学人各以自身擅长的学科解说教育。于是从19世纪与20世纪之交开始，陆续出现所谓"教育文化学""教育逻辑学""教育伦理学""教育美学""教育哲学""教育政治学"以及"教育经济学"等。林林总总的教育学名目，虽开拓了教育的视野，问题在于其视野中的教育究竟是怎么一回事？教育是不是有别的什么价值取代不了的特殊价值？

不讲别的，诸如此类教育学的变种，之于教育实践当事人，对自身职业更加了解，还是反而难以捉摸，不能不是一个问题。说到底不能不回到一个简单的问题：为什么会发生教育学的需求？

话虽如此，仍不能忘记教育学人中另一种声音。在美国基础教育课程设计的议论中，拉尔夫·泰勒（Ralph W. Tyler）有感于相关学科专家的建议"太专门化和专业化"，对多数在校学生不适合，认为学科专家应当考虑的，不是期待学生对学科专

---

[1] 杜威.学校与社会·明日之学校[M].顾岳中，译.北京：人民教育出版社，1994：115.

家关注的学科有什么贡献，而是这门学科对外行或一般公民有什么贡献，①即不应偏离基础性质与目标以及未成年学生的接受能力。

更有甚者，不仅不是让教育领域为别的相关学科所占领，而是使教育成为检验相关学科是否到位的"实验室"。有道是"凭借教育的艺术，哲学可以创造按照严肃的和考虑周到的生活概念利用人力的方法。教育乃是使哲学上的分歧具体化并受到检验的实验室"。②

还是那句话，在各个时代的社会-文化中，以未成年人为对象的教育，毕竟是成千上万教师和为数更多的人参与的社会实践。如此实践应当而只能出于简单而又朴素的设计，才有普适性。如需从简单到复杂，从朴素到丰富，也免不了经历漫长的历史性变化的过程，否则将使当事人无所适从，欲速则不达。有道是"探求新教育运动前景以适应新社会秩序的现实的需要的人，应当只思考教育的本义，而无需顾及关于教育的一些'主义'。甚至连进步主义也不必考虑"。③道理简单：以新的一类思想和由新思想所引起的新活动为指导的各种运动，"或迟或早，总会返回到过去表现为比较简单和比较基本的思想和实际上去"。只是教育及教育学究竟是怎么一回事，未必明白。教-学活动的常理、常规与常法，尚待继续研究。教-学活动的人之常情不能不足够的尊重。

---

① 泰勒.课程与教学的基本原理[M].施良方,译.北京：人民教育出版社,1994：19-20.
② 杜威.民主主义与教育[M].王承绪,译.北京：人民教育出版社,1990：346.
③ 杜威.我们怎样思维·经验与教育[M].姜文闵,译.北京：人民教育出版社,1991：240.

中华人民共和国教育历史上如此经验与教育屡见不鲜。

四、以平常心看待教育学专业命运现象

现代教育学建构之初,为保持本学科的特色,就警示本学科为别的学科占领的倾向。然而事实上教育学较之其他基础性质学科更易于为其他学科所占领。如此现象如以平常心看待,便须具体分析。

按理,既然试图建立有特色的学科,就该防止本学科受到其他学科干扰而丧失本学科的特色,这便是出于建立专业性质教育学的思考。问题在于作为教育学研究对象的教育学及教-学活动,并非社会中孤立的存在,其存废,其兴衰,都有复杂的缘由。如考虑某种教育现象发生的缘由,便少不得借助其他学科解释。于是林林总总的教育分支学科脱颖而出。

由此表明,教育学虽防止成为别的学科占领的领域,它本身又不是排他性的孤立存在的地盘。其中就存在专业观念与职业观点的区别。职业观点在于为本职而本职,就本职论本职,这就是狭隘的职业观念。专业不仅以本职业为研究的对象,而且考虑本职业问题发生的缘由,故把本职业放在更加宽广的视野中考察。

如果说一般基础性质学科,对其研究对象存在与发展缘由的考察,都少不得借助于相关学科的解释,那么教育学甚至较之一般专业性学科更加易于吸收其他学科的研究成果。其缘故单从培根罗列的学术分级系列可知,教育学被列入学

术最低层级的附录。这种现象不难理解。因为机构既仰仗于许许多多行业供给，教-学活动又为许许多多行业提供合格的后备人才。

每个专业都是从学科总体上分化出来的专门领域，如果教育学专业的设置出于分析性思维，那么每个教育分支学科便是分而又分的学科。其中教育学子学科属于教育学亚种，而教育学与其相关学科交叉研究的学科便是其他学科的亚种。问题在于从其他学科"窗口"或"门缝"中窥测的究竟是不是教育还成为问题。

教育专业研究相对于笼而统之的教育说教，较为接近其研究的对象，不失为人类教育研究历史上一大进步。随着教育学专业研究的进展，隐含其中的分析性思维的局限性逐渐显示出来。至于分而又分的教育分支学科意义的有限性更加明显，于是教育学专业虽然未变，其中的研究取向便有变化。不仅出现运用综合性思维研究教育问题或对教育整体研究的尝试，更发生对分析性思维与综合性思维的再认识，即认定两种思维都属于中性概念，主要从其研究成果中分辨是非，即在研究中是否把对象的各个部分作为对象总体中的组成部分处理，或把对象视为各个组成部分的综合。譬如前文提到杜威在一阵儿童本位风潮过后曾冷静地察觉，诸如此类新思潮新运动或迟或早总会回到比较简单和比较基本的思想和实际上去。似乎出于综合性思维，其实教育哪有那么简单？基本的思想和实际都有待具体分析。

教育学逻辑范畴的建构
——八谈教育学究竟是怎么一回事

一、教育学的逻辑范畴［96］—— 二、以教育学逻辑范畴对教育学现象的审视［97］—— 三、从辨明学术范畴走近教育学［99］

我国在西学东渐之初，即把Pädagogik译为"教育学"。其实我们同Pädagogik似乎有缘千里来相会，却又对面不相识。从那时起，就不明这两者之间的异同，故不免既以我国历史形成的教育文化眼界解读Pädagogik，又常常按照Pädagogik中的见识合理或不合理地解读我国历史形成的教育文化或多年来的教育实践。问题在于我国教育文化传统犹如老成持重，老迈年高，对于两者异同，往往心中有数，却欲言而嗫嚅，乏教育学建树。Pädagogik借助于西方希腊文化与现代社会启蒙运动，尝试以自然科学为先例，建构现代专业性质的世俗的基础教育学科。由于当时当地世俗性的基础教育尚属逐渐形成、有待普及的事业，故就教育文化而言，Pädagogik方兴未艾，以致近两百多年来，尚处在不断探索的过程中。好在从历史形成的教育思维中，可以大致辨明教育学和Pädagogik的异同。

一、教育学的逻辑范畴

范畴是指一门专业性质学科中反映事物本质属性和普遍联系的基本概念。它作为这门学科的思维形式,可算是这门学科论证的逻辑起点。

教育学的基本概念是:

1. 德语 Erziehung,英语 education(中译"教育");

2. 德语 Bildung(中译"教养");

3. 称之为教学的教-学活动;

4. 教-学活动有教程与学程之分。

Didaktik(中译"教学论")以教程为研究对象,课程论以学程为研究对象。

上述诸概念各有特定的内涵,相互之间存在一定的区别与联系,才构成 Pädagogik 的逻辑范畴。其中的区别与联系为:

1. 教育属于历史形成的价值观念,在学校中以教-学活动为实现教育价值的方式。教-学活动作为中性的实践方式,教育为衡量教-学活动的价值标准。

2. 如果说教育价值在于为学生道德人格的形成奠定基础,那么教养则是通过教-学活动使一定时代、一定社会中学生应当掌握的文化知识技能成为学生自己的文化知识技能,即成为他们的教养。故教养是衡量教-学活动教养价值的标准。

3. 教-学活动在实现教育价值或教养价值的实践中,历史地形成教程型与学程型两种类型的活动方式。

尽管各个教育基本概念，在性质上属于Pädagogik论证的逻辑起点，事实上Pädagogik论证中的问题和对Pädagogik了解中存在的问题，都同对其逻辑范畴的了解与运用相关。

上述逻辑范畴如此简单，几乎近于常识，虽无深文大义，但逻辑起点一旦错乱，究竟以什么为论证的对象便成为问题。逻辑范畴虽近于常识，而在一般论证中常识性的失误却比比皆是。常见的现象便是一言以蔽之：教育、教养、教-学活动都是教育，美其名曰"广义的教育"。

如果说笼而统之的广义教育在学术论证中近于常识性失误，而在教育实践中，甚至在"关于教育的理论"中却未必不正确。由于教育的本义在于使人为善（从未成年人开始），而教养、教-学活动也含使人为善之义。何况表达广义教育基本概念的语词，可以一词多义，其中每一语义都可约定俗成。"教育理论"同"关于教育的理论"之间的区别，主要在于其论证是否合乎逻辑。

二、以教育学逻辑范畴对教育学现象的审视

学科逻辑范畴，原为建构专业性质学科的学术规范。由于Pädagogik是近二百余年新建的学科，正像每种较为重要的事物在其形成与发展过程中都会遇到绕不开的"坎"一样，教育学逻辑范畴便是Pädagogik在"摸石头过河"途中遇到的"坎"。这些"坎"仿佛是蒙在教育现象上的"窗户纸"。多年来被有见识的学者舔破这一层又一层的"窗户纸"，才逐渐形成所谓"教育学逻辑范畴"。

（一）重读《大教学论》

夸美纽斯《大教学论》（1657年）属于教学艺术。其中率先以"人是造物主中最崇高、最纯粹、最卓越的"判断，[①]作为有别于宗教教化的教育立论的依据。号称"将一切事物教给一切人的无所不包的艺术"。具体说，以使全体男女年轻人无一例外地"精通科学、道德纯正和诚信"为教-学活动的价值追求，以教-学活动实现教养价值、教育价值与宗教信仰，以教程型教-学活动的原则、规则为教学艺术。

（二）重读《普通教育学》

赫尔巴特《普通教育学》（1806年），为现代教育学奠基之作。作者在该书即将问世时曾在哥廷根报纸上刊登自拟广告。题为《从教育目的推论出来的普通教育学原理》。按照业已形成的教育学逻辑范畴，其中所谓教育、所谓教育目的，所谓"从教育目的推论出来的普通教育学原理"便有待分辨。

其中所谓"真正的教育"，是指训育和教养，尤其是教学。实际上是指诉诸学生情感和诉诸学生理性的教-学活动。由此形成的由训育和教学构成的教育学逻辑框架一直沿用到19世纪与20世纪之交。

如果说训育与教学较之学生行为管理接近于"真正的教育"，那么较之训育和教学，作为必要的教育目的的"道德性格

[①] 夸美纽斯.大教学论·教学法解析［M］.任钟印，译.北京：人民教育出版社，2006：28.

的力量"和作为选择性教育目的的"兴趣的多方面",才使训育和教学成为"真正的教育"。这便是"从教育目的推论出来的教育学原理"的意思。由此看来,其中所谓"教育目的",实际上是指包括训育与教学的教-学活动的目的。后来杜威提出"教育无目的说",实际上说明教育本身就是一种特殊的价值,教-学活动才发生目的问题。

其中虽未出现教养概念,实际上已经形成教育价值与教养价值之分,但教养价值又纳入教育范畴。

以教育学逻辑范畴审视历史形成的教育学遗产是怎么一回事呢?

一般说来,把《大教学论》《普通教育学》之类历史遗产,当作"教育学名著",并不为过。数典不忘祖,此之谓也。重要的是数典未必知典。如何知典呢?

以教育学逻辑范畴审视历史形成的教育学遗产,犹如"人体解剖对于猴体解剖是一把钥匙。反过来说,幼等动物身上表露的高等动物的征兆,只有在高等动物本身已被认识之后才能理解"。[①] 所以按照学术范畴审视教育学,无论对于教育学研究还是教育学历史研究都是题中应有之义。

三、从辨明学术范畴走近教育学

由于现代人自幼就有受教育的经历,成年后又不免承担教

---

① 马克思.1857—1858年经济学手稿摘选[M]//中共中央马克思恩格斯列宁斯大林著作编译局,编译.马克思恩格斯文集·第八卷.北京:人民出版社,2009:29.

育子女的责任，故教育并非陌生的行业，以致几乎谁都知道教育是怎么一回事。不过对于教育学人就不能这么说了。因为教育问题的合理论证，少不得从梳理作为逻辑范畴的教育基本概念入手。问题在于教育学的基本范畴却为习俗的甚至一般教育学中含糊的教育观念所掩盖，以致即使教育学科班出身的教育学人也不免难以摆脱与此相关的困惑。不妨现身说法，略谈走近教育学的过程。

（一）教育本义的破解

教育学既以教育为研究的对象，由此首先发生的问题便是何谓教育？教育究竟是怎么一回事，似乎尽人皆知。不过若把它作为研究的对象，便成为有待研究的课题。

我对教育概念的思考，首先得益于村井实的定义。他把"教育"解为"使儿童（或每个人）变成善良的各种活动"。[①] 其实这个定义近于常识。因为早在先秦时期，便有"以善先人者谓之教"，"教也者长善而救其失者也"之类表述。问题在于他接着断言：涂尔干、克里克、杜威、克伯屈等学者的定义有意识地回避教育"使之善"的内涵，[②] 又令人费解。

现在看来，如此定义其实根植于以公元前500年为中心的"轴心时代"萌发的教育（价值）观念。现代教育学因以未成年

---

① 大河内一男，海后宗臣，等.教育学的理论问题[M].曲程，迟凤年，译.北京：教育科学出版社，1984：317-318.
② 如认为教育是"社会和文化的自我增殖作用"（涂尔干、克里克、杜威）.参见：大河内一男，海后宗臣，等.教育学的理论问题[M].曲程，迟凤年，译.北京：教育科学出版社，1984：317.

人教育为研究的对象，亦以古拉丁文educauo为词根，建构现代education（教育）一词，为"引出"之义，虽相对于"输入"之意，亦可引申为引人向善之意。至于涂尔干、克里克、杜威等人的表述，并非"教育"的定义，而属于有关教-学活动中的社会-文化价值的表达，即"教养"的定义式的表述。

进一步的问题在于随着社会越来越现代化，旨在引导未成年人（以及成年人）善良的教育，不足以适应现代社会的客观需求，故早期教育学以教育目的（实际上是教-学活动的目标）的方式表述教育的旨趣。如赫尔巴特以"道德性格力量"为"必要的目的"，以"多方面协调的兴趣"为"选择的目的"。依他之见，所谓"多方面协调的兴趣"，实际上指的是"各种能力健全的发展"。

问题在于现代教育的内涵同古代教育如何衔接。为此，我在《普通教育学纲要》中，提到教育内涵历史性演变的逻辑，实际上是从引人善良到既善良又完善的转化。

（二）教养概念的破解

在Pädagogik中，德语Bildung、俄语образование是基本概念，我国译为"教养"。不过我国并不把这个词作为专业术语使用。

20世纪50年代，王焕勋曾发表文章罗列苏联几本教育学中关于教养大同小异的解释。大意是：教养的内容是"学生在教学过程中所要掌握的系统知识、技能和技巧"。这种系统知识，"使学生获得全面发展，形成辩证唯物主义世界观、共产主义观点和相应的行动的基础"。[①] 当时觉得"教养""教育"不分,遂向恩师萧承慎教授请教。他说"教养"的解释中有两个关键词:一是"掌握",意思是把教学过程中传授的系统知识与技能转化为学生自己的系统知识与技能,即成为他们的教养;二是在学生教养的基础上,发生教育影响,教养本身有别于教育。当时他还顺便告诉我,我国把发达国家的"普通教养"称之为"普通教育",把"职业教养"称为"职业教育",把"综合技术教养"称为"综合技术教育",但不能由此说明我国忽视系统知识与技能。

(三)教育同教-学活动区别的破解

说到这里,其实关于教育究竟是怎么一回事,依然若明若暗,因为关于教育本身属于什么性质问题,虽然英国学者彼得斯早在20世纪中叶,就舔破蒙在其上薄薄的窗户纸,我同一般教育学人一样,对此并不了然。

彼得斯认定:"'教育'这个概念,并不像训练或演讲等活动那样,标定了某种特殊的活动历程,而是就训练等各种活动历程,提出应当依循的规准。规准之一,便是各种教育历程所传递的必须是有价值的事物。"[②]

如此判断,实际上也近于常识。因为如本书中提到,我国自古以来,"教"字一字两音、一词两义。阴平之"教"(音

[①] 凯洛夫.教育学[M].朱智贤,等,译.北京:人民教育出版社,1957:96.
[②] 皮德思.教育即启发[M]//张人杰,王卫东,主编.20世纪教育学名家名著.广州:广东高等教育出版社,2002:620.

交），相当于以双音词"教学"表示的教-学活动，为中性词；去声之"教"（音叫），相当于双音词"教育"，为规范词，即价值性质的语词。由于教-学活动可能有教育价值，也可能并无什么教育价值，甚至沦为教唆，故教-学活动须以教育或教养为价值标准。因为人类教育的发生便同道德的传承相关。不过彼得斯的界定已经超出道德传承的范畴。

通常既把教育看成价值，又把它当作活动，实际上是一种错觉。不过这种错觉由来已久。就连赫尔巴特也把教-学活动归入"真正的教育"。岂不知那是相对于学生行为管理而言。

即使明白教育其实是衡量教-学活动的价值标准，那么教育究竟是什么价值呢？

由于教育同道德、宗教之类一样，是"轴心时代"甚至在此以前早就萌生的观念，并且逐渐衍生为越来越专门化的事态，以迄于今。此类事态的发生，或由于人类正常共处中，既免不了区分善恶（道德），还不能不使人长善救失（宗教或教育）。所以，此类现象本身就受到应有的珍重和值得的追求。以现代眼光看来，它们本身就是一种不可替代的价值。

由于诸如此类现象原先同社会诸现象混为一体，在它们日趋形式化之后，才逐渐形成道德、宗教、教育之类意识，随之发生教育概念以及这个概念界定问题。由于教育同道德、宗教一样，原从善、恶区分开始，而在不同时代善、恶标准多有变化。其中一定时代之善可能转化为另一时代之恶，曾经之恶也有转化为另一时代善的可能，所以到了现代才发生何为教育价值问题。不过由此反而忘记教育本身就是一种不可替代的价值。

重要的是区分究竟是不是教育。

明了教育学逻辑范畴，只算是向教育学走近了一半。这一步对于舔破遮住教育学视野的窗户纸来说，不失为大大的一步，而对于总算见到教育学真面目的我等教育学人来说，不过是小小的一步。因为从把逻辑范畴当做语汇运用到形成思维工具，距离教育学尚远。何况我们同专业性质教育学之间的距离，除了有待舔破的片片窗户纸外，尚有贴着新而又新、异而又异标签的层层覆盖堆积。故建构"教育学"也者，任重而道远。

Pädagogik 出典

| 一、关于 Pädagogik 在学术分类中定位的假设 [105]
| 二、关于 Pädagogik 学科的假设 [108]

关于教育学究竟是怎么一回事,还得从头说起。我国所谓"教育学"实际上是外来的 Pädagogik 的中文译词。原词出自培根《论学术的进展》和《论学术的价值和发展》。从其中关于 Pädagogik 在现代学科分类中定位的假设和关于 Pädagogik 学科原意的假设中可知其是怎么一回事,由于在 Pädagogik 研究和中国教育与教养区别与联系、教育-教养与教-学活动的区别与联系,既明了,又不甚分明,故无论西方学者的 Pädagogik 研究还是中国的教育学研究,其中都不免存在有待澄清的问题。

一、关于 Pädagogik 在学术分类中定位的假设

在现代学术研究中,培根率先致力于从科学分类入手建构知识体系的尝试。他首先在《论学术的进展》(两卷本,1605)中提出科学分类的原则与科学分类的系统,后来在《智慧之球的描述》,特别是《论学术的价值和发展》(九卷本,1623)中进一步加以阐述。他以为科学是人类的理性活动,其任务是要

在人的理性中创造出一个符合世界本身面貌的模型。基于这种科学观念,他不是以科学活动的客体(现实世界的事物、性质和关系)为科学分类的出发点,而着眼于科学活动主体认识的特点(人类理性能力的区别)进行科学分类。他确立的知识结构(科学分类)是:

1. 把科学分为历史(记忆的科学)、诗歌(想象的科学)和哲学(悟性的科学)三大类。

2. 把哲学又分为自然神学、自然哲学和人类哲学三类。

3. 把人类哲学又分为人类个体哲学与人类群体哲学两类。

4. 把人类个体哲学再分为人体学与灵魂学两类。

5. 灵魂学包括伦理学与逻辑学。

6. 逻辑学又分四种,即(1)研究和发明的艺术;(2)检验和判断的艺术;(3)保存和记忆的艺术;(4)讲述和传授的艺术。①

7. 讲述与传授的艺术又分三种,即(1)传授的手段(文法);(2)传授的方法(讲演);(3)传授的修饰(修辞)。② "关于知识的传授,尚有两件附属的事情,一为校勘的,一为讲解的"。③ 前者指的是阅读书籍,后者就是教育学。④

培根在科学分类框架中给教育学安设的位置,用简明的方式表达,就是:

---

① 余丽嫦.培根及其哲学[M].北京:人民出版社,1987:137-151.
② 培根氏之教育学说[J].教育世界,1904(5).
③ 培根.崇学论(即《论学术的进展》)[M].上海:商务印书馆,1938:188.
④ 《培根氏之教育学说》所注原字,前者为Critica,后者为Pädagogik。

第1级	第2级	第3级	第4级	第5级	第6级	第7级	第7级附级
科学	201. 历史						
	202. 诗歌						
	203. 哲学	301. 自然神学					
		302. 自然哲学					
		303. 人类哲学	401. 人类群体哲学				
			402. 人类个体哲学	501. 人体学			
				502. 灵魂学	601. 伦理学		
					602. 逻辑学	701. 文法	附1. 阅读
						702. 讲演	附2. 教育学
						703. 修辞	

它至少表明：

1. 培根在《智慧之球的描述》中或未提及Pädagogik，在《论学术的进展》与《论学术的价值和发展》中的科学分类，确给Pädagogik留有位置。

2. 培根的科学分类，不是实证—实验科学意义上的科学分类。他把历史、诗歌和哲学都归入科学，表明他所谓"科学"不过是学术的代名词；以后来人们的眼光看来，所列有些门类，就连学术也还算不上。

他把Pädagogik的上位概念，依次上推为讲述与传授的艺术——逻辑学——灵魂学——人类个体哲学——人类哲学，最终归结为哲学。这不奇怪。因为他所谓哲学，已经不是旧有的形而上学。在他的科学分类框架中，就连近代自然科学，也还包容在自然哲学的外衣中。所以，把Pädagogik归入哲学类，同以往从属于哲学的教育理论，不是一回事。

二、关于Pädagogik学科的假设

问题在于培根所用的Pädagogik一词究竟指称什么？是不是后人指称的"教育学"？更恰当的提法是，后人把Pädagogik译成"教育学"是否妥当？这就得考虑培根对Pädagogik（讲解式的知识传授法）的解释。他的解释是：

1. 要划分知识的传授时期，"类如在初学的时候，应该以什么教他们？在某个时期内，应当使他免除哪一种学习？等等问题，都是属于这一类的"。

2. 研究何处是最容易的地方，好来循序渐进，达到那繁难的程度；或是要研究，如何可以强学繁难的地方，从而把它们转换成比较容易的。"因为要以空囊习游泳，固然是一种良图，要以重鞋学跳舞，亦未始不是一种善法。"

3."要按照学生心理的特性,教以适当的学问。因为在智能方面,无论有什么缺陷,它的治法,好像都可以在一些学问中找到的。例如儿童要是心纷如鸟,不能专心一意,则可以用数学疗治他这种毛病,因为在学数学的时候,心理稍有游移,则将茫无头绪,非重起头学不可的。不过,各种科学对于人心机能,固然有特别救药的力量,但是各人的心智才力,亦有时特别宜于某几种哲学,学起来又容易精通,又容易进步,因此,要研究某种心理特别适合于某种科学,乃是一种极聪明的办法。"

4."课程的排列,亦关系极大,有损有益,全看人的运用而定的。西塞罗①说得好,人在运用自己的才能时,如果不经人指导,则不免运用了自己的错误,而所养成的习惯,亦是优劣兼有的。因此我们在用功的时候,要特别研究应该继续多久、休息多久。这一类的研究,表面看来,虽属琐屑,但是按之实际,却是功效非常;不过一一列举,不免太为冗长,所以就省却了。这种研究所以重要,是因为种子或幼小植物,将来能否发荣滋长,全看它们现在所受的是损害作用或培养作用而定的。马基雅弗利②说得好(论《李维史论》第1卷第19节),罗马帝国起首的六位君主,实际就是罗马幼时的看护,后来帝国的博大无垠,还是以此为主要的原因。我想青年心理所受的培育陶冶,作用虽然隐微难见,究其实亦是大莫与比的,后来虽有长期的

---

① 西塞罗(Marcus Tullius Cicero,前106—前43),古罗马政治家、雄辩家、哲学家。
② 马基雅弗利(Niccolò Machiavelli, 1469—1527),意大利历史学家、政治思想家。

努力是不能除掉的。"①

由此可见：

1. 培根所指的是教的艺术，并非是教育之学。依照后来人们的观念，在培根以前，尚无所谓教育之学，而培根实际上是把以往有关教的艺术的研究归入Pädagogik。

2. 反之，如果培根把Pädagogik指称教育学，那么他也许不致把逻辑学作为比较贴近Pädagogik的上位概念，而更有理由把实践哲学作为上位概念；培根偏偏未把Pädagogik归入实践哲学，不也可以作为反证吗？

3. 西方英语国家虽曾受德国学术影响，一度采用Pädagogie，最终还是以Education取而代之，并以Pädagogie指称教的艺术（即所谓教学法）。对于考虑这个问题亦不无参考价值。

---

① 培根.崇学论（即《论学术的进展》）[M].上海：商务印书馆，1938：189-190.

关于教育学的讨论
——教育学书简

一、张建国*致陈桂生（2019年6月13日）[111]——
二、陈桂生致张建国（2019年6月25日）[119]——
三、张建国致陈桂生（2019年8月20日）[121]——
四、陈桂生致张建国（2019年8月27日）[124]——
五、张建国致陈桂生（2016年9月19日）[127]——
六、陈桂生致张建国（2016年9月26日）[134]

一、张建国致陈桂生
（2019年6月13日）

通常教育学研究成果的印象——关于教育学基本概念研究的视角——关于教育学基本概念的梳理——关于西学东渐对我国教育研究的影响——关于逆溯法在教育研究中的运用

陈老师：

近来可好？5月底庆龙把"四谈"的文稿传过来，当时正准备去江苏师范大学的一个朋友那里做个交流。交流的主题正

---

* 张建国，1982年生，河南省南阳市人，教育学博士，信阳师范学院教育科学学院教师，是我于2014年年底结识的学友。在2015年5月23日以后，我们之间往来信件数十封，其中多以教育学为话题。

是由彼得斯的观点带来的启发。回来后，把您四次谈教育学的稿子又反复读了。一个总体的感受是，您对教育学的认识似乎进入了一个新阶段，相较之前的《普通教育学纲要》更融通，似乎打通了好些比较隔阂的地方，读来也有种豁然开朗的感觉。不过，说实在话，初读起来相当吃力，与自己头脑中的教育学认知颇多碰障；多读几次，始体会到其中的观点很有颠覆性。下面我说说自己一些不成熟的看法，与您交流。

（一）

自去年接手董标老师的"回顾"任务后，我做的第一个专题就是关于教育学的反思或元教育学研究。从中得出的一个判断就是，虽然相关的成果不可谓不多，但恐怕大部分作者连教育学的门都没有进去。这样说似乎是个悖论，难道大部分教育学人做的研究不是教育学研究？难道就少数几个人做的研究才称得上教育学研究？难道什么是教育学不正是由多数教育学人所做的研究来定义的？这个判断，并不是否定这些作者，实际上部分作者的学术功底很不错。问题在于，他们太容易游离于教育学之外寻找资源来发展教育学，结果就是从别的理论或学科处获得了很多"治教育学"的启示，但往往也止于这些"启示"。一门学科基本的概念是怎么一回事，重要性不言而喻。这一点似乎每个教育学人都知道，但大部分工作似乎满足于假定，没有也不可能有一个统一的教育概念的定义。结果就是各说各的，缺乏基本的共识。一个理论科学意义上的概念需要从普遍的指称对象中抽象出某些共同的、本质的属性作为内容。从这一点来看，一个概念的表述或定义可以是多样的，但内涵具有客观性，应该而且可能得到揭示。是不是流行的反本质主义、相对主义造成了上述局面？其实，对个人来说，即使在建构某种独特的教育概念时，也不能偏离科学意义上的教育概念内涵。相关教育学教材或专著的"教育"定义表明，它们或满足于罗列代表性定义，再引出自己的定义，或满足于从罗列的定义中概括出共性，或甚至连罗列定义都省了，直接给出定义，仿佛自己有某种神秘的直观能力，可以"透过现象看到本质"。即使以上述某一种方式给出了定义，它们不仅在论述上很难保持一致，而且没有什么启发性，说明不了过去的、现在的教育，也就是没有发挥一个概念应有的理论功能。它们是很干瘪的定义，不过也是缺乏理智劳动的自然结果。因而这种定义就没什么理论上的价值。在现实教学中，恰恰是这类定义，对学生甚至对大多数教育学教师影响最大。不知道这是谁的悲哀？！当然，说这些话并不代表我自己已经"入门"了，只是从治学常识来评价教育学的研究现状罢了。

（二）

您在文稿中探讨教育学基本概念的方式，很有方法论的普遍意义。我还没有看到其他学科有谁用这种方式来探讨某一学科的概念（可能是自己孤陋寡闻吧）。也许是现代哲学拒斥形而上学，不再承认有什么本质之类的东西，也就放弃了对基本概念的客观性内涵的寻求，相应地对某一学科概念的研究方式也多元化，如概念史、语言分析、词源学等，教育学中还有隐喻的分析。这些工作自然有其价值，但它们往往给人造成一种错觉，由于概念是建构的，它们似乎没有相对稳定的内涵。但没有稳定内涵的概念，还能算概念吗？其实，概念无非是人们认识的结晶，其内涵的稳定与变化都可以通过理解历史本身的发展来说明，在这个意义上，概念有自己科学的内涵。我们很多人现在似乎把人类的认识本身当作一个孤立的世界，而忽视了它其实是对另一个世界的认识。这种方式把概念理解为人们认识历史的结晶，从而历史也在一定程度上从概念中得到理解，由于历史、现在和未来之间的连续性，凝结在概念中的认识也才有可能对理解现在和未来有某种启发。像马克思说的那样，思想没有自己的历史。

当然，以上是就一般意义来说，对教育学基本概念的研究复杂得多，也困难得多。不同国家或地区有自己的文化传统，这反映在它们对教育问题的思考上，使用的术语、思考方式不同。中国教育学的情况则更复杂。教育学人自然都知道这一点，但似乎有意无意地回避了它的复杂性。反正，教育学的理论资源丰富，教育问题又那么多，而发表的空间又那么广阔，"回避"也在情理之中吧。

（三）

历史地看，教育学的几个基本概念的内涵都有自己的演变轨迹。不同的文化传统对其理解不一样，但有些相通之处。从您的文稿来看，要理解教育学是怎么一回事，关键之处有二：（1）教育、教养与教–学活动的关系，教育、教养都是一种价值标准，前者针对道德人格，后者针对知识与技能；（2）教育、教养、教学是欧洲大陆教育学传统的基本概念，课程则是英语文化的贡献，尽管概念不同，但它们处理教与学之间的关系又是其相通之处。由于我们长期以来把教育视为活动，第一点也许对普通读者最难理解。转念想一想，彼得斯确实说出了我们心中所有，口中或笔下所无的东西。如果教育本身就是一种活动的话，为什么还要多此一举地说"教育活动"？是不是平常所谓的"教育活动"实为"教育性活动"？赫尔巴特的"教育性教学"就更能表明教育是一种价值标准。教育是道德人格形成意义上的标准，教养是知识、技能的文化标准。在有组织的教-学活动产生前，教育作为价值标准衡量的对象，是影响个体道德人格养成的无定型的活动。这类活动在有组织的教-学活动产生后仍弥散在生活中，注意到这一点可以避免对教育的狭隘理解。如果这样来看，教育是不是有可能发展为一种世界观？当然，这里面存在泛化教育概念的倾向，但确实有一些空间可以开拓。比如教育史就可以从中受益，克雷明（L.A. Cremin）的美国教育史就是一个例子。多年前，我就疑惑为什么相关学科可以作为一副眼镜来看教育（在实体或领域意义上），为什么教育学不可以作为观察其他领域的眼镜？目前的解释是，在对典型的特定现象的研究中，相关学科相对来说都有比较成熟的概念和理论体系，由于在现实性上各领域本来就存在或多或少的联系，原来以为典型的现象又并不是孤立地存在的，因而可能把既有的内容运用到新领域，如果这种"运用"未注意到新领域的特点，那就只能发现早已经被发现的东西；如果注意到新领域的特点，这种"运用"才可能对知识积累作出新贡献。在教育学发展这么薄弱的时候设想，教育学可以用来观察其他领域，是不是有些多余呢？也许不见得。这首先需要教育学具有一副眼镜的功能。任何学科本身既是用某种方式观察世界或某一部分的产物或结晶，也是用来进一步观察的工具，学科发展也正是这样循环往复的过程。这意味着，教育学必须发展自己的概念、命题系统。为此，它得证明自身是对教育世界的理解，这种理解经得起逻辑的、经验的标准的检验。在它成熟后，也许可以探讨生活领域中的教育现象。不过，普通人倒不必等教育学成熟后才用教育的眼光打量世界，实际上人们早就这样做了。我们的教化传统也许就是一个例子。不过，用专业的教育眼光打量世界自然取决于教育学的成熟度。

（四）

对我国来说，教育学是西学东渐的产物。这个事实尽人皆知，但人们很少意识到其对我国教育学影响之深。不仅西方教育学不是铁板一块，就是在东方也不是单纯的。20世纪后，我们"三心二意"地把主要国家的教育学学了个遍，结果成就了现在这个样子，中国特色的教育学似乎还遥遥无期。个中缘由自然很复杂。但大家似乎很热衷于对现行教育学表达不满（其实即使是表达不满也是很不专业的，多停留在泛泛议论层面），提出一些自己都不会采纳的"建议"，总的来说没试图从专业角度弄清楚其中缘由。西学东渐的影响首先是专业术语层面，现在用的教育学术语大都是译词，原意与译词原来的含义夹杂，导致对国外教育学的理解若明若暗，加剧了认识上的混乱。更坏的是，教育学人大都又对这种混乱浑然不觉。这突出地表现在，"二谈"中提到的国内流行的教育话语存在的问题。记得读博士时，有位新来的教师看到每位教师的办公室门口的牌子上的标识teacher's office，说大学老师不应该用teacher，应该用faculty。前者指中小学教师，后者是大学教师。当时也不以为然。如今想来，是我们把许多相关教育概念给泛化了。这类现象太普遍了！幼儿园、高校，我们都当作教育机构，其实，他们是有别于原来旨在针对未成年人的教育机构的。这样做自然有其道理，也不是说不能把"教育机构"的含义扩大，关键在于我们对此常常是无意识的，仿佛这些机构从来都是教育机构，也容易忽视这些机构的差异。其次是思维方式。学习一种学术体系，也就是掌握一种思维方式。如果我们老老实实地学西方教育学也许会形成自己的特点，问题是经过语言层面过滤，西方教育学已经走样，我们利用这"走样的教育学"又来言说自己的和西方的教育。如今，教育学研究混乱不堪，教育专业人员要产生一点专业的见识也就难了。关键的一点还在于，缺乏从历史的、比较的眼光看待他人的和自己的教育文化。没有历史眼光，容易把西方教育学和我国教育文化传统看作铁板一块，作简单化处理；而从事教育史的研究者似乎又容易走向另一个极端，把自己的任务局限于特殊的、细节的东西，缺乏理论兴趣，不能发现异中之同。从某种意义上来说，任何研究都内隐了比较维度。缺乏对可比较事物的比较，便难以超出对事物的描述层面。这使我想起一个比较教育研究刊物，里面真正进行比较的研究难得一见，整体上近于"外国教育介绍"。

（五）

溯源法的思路很有启发性。这样做的假设其实就是把教育演变看作一个自然史的有机过程，而人们关于教育的内涵的认识又是这一过程的反映。这或许可以看作是一种演化论的观点。用溯源的方式来重新看待以前的教育，实际上也是对如今获得的认识进行检验。正好像一个善于反思的成年人回首自己的成长史，会发现自己之所以成为现在这样的人，在生命的早期已存在某些征兆。

在"四谈"中涉及的东西，我有许多需要好好揣摩一番。这次就先聊到这里吧。

另外，读了您"四谈"教育学的稿子，回头再看我在江苏师范大学交流的内容，实在粗浅。不过，这代表了我的真实思考，因而也就不怕在朋友们面前献丑。我顺便将它一并发给您，请您批评。

去年以博士论文为基础申报后期资助，结果没中，原以为省却不少麻烦。今年年初把书稿交给北京师范大学出版社，没想到五月底，责任编辑建议我申报后期资助，同时学院领导又在旁边动员。很理解出版社的好意和领导们的用心，也只能再试一试。所以，还请陈老师在推荐人那里签个名，我已把您去年写的意见打印上去了。

祝陈老师身体健康，生活愉快！

建国

2019年6月13日

二、陈桂生致张建国

（2019年6月25日）

关于Pädagogik出典和教育的元概念问题——关于混淆作为价值观念的教育同中性的教-学活动的缘由

建国：

你好！冒昧地说，我国教育名家云集，可是不知道，除了我们两个书呆子外，还有谁关注教育学究竟是怎么一回事。不过我们也有区别，你对相关的"烂账"进行清理，我不理睬非专业性的东西。其实，何谓教育，这是一个非常简单的问题。

（一）

培根提到"教育"不可定义。Pädagogik是他首先提出的，他也许并未指称"教育学"（你不妨查一查）。教育和宗教（如基督教）是"轴心时代"形成的观念，成为后世的习俗与价值。以现在的眼光来看，教育与宗教之间虽存在世俗观念与宗教观念之分，但它们都有道德人格影响之义，这种"元教育"概念，便成为后世无须更改也改变不了的内涵。这是就"教育一般"而论。"教育一般"，或"元教育"，作为一种特殊的价值，即使到了后世也未失效。因为在不同时代、不同社会-文化中的"教育"，如按属概念加种差概念的规则界定，"教育"属于上位概念。

（二）

不明教育价值与活动的区别，也很自然。因为在现世，不易察觉其中的区别。人类同动物的区别在于人类有"类"的观念（费尔巴哈），故从人类诞生后即萌生近于教育或宗教的习俗，经过数不清的世纪，到"轴心时代"，甚至更晚，才发生教-学活动。从古至今，人们谁不见得明白其中的区别，而这种区别实际上普遍地存在于人们的意识中。否则便不致对教-学活动说三道四。

彼得斯虽论定教育为价值，以及教育与教-学活动的区别，但他所谓"教育"，其实是一个泛化的概念，实际上未认定教育是一种特殊的价值，是别的什么价值取代不了的价值。明乎此，才知以各种不同名目的价值操作教-学活动不当。话虽如此，其中把教养价值融入广义教育，实现代社会-文化使然。

你所谓"教育概念的框架"，未必有什么值得参考的价值。或许反映你虽清理了不少"烂账"，又未同另外的"烂账"告别。说了一些可以不说的话，反把一个简单的问题复杂化。其实真理都简单的。教育的元概念便是一个简单的问题。

（三）

关于教育学本身，我一发不可收拾，写了五篇，第六篇写了一点，便打住了，在回信时不由自主地发挥，后来干脆改为第六篇。我对教育学的反思，在第一至三篇时，还是习惯于按西方教育学思考这个问题，从第四篇开始，才知由于education被东方学者译为"教育"，才把Pädagogik译为"教育学"。这本身就是一个不该发生而又自然发生的误会。明乎此，才考虑education究竟是怎么一回事，它究竟如何形成的，其中的问题如何，成就何在，西学东渐中存在的问题何在，中国教育文化的自信如何。

如此论述，统称《教育学辨》，将由上海教育出版社出版，由于篇幅有限，曾加入几篇"教育辨"。编辑建议不妨从《教育学书简》中选择若干与教育学相关的信件，我觉得可以考虑，不知你意下如何？

（四）

谈到Pädagogik，我不胜感慨。我国历经百年西学东渐，迄今未必明白所谓教育西学究竟是怎么一回事，想到百年来我国教育及教育学状况，不能不深长思之。由此想到我们的努力，不仅不算白费，而且是对本民族的一个不见得完善的交代。

以上所见，不知能否成立？你如为《教育学书简》或《教育学辨》写一总结性文章，或作为"前言"，或作为"跋"，或既作"前言"，又作"跋"，那更求之难得。不知可否？顺祝夏安！

陈桂生
2019年6月25日

三、张建国致陈桂生

（2019年8月20日）

关于教育学基本概念的梳理——关于所谓教育与人的发展

和教育与社会发展"两条规律"的疑问

陈老师：

原打算这段时间忙完了再写点东西，不过前两天读了您的《教育学逻辑范畴的建构——八谈教育学究竟是怎么一回事》，解答了一个多年前困扰我的老问题。大概在读硕士时，通过学习教育史，我感到所谓的学校教育，一直存在着内在的紧张关系：似乎按照每个时代"杰出人物"的观点，学校几乎从来没有令人满意过，到了现代社会更是如此，同时学校并没有因为这许多不满而在性质上发生什么大变化，特别是知识与技能在学校往往压倒所谓"德育"，尽管在许多大人物的话语中，知识与技能是次要的东西。为什么会这样？当时，我给自己的一个解释是，学校一开始就不是为养成学生的道德性格而产生的（后来知道，学校产生的一个重要原因是文字的出现）。原因在于，就培养道德来说，完全不需要专设学校这样的机构来完成这个任务，把道德人格的养成看成某一专门机构的任务，看起来是很可笑的。实际上更有效的途径是家庭（族）和宗教，或是在不同形式的实际生活中进行。随着市民社会的兴起，客观上需要掌握一定的知识与技能，这也是学校普及的重要原因。所以，学校从一开始就是一个教养机构。知识与技能的学习在其中占据核心地位，是很自然的，同时在现代社会中这类学习又同阶层的社会流动挂钩，而知识与技能在形式上又是最容易被评估，这反过来强化了知识与技能在学校中地位。不过，如果只把学校看作一个单纯的教养机构的话，强调知识与技能的学习、考试之类的东西，似乎没有什么不妥。然而，学校是以未成年人为对象，未成年人在专门机构中学习知识技能，也算是一种生活形式。社会对未成年人的考虑必然会涉及道德问题，从日常生活中的禁忌、宗教仪式等都可以表明这一点，学校作为未成年人掌握知识技能的另一种"生活场所"，必然会涉及道德养成，所以不管学校是不是能为学生通过知识技能的学习，启发理性，学校在成为教养机构的同时，还被人们天然地期待成为关注未成年人的道德养成的教育机构。所以，学校从一开始就存在两种不同的逻辑：教养的逻辑与教育的逻辑。赫尔巴特尝试沟通过这两种逻辑，提出"教育性教学"。他的意思是，通过学习知识、技能的教学活动，可以培养人的理性，而现代的道德人格须以理性为基础。这样把两者沟通，似乎顺理成章。然而，掌握了知识、技能并不一定能够发展人的理性。能够发展人的理性的知识、技能教学，才堪称智育。我们常批评，学校中过分重视智育，忽视德育，实际上批评的所谓智育很可能只是知识教学，而这类教学并没有起到育人的作用。如果真是名副其实的智育怎么会与德育相冲突呢？在现代社会，脱离智育的德育又有多大的价值呢？

您讲到"教育学"与Pädagogik不是一码事，结合上述的困惑很好理解。Pädagogik是伴随着学校的发展而兴起的，它关注的核心是教-学活动，以知识、技能的掌握为价值，这是学校的教养价值。在专门的学校出现前，教育更多的是在不同的生活中以教化形式出现，只是学校产生后，才使得在建构Pädagogik时把教育与教养的差别显示出来（这是不是也算另一种形式的以"人体解剖"来理解"猴体解剖"？）。而以未成年人为对象的学校在实施教养的同时，在社会压力之下又不能不具有教育价值，这为Pädagogik的建构提出了一个问题：如何处理教养与教育的关系。这使我想到我国的文化传统，从某种意义上讲，以儒家为主导的传统文化实际就是一种教育文化，或者是学习文化。从这个意义上，我们的教育文化要比Pädagogik更近于教育学的精粹。不过，我们的教育文化也有自己的问题，它不强调现代科学意义上的知识的掌握（重视的是人文知识），重在理解所谓的道，但学习者一旦不能"志于道"，在现实中更容易为教-学活动之外的利禄吸引，这在现代社会也成问题。

以上是读了您《教育学逻辑范畴的建构——八谈教育学是怎么一回事》后的一点体会，不知理解是否到位，请陈老师批评。此外，向您请教一个问题，八月初去您那里聊天时，提到我国教育学中常见的"两条规律"：教育与人的发展、教育与社会发展。这成了许多人论述教育基本理论的模式，说什么教育基本理论有两个基本主题：教育与人的发展、教育与社会发展。记得，当时您提到这两个东西来源于苏联的一个什么学派。能否稍微详细地同我讲一点儿这方面的线索？

祝陈老师身体健康，生活愉快！

建国

2019年8月20日

四、陈桂生致张建国

（2019年8月27日）

关于教育学基本概念的梳理——"社会"一词多义——关

于社会概念在教育研究中的运用

建国：

你好！关于教育学，我是在求知欲驱使下，一发而不可收拾，直到七谈八说。不过，从说三道四开始，对于如此简单的话题，不断唠叨，便不时发生是否走火入魔的疑虑。从8月20日来函可知，你对教育学诸逻辑范畴了然于心，自信自得跃然纸上，表明你从教育学的"必然王国"中获得了自由，故读了来函欣慰之至。

上次谈到，其实教育学逻辑范畴问题作为专业性质教育学的建构虽然不可或缺，其实在并不介意按照学术规范建构教育学的氛围中似乎无关大体。在我国，倒是关于教育与人的发展、教育与社会发展即所谓"教育两条规律说"，在教育研究中的影响不可小视，这同什么是"人"、什么是"社会"、"社会"和"人"的区别何在相关。

中国文化中原不存在"社会"一说。所谓"修身、齐家、国治、天下平"就表示在国与家之间似乎并不存在什么中间的要素。意味着国为扩大的家，家为缩小的国。如今所谓"社会"，实际上是英语society的中文译词。这个中译词一词多义。在同"市民国家"对举的意义上为"市民社会"的意思。在同市民即人类个体对举的意义上，是"社会组织"的意思。所谓社会组织，其中包括地缘组织与业缘组织（其中又有企业组织与事业组织和制度化程度不高的社会组织之分）。诸如此类社会组织又成为社会成员活动的外在的社会环境。总之，社会在总体上是置身其中的社会成员（人类个体）的集合体，社会组织和由社会组织构成的社会环境又同人类个体之间存在或大或小的区别。

一旦把"社会"或"人"（指人类个体）、"个性"或"社会性"作为教育的定语，便沸沸扬扬地生出许许多多似乎深刻的理论话题。

简单地说，教育学原为以未成年学生（泛称儿童）的教育为研究对象的学科，正如每种值得研究的事物发展到一定成熟程度时，其内在的属性才逐渐显示出来一样，教育也不例外。故时至19世纪与20世纪之交，有见识的学者如德国的纳托普（Paul Natop）、法国的涂尔干和美国的杜威不约而同地揭示教育的社会属性，如杜威在《学校与社会》一书中开宗明义指出，我们往往以个人主义观点去看学校，以为它不过是师生之间或教师和儿童的父母之间的事情，但是"眼界要扩大"。而贤明的父母所希望于自己孩子的一定是社会所希望于一切儿童的。社会通过学校机构把自己所成就的一切交给它的本来的成员去安排……任何时候我们想到讨论教育上的一个新运动，就必须得到具有比较宽阔的或社会的观点。不过在同一著作中，学校以"儿童生活为中心"的观点更引人注目，即关于儿童的学习，可以谈得很多，但学校不是儿童生活的地方。学校从儿童学习的场所转变为儿童生活的地方，这是一种变革，一场革命。正如哥白尼把天体的中心从地球转变为太阳那样，"儿童变成了太阳"。

杜威的如此比喻在学术界尤其是我国学术界引起很大的误解。或者以为传统教育是所谓社会本位教育，而现代教育是把社会本位教育改造成儿童本位教育，而其实，杜威的意思是把

"以儿童学习为中心"的学校改造为"以儿童社会生活为中心"的学校;或者以为杜威把所谓教育与人的发展关系改为教育与社会发展的关系,而其实,杜威是针对在此以前对教育的社会性质估计不足,以致学校的社会化程度不高,并未否定此前学校的社会性质。不妨说由于本来意义的教育以未成年的儿童为对象,在引导未成年人逐步从自然人转而成为社会人的意义上,可算是较之任何社会教育更加不可或缺的社会教育。

明乎此,可知所谓教育与社会发展同教育与人的发展的区别、社会本位教育同人本位教育的区别,以出自"人非社会人"和"没有人的社会"假设的虚构。至于把教育与社会发展和教育与人的发展归结为"两条规律",更不过是一种歪理而已。此外,所谓社会学,主要是指一定时代、一定社会-文化中客观需要的共性,对于以未成年学生为对象的教育而言,一般以"基础教育"或"普通教育"定性。正如白马非马一样,各种地缘组织、业缘组织的需求,都有别于社会需求。

以上意见,如有不当之处,敬请指正。顺致

秋安!

陈桂生
2019年8月28日

五、张建国致陈桂生

（2016年9月19日）

区分教育理论与关于教育的理论尺度——人文精神尺

度——社会-国家目标尺度——从人文精神与社会-国家目标中衍生出不同的教育价值理论——从人文精神派生出来的教育偏见——从社会-国家目标派生出来的教育偏见——社会意识形态对教育理论的影响——问题的症结在于各种教育理论同教育实践之间距离的远近

陈老师：

之前多次与您聊到对教育研究的几个区分——教育研究/关于教育的研究、教育知识/关于教育的知识、教育理论/关于教育的理论、教育学的教育研究/其他学科的教育研究、教育学味道的教育研究/缺乏教育学味道的教育研究。虽然名称不同，但表达的意思很相近，就是尝试对教育认识的成果进行一种区分，它有助于我们判定一种成果距离教育本身的远近。记得您之前提到，当简单的教育演变成教育体系时，教育研究对直接的教育过程有越来越大的离心趋势。对教育者来说，直接教育过程之外的教育研究距离较远。假期里面，我也在断续地思考，除了体系因素外，还有什么影响这种距离。另外，我也试图弄清前述的几种区分的尺度是什么。我的思考是从教育知识成为比较系统的学问的前提开始。

教育知识成为比较系统的学问，我想有这样两个前提：一是人文精神逐渐成为追求进步人士的基本价值取向；一是现代社会-国家需要教育达成其多种社会性目标。就教育而言，人文精神使受教育者被视为有独立存在价值的个体，这种独立性需要受到尊重，也就使考虑教育目标以及实现目标的材料、组织等的合理性成为必要。没有人文精神，当然可以存在所谓的教育，但只是这种教育的目标、过程等方面完全可以交由习俗解决，或者可以不择手段（因为用不着尊重受教育者）。也就不存在这些方面的考虑，从而也就没有教育学这样的学问。在这个意义上，《爱弥尔》居功至伟，是它将人文精神以一种激进的方式带入教育中来。不过，许多抱怨教育学没有多大用处的人往往会忽视这个前提（他们可能本身就缺乏人文精神），认为教育是一项简单工作的偏见实质上也忽视了这个前提，如果不用认真地对待儿童，那么可以不择手段地（只要不致儿童死亡的有效方法均在可选之列，比如"只要学不死，就往死里学"这样的口号）实现所谓的教育目标。缺少这个前提，可以看到许多传统"有效"的方法，比如对体罚和高强度机械训练的迷信。以个人经历为例，我最痛恨高中三年！尽管当时并不觉得多么辛苦，只不过由于高强度的学习使生活异常单调枯燥，事后回想，那三年的时光太苍白，它除了使我获得一纸大学录取通知书外，能够在意识中留下的东西少得可怜！在这样的环境中，以人文精神为前提的教育学，其遭遇也没有什么可奇怪的。也难怪不少人责怪教育学总喜欢"唱高调"，尽管"唱高调"的水平有高低，但教育学正是通过这种方式在声明自己的精神前提。

与人文精神普及相伴的是现代社会-国家的成长，社会-国家为了自身的运行以及实现特定的目标，原来比较简单的教育也发展成为两个体系中的子体系（教育系统），它承担着相应的政治、文化、经济等功能。对教育过程来说，社会-国家的要求总是外在的，而且它们的要求大都需要转化为教育过程的目标才可能实现。为了保证目标的实现，多少有些理智的社会-国家（达到一定现代文明程度）就需要对教育加以认识，这意味着需要教育与政治、文化、经济等方面的知识，这些知识在19世纪以来的实证研究手段，以及经济学、社会学、政治科学等学科的发展得以丰富起来。有了这些需要以及满足需要的手段，关于教育的知识才可能得到较大的发展。这些知识是从19世纪末开始才真正得到发展的，这一点可以从教育社会学、教育政治学等分支学科的发展看出来。

尽管教育学（在指整个教育知识的意义上）得以产生的两个前提是显而易见的，但它们不一定时刻为研究者自觉地意识到。从这两个前提中可以衍生出不同取向的教育认识取向。（1）个体的-人文主义的（强调个体性的人文主义）。这种取向的教育认识重点在于关注教育过程，甚至有时仿佛这种过程孤立于社会之外。（2）社会-国家需求的。教育的社会角色一旦在制度上被确定下来，对教育的认识主要就成为一项技术性的工作。这不是说，它没有关于自身的价值预设，而是说这种价值预设通常是普遍的，似乎也是中立的。对这类研究者来说，质疑这种价值前提在他的工作与视野之外。（3）社会的-人文主义的（强调社会性的人文主义）。这种取向做的很多工作是第（2）种取向不做的，即探讨社会-国家对教育需求的价值预设。它主要通过探讨教育与其他领域的关系来认识教育。其具体的价值取向可能是保守的、自由的，或激进批判的，它们的分歧表明，其对自由、民主、公平、正义之类价值观理解的差异。从视角上看，第一种可以说从教育本身来看教育，后两种是从教育之外看教育。只是这三种取向都存在片面性,只要不逾越其界限,也都是合理的。我思考的是,它们与教育距离的远近。正是这种距离使我觉得,有些认识教育的成果能称得上"教育知识",而另一些只能算得上是"关于教育的知识"。

表面上,与教育最接近的是个人的-人文主义取向,因为它探讨的主题与教育者日常经验最切近。但并不必然如此。如果这种取向的认识只是言说教育(即使很机智、有思想),不关注教育者的真实实践,恐怕与教育者的距离仍然很远。因为如何将人文精神体现在教育实践中,不仅存在价值规范的问题,也存在技术与组织一类的问题。就前者来说,一些教师在人文素养方面欠缺(甚至对现代人文精神采取抵制态度),他们往往会认为,这种教育学是"唱高调""太理想化",没什么用(距离相当远)。但,即使那些秉持人文信念的教师也未必能够与这类教育知识更近。范美忠就是一个典型的例子。他本身不乏人文精神与追求,他在反思自己的执教经历时说,启蒙的方式"是居高临下的和灌输式的",课堂教学"极度缺乏技巧",自恃"知识渊博思想深刻而根本对课堂设计和技巧不屑一顾"。其实,他的问题在很大程度上也存在于目前很多教育研究者中。典型的是,轻视真实的教育过程,轻视教育教学的技巧,自觉不自觉地认为,教育理念和渊博的知识是重要的,其他的实践问题是次要的。当然,大多数实践问题看起来似乎比较琐碎,比如讲解一篇课文时,怎样引发学生的兴趣,如何建立起它与学生经验的联系等。这些自然不能像教育理念之类的论题能够激发人的想象,可是这些正是真实的教育者关心的一类问题。也许因为这个原因，目前关于教育理念的论述很多，真正对现实教育情境中的真问题的研究倒不多见。也许出于这种偏见，我们才经常在教改的议论中听到"最重要的是要转变陈旧落后的教育观念"，问题在于，对于那些早已实现了转变的教师，教育知识能够提供什么帮助？惭愧的是，我自己以往也是这种偏见的持有者，一个教师首先有人文精神，再加上比较渊博的知识，其他的问题，如技术、组织问题都是次要的。如今，才明白真正的教育问题可能正是通过诸如技术方法之类的问题才表现出来的。也许这也是检验一名教师人文精神的试金石，比如范美忠持有的人文信念，拿自由平等来说，他在施教过程中给了学生多大程度的自由和平等？如果在实践中真贯彻自由平等理念的话，恐怕"灌输"与"居高临下"就不应当是常态。所以，我认为，个体的-人文取向的教育研究，尽管关注教育过程（似乎离教育者近些），但如果它不能考虑到人文精神在教育实践遭遇到的现实问题的话（站在教育者的角度），恐怕离教育者也会很远。

第二种取向是国家-社会的技术需要，它将一套价值观念作为教育实践的前提，并且往往假定它是普遍的，对所有人中立无偏。这类研究在一个崇尚工具理性的国家-社会中，容易受到大批资助。他们回避关于教育的价值预设，或者将官方的价值取向作为自明的观念接受下来，作为整体探讨教育与经济、社会、政治、文化等主题，进而将之转化为教育体系需要承担的各种任务。与教育过程相比，他们更侧重于教育的结构性方面。在这个意义上，从事这类研究的人才是提供社会服务的技术专家。一般来说，这类研究的影响一旦在教育制度中得到表达，那么它在客观上对教育者的影响相当明显（距离比较近），但由于它是从社会-国家需要的角度论述教育的种种，所以可能在教育者看来，这类知识距离自己又比较远。

第三种是社会的-人文取向的。这类研究大多从自由、民主、公平、正义等的关切出发认识教育。它们通常会探讨国家-社会所假设的价值预设，进而对它作出新的解释、重构、批判。保守的、自由的、激进批判的就是对它们的态度的表征。这是大部分处在教育之外、关心社会与教育的人文学者秉持的取向。虽然这类成果常道出富有启发性的教育见解，但对大多数教育者而言，恐怕还比较隔膜。即使对于那些富有反思、批判精神的教育者来说，这类成果也存在不足，比如，怎样将这些思想体现在教育过程中？在实施过程中又存在哪些问题？由于这部分研究者处在教育之外看教育，教育者面临的实践问题很少进入他们的视野。像范美忠反思的那样，尽管从教多年，在教育方面还没有入门，"我观照教育的角度跟人文学者和作家并无多大差异"。只是在做《教师之友》编辑之后，同大量的一线教育者交往后，他才"逐渐实现视角转换，开始进入教育内部从教育角度思考一些问题：从宏观的角度思考面对当下以及未来社会的挑战，我们的教育何为；才开始思考课堂理念，关注教育细节及课堂细节；才开始逐渐从人文学者的自由公正和体制这些教育外部视角向教育视角转化"。在这个意义上，弗莱雷（Paulo Freire）非常了不起。他能够跨越第三种取向的界限，进入教育思考。他提出的"对话教学"可能很大程度上归功于他作为教师的成人教育经历。

孤立地看，对教育认识的三种取向各有其价值。对教育者来说，他们同每种取向的教育认识距离的远近很大程度上取决于，这些研究探讨的主题与教育过程的远近，以及他们在多大程度上考虑到，其提出的见解在实践中可能面临的理论与实践问题。这种距离可以作为区分"教育知识"与"关于教育的知识"的一个维度。

这就是我关于这个问题的一点儿思考。

祝生活愉快，身体健康！

建国
2016年9月19日

六、陈桂生致张建国
（2016年9月26日）

关于教育的理论与教育理论的混淆与区分事关教育学的学术声誉与教育学人的研究取向——教育学的"理论基础"同"教育学本身"有别——人性论、人文精神是一个历史的范畴——社会意识是解开人性（个性、人格）秘密的钥匙——对教育理论与关于教育的理论都须具体分析——拿教育说事的文稿未必同教育相关——教育学名目的著作中未必有"教育学味道"

建国：

你好！9月19日来函继6月29日来函，进一步议论教育理论与关于教育的理论的划分。由于事关教育学的声誉及这门学科的命运，故这个命题本身便具有警示价值。鉴于每年每月拿教育说事，在教育学中讨生活，或把教育学作为敲门砖之类玩意，冒充教育学的现象屡见不鲜，且不说究竟有多少能人借以进身，问题在于如今数以千计、万计的教育学学士、硕士、博士、专家、学者、编辑以及主管当局，面对越积越高的教育理论垃圾，几乎视而不见，早已见怪不怪，在如此背景之下，有幸见到你兴致勃勃地议论教育理论与关于教育理论的划分，不禁油然而生一种感慨：你这位博士可算是"天生的教育学人"。

不过，我对来函不知如何回复。既然你把人文精神与社会性目标作为"教育知识称为比较系统的学问"的前提，这里不妨从与此相关的题外话说起。

1. 来信提到的人文精神与社会性目标，似乎是教育理论的前提，由于这两者可能是两种价值取向，各自又存在不同的解释，便可能从中引申出许许多多同教育相关或无干的话题。

你所提到的前提，实际上是指通常所谓教育学的理论基础。如普通教育学的心理学基础与实践哲学基础。如今一谈到教育学的理论基础，又越来越拓宽，其实是越来越泛化。问题在于开列理论基础是一回事，这种或那种相关或不相关的理论，在教育陈述是否运用，则是另外一回事。这便是我以往指出的"教育学本论与绪论背离现象"。其实，这种现象在如今的学位论文或非学位论文中，比起以往有过之而无不及，又浑然不觉。① 可见单就教育学的理论基础话题，又可衍生出许许多多道

---

① 顺便提一下，关于教育原理，我曾有感于一般教育学人以为教育之"原"在教育之外，因为任何教育都同一定的人性观念与社会观念相关，故以一般人文科学或社会科学为教育学的理论基础。我则认为教育之"原"是教育本身的问题，故运用历史的逻辑的分析，揭示教育的源流，并认为教育元理论才是教育学的理论基础。现在看来教育元理论只能算是教育学的认识论与方法论基础。

理、空谈与废话。即使是可望成立的道理，实际上主要是教育学人理应关注的教育学建构方面的道理，仍属关于教育的理论，而非同教育实践对应的教育理论，却不管相干不相干，都算在教育学的账上。

2. 其实，无论是人文精神还是社会精神，人文科学还是社会科学，是否地道，关键在于对人性与社会的理解是否到位。

兴起于文艺复兴运动时期的人文论，原先主要针对中世纪从神性中衍生出人性，导致把人性降低为动物性，而强调人并无原罪，而是上帝创造万物中最高贵的创造物。故近代初期，人文学说的立论，一般从人与动物的区别谈起，后来又针对上帝创造万物观念，提出自然主义学说。如自然人、自然法、自然宗教，从而使人性同神性拉开距离。时至18世纪与19世纪之交，又有新人文主义崛起。从自然人到精神文化人，使人性同神性与动物性进一步拉开了距离。不过，这种新人文主义随后又受到更为切合现实人性的学说的竞争。

正是在新人文主义勃兴的同一时代，黑格尔率先萌生社会意识。正像"人性"原先主要是同"神性""动物性"对举的概念，而不是同"社会性"对举的概念一样，"市民社会"原先是同"市民国家"对举的概念，其中的"社会"并不是同"人""个人"对举的概念。恰恰相反，"人"原先就是一个复数概念，社会意识萌生之前，实际上，就隐含着社会人的观念，同样，社会作为个人的集合体，有别于凌驾于社会之上的国家，也就隐含着对人的权益的关注。

现在看来，正是社会意识，才成为解开人性秘密的钥匙。

这就是人的本质在其现实性上,是一切社会关系的总和。现实的个人,基本上是一定社会关系的产物。在一定的社会关系中不同人处于不同的社会地位。不过,正由于有别于动物,所以每个人又不都是社会关系消极的产物。所谓个性,其实是个体社会化过程中所显示出来的差异。至于由此进一步衍生出来的理论问题,这里就毋庸赘言了。

问题在于虽然有关人性与社会的学说不断进展,而人性与社会问题的解决却非常滞后。不仅历史遗留的问题尚待解决,而且其中的新问题又不断发生。尤其在后起的即所谓"发展中国家",就连诸如此类理论问题还若明若暗,以致如今在教育话题中,无论人文精神还是社会精神的说法,不管是否地道,都不嫌少。"道可道,非常道。名可名,非常名。"此之谓也。

3. 回到本题,以往提出关于教育的理论同教育理论的区别,尚未对复杂的关于教育的理论同教育相关的程度加以区分。现在看来,各种教育分支学科虽都列入教育理论,其实都属于关于教育的理论范围。其中按照同教育相关程度分为两类。一类是以教育学为母体的教育子学科,如德国的社会教育学、伦理教育学及分科教学法。这类学科因运用教育的逻辑(或教养-教学的逻辑)分析教育(或教学)中的问题,故同教育的关系较为接近。另一类是以同教育学理论基础相关的学科为母学科的教育分支学科。如法国、英国、美国的教育心理学、教育社会学、教育伦理学、教育法学、教育哲学。这类学科的长处在于"另眼看待"教育问题。不过,他们若漠视教育或教养-教学的逻辑,那就意味着从别的学科门缝中观察教育。你在6月29日来信中就有见及此。

4. 这里从学科层面区分关于教育的理论，只是出于划分标准较为确定的考虑。其实，真正的问题，却在于那些拿教育说事（包括说教育中无关紧要的事），虽像是关于教育的理论，实际上既同教育不相干，又成不了理论，却被视为教育理论，才更有损教育学和教育学人的声誉。其实，声誉还在其次，重要的是：假作真时真亦假，非成是处是即非。教育学一旦真伪不分、是非莫辨那就是危机。

5. 进一步说，问题或许更在于在"教育学""教育概论""教育原理"之类名目的书籍中，缺少"教育味"（相当于你所谓"教育学味"），才使教育学难以面对关注教育的人们。

我缺乏你的敏感和对问题的细致分析的工夫，故对以上问题不过是粗线条的交代而已，对你来信中的分析，还将继续考虑。

在你喜迎贵子临盆之际，谨祝贤伉俪及你们的贵子健康愉快！

陈桂生

2016年9月26日

II

运用马克思主义理论与方法研究教育问题的尝试

历史从哪里开始,思想进程也应当从哪里开始,而思想进程的进一步发展不过是历史过程在抽象的、理论上前后一贯的形式上的反映;这种反映是经过修正的,然而是按照现实的历史过程本身的规律修正的,这时,每一个要素可以在它完全成熟而具有典型性的发展点上加以考察。

——[德]恩格斯:《卡尔·马克思〈政治经济学批判·第一分册〉》

如果不把唯物主义方法当做研究历史的指南,而把它当做现成的公式,按照它来剪裁各种历史事实,那它就会转变为自己的对立物。

——[德]恩格斯:《致保尔·恩斯特》(1890年6月5日于伦敦)

引　言

　　本书作者致力于教育学研究，面对诸多难题，无从下手。得益于从马克思、恩格斯的诸多论述中打开了思路。

　　鉴于我国从西学东渐开始，即以本国教育语汇为外来教育语汇的中文译词，原先对其中可能发生的问题估计不足。依马克思之见，学习外国语言时，如"能够忘掉本国语言而运用新语言"时，"才算领会了新语言的精神"，才会运用自如。[①]明乎此，才至少做到不致把本国教育语汇的语义同外来教育语汇的语义当作一回事。

　　源于西方现代社会–文化中的教育学，本身在不断变化中，以致难以把握其中的要义。依马克思之见，"人体解剖对于猴体解剖是一把钥匙"，意思是"低等动物身体表露的高等动物的征兆，只有在高等动物本身已被认识之后才能理解"。[②]明乎此，才尝试以教育学发展到比较成熟的阶段时形成的教育学逻辑范畴，反溯教育学演变的过程。

　　我国曾就教育是否属于社会上层建筑问题争议不休。依恩格斯之见，历史唯物主义的方法应为历史研究的行动指南，而

---

① 马克思.路易·波拿马的雾月十八日［M］//中共中央马克思恩格斯列宁斯大林著作编译局,编译.马克思恩格斯文集·第二卷.北京：人民出版社,2009：471.
② 马克思1857—1858年经济学手稿摘选［M］//中共中央马克思恩格斯列宁著作编译局,编译.马克思恩格斯文集·第八卷.北京：人民出版社,2009：29.

不是把它作为现成的公式剪裁历史的事实。明乎此，才着重以马克思和恩格斯对第一国际内部诸派别对19世纪西方世俗的义务的和免费的教育的批判之批判，解释马克思列举社会上层建筑诸现象时未提及教育的缘由。

"唯物主义教育史观"刍议

一、通常的唯物主义教育见识 [144] —— 二、社会物质的寻求 [146] —— 三、具有社会物质制约力的制度文化 [148]

人们常说,"教育问题的解决关键在教育观念的转变"。这种说法的道理在于在既定的教育结构与现实条件下,由于教育观念的不同,教育工作的局面往往大不一样;若问陈旧的教育观念与崭新的教育观念何由发生?或把旧观念近则归因于计划经济,远溯于自然经济,而新观念源于新的社会经济需求。这可算是流行已久的唯物主义观点。

如果从根本上(只是从根本上)分析,隐在上述论调中的假设,颇值得推敲:(1)旧的教育观念是直接从旧的社会经济结构中派生出来的么?(2)在现有的教育结构下,教育观念的转变究竟能发生多大影响?若不改变导致旧教育观念发生的那种教育结构,旧的教育观念能够从根本上转变么?(3)新的社会经济需求能直接促成教育观念的更新么?

这类观点的发生,并非出于偶然。它同长期以来对于唯物主义教育观的误解相关。

一、通常的唯物主义教育见识

以往怎样对教育现象作唯物主义解释呢？

以往，试图按唯物主义历史观解释教育现象，问题在于把"社会存在决定社会意识""经济基础决定上层建筑"的原理当作机械的公式，用以解释教育现象，遂把教育单纯视为社会意识、上层建筑，尽管马克思在列举上层建筑中诸社会意识形态时，总以道德、宗教、哲学之类现象为例，从未提到教育。人们对于马克思是不是把教育列为上层建筑都不予以考虑，就断言马克思把教育归入上层建筑。于是，发生经济以及作为"经济的集中表现"的政治直接决定教育观念的问题。如果是，事情会简单得多，只需改变旧的经济结构与政治结构，岂不是就自然地扭转教育观念么？这种论调无异于认定教育观念之根"只"在教育之外。

以往既把教育归结为社会意识、社会上层建筑，根据"社会意识反作用于社会存在""社会上层建筑反作用于社会经济基础"的原理，又很自然地强调作为社会意识的教育观念的作用；不过，由于夸大了教育观念的作用，实际上常常是不断冒头的新调头、新政策尚未生根，即被更新的或发霉的调头、政策淹没。如此，"苟日新，日日新，又日新"，不断地自我否定，以致各种令人眼花缭乱的调头与政策，虽热闹非凡，对原有的教育结构却甚少触及。一味在观念上兜圈子，"唯物主义"云乎哉？

值得注意的是，杨贤江早就注意到马克思主义创始人在列举社会上层建筑诸现象时未提到教育,并就此尝试加以解释:"在新兴社会科学上解释各种精神生产即上层建筑时,往往不列入教育一门,就为了教育只是一种动作,是一种技巧,以讲究怎样实施'支配思想'[指在社会中占支配地位的思想]为务的。教育之不成为独立的,不仅为了在旨趣及实施上受制于经济及政治;也为了在资料与方法上受制于其他各项精神生产的缘故。"① 他的意思是:

1. 教育是一种社会工具,按社会成分分析,它同政治经济不属同一层面,也就不免受到比它更带有根本性质的社会经济、政治成分的制约,并为其服务。

2. 教育"不像别的精神生产各有各的内容,而是以其他的各项精神生产内容为内容的。譬如学校里面的课程,无论是科学,是哲学,是艺术,这种种学科的内容,没有不和当代社会的一般科学的内容、一般哲学的内容、一般艺术的内容相同的"。② 它不仅取材于精神生产领域其他部门的成果,而且取法于精神生产领域其他部门的活动方式。

这种论述,在分清教育同社会意识形态上层建筑区别的基础上,合理地解释了新兴社会科学未把教育列入上层建筑的缘由,又说明教育不仅受制于一定的经济与政治,而且受制于其他各项精神生产,表明他的理论视野要比后来在20世纪80年代关于所谓教育本质问题讨论中许多论者的眼界宽阔。不过,杨贤江终究还是认定"教育是社会上层建筑之一,是观念形态的劳动

---

①② 中央教育科学研究所,厦门大学,合编.杨贤江教育文集[M].北京:教育科学出版社,1982:417-418.

领域之一，是以社会的经济结构为基础的"。[1] 他的观点虽不像后来学者那么狭隘，但为后来的狭隘观念埋下了伏线。

二、社会物质的寻求

以往所谓唯物主义教育观的根本问题，在于无视教育自身的"社会存在"——教育领域里的物质关系。马克思之所以创立唯物主义历史观，正在于他发现了社会中的物质基础，这就是"一切生产关系的总和"，用以解释上层建筑诸关系的根源，而马克思并没有、也不致简单到用"一切生产关系总和"图解上层建筑诸现象，何况他从未直接指明教育属于上层建筑。

根据马克思发现唯物主义历史观的思路，如果要对教育现象作出辩证的、唯物主义的解释，就得正视教育领域中的物质关系。这种物质关系，就是"教育领域中一切社会关系的总和"。这类社会关系的核心，是教育结构及其运行机制。

杜威在评论人本位教育观点时，早就指出："黑格尔很懂得抽象的个人主义哲学的缺陷，……黑格尔在他的历史和社会哲学中总结了历来德国著作家如莱辛、赫德尔、康德、席勒、歌德等人的学说，使人认识伟大的人类集体制度的产物的教育力量。从那以后，凡认识这个运动的教训的人，都不可能把制度和文化看作人为的东西。……和制度相比，个人没有精神的权

---

[1] 中央教育科学研究所，厦门大学，合编.杨贤江教育文集[M].北京：教育科学出版社，1982：417-418.

利,个人的发展和教养在于对现存制度的精神的恭顺同化。"①表明早在19世纪初,黑格尔就超越个人主义、新人文主义见识,意识到制度作为一种不以个人意志为转移的客观文化,对个人有制约作用,并有不可忽视的教育力量;黑格尔所忽视的,是一定时代之所以选择这种或那种历史形式的文化结构,归根到底取决于那种时代的社会经济-政治结构。

一定历史形式的教育结构,是在一定社会-文化背景中的历史性的教育实践的产物。既定的教育结构,是不以个人意志为转移的客观存在,而每个教育活动的当事人,都不免有高明或不高明的教育观念,而一定时代普遍的教育观念,是蕴含在一定教育结构中的前人的教育观念;反之,即使是现实教育的社会存在,也不能自动地决定教育的社会意识。因为不同时代教育的社会意识本身有其历史的联系,并受到外域教育观念的影响。

社会转型期,由于出现新的政治、经济契机,有见识的思想家、教育家,敏锐地意识到旧的教育结构与新的社会、政治动因的矛盾,可能得风气之先,提出新教育的预见,在教育历史上屡见不鲜;而新的教育思想只有转化为群众的意识,形成巨大的物质力量,才足以促动旧的教育结构。在这个意义上,不能不对我国那些高屋建瓴地不倦地为新教育呐喊的高士,深怀敬意。

---

① 杜威.民主主义与教育[M].王承绪,译.北京:人民教育出版社,1990:63-64.

三、具有社会物质制约力的制度文化

在以制度文化为社会生活中不以个人意志为转移的物质存在的意义上，解说唯物主义历史观时，为了不致引起误解，不得不对制度文化概念加以界定。

何谓制度文化呢？

"制度文化"是由"制度"与"文化"构成的组合词。它同构成这个组合的两个单词的语义有别。因为在社会关系中，并非任何制度、任何文化都具有普遍的约束力。

制度文化与精神文化、物质文化并称文化，同现代"文化"一词多义相关。

"文化"一词，德语为 Kultur，英语为 culture，源出于拉丁语 cultura，原为耕作、培养、发展、尊重之义。所以，广义的"文化"，作为同"自然"对举的概念，泛指有别于自然发生的事物及人的自然属性的人为运作、人为造作的产物，统称"人化自然"。历史上所谓自然主义，便是作为人为造作的虚伪和过分操作的弊端的对立物应运而生的。

狭义的"文化"概念出现于欧洲18世纪，出于对人性的关注，针对物质生活、物质生产中的野蛮状态，从拉丁语（civis，原意为"市民"）中引申出"文明"概念（英语 civilization），特指"物质文明"。

19世纪欧洲学者，尤其是德国学者，有感于现代物质文明（亦称"产业文明"）冲击历史形成的精神文化，导致精神日趋衰微，遂提出有别于文明（特指"物质文明"）的文化概念，从而形成物质文化与精神文化的区别，一度称之为物质文明与精神文明二律背反现象。精神文化的追求以真、善、美和宗教信仰为最。

我国的精神文化观念，基于同道德相关的善、美价值与同客观知识相关的求真价值的区别，把前者统称"思想"，以后者为"文化"。

按照唯物主义历史观，社会生活、社会生产中不文明行为、野蛮行为以及所谓物质文明与精神文明二律背反，都是表面现象，实际上是隐在现实的社会经济基础与上层建筑中的不合理、不公正的制度文化使然。

并非任何制度、任何文化都具有社会生活中不以个人意志为转移的物质力量。因为成立的制度如成为具文，便如一般精神文化一样，对一般社会成员的行为具有普遍的约束力。反之不成文的制度，如习俗中行之有效的行为规范，亦可算是广义的制度文化。所以制度文化是以具有普遍的约束力的行为规范为起码的规定性。

这里所谓制度文化是抽象概念，是作为同物质文化、精神文化对举的逻辑范畴。至于一定社会基本制度的性质，现存的社会制度何以发生，何以维持，将发生怎样的变化，主要从生产力与生产关系的关系、经济基础与上层建筑的关系中寻找其缘由。

至于按照唯物主义教育史观审视教育制度文化问题，还须具体分析。

且以孟宪承在选编《中国古代教育文选》过程中，在选编组内部发表的相关见解为例。其中至少有如下判断：

教育史上的一些提法不符合古代的实情，古代是无所谓教育政策、制度的。教育有制度，成为国家的一种职能，是到资本主义时代。……中国封建时代，国家只过问考试选拔人才，不具体安排教育，实无政策、制度可言。[①]

要谈中国古代的学校制度，这是真实的历史，史料也极丰富，做这一类的科学研究工作，自会有成果。[②]

教育史的内容调整变化要突破大纲所制定的形式，组织形式要包括学校教育制度，而内容以思想史为主。[③]

以上诸见中，关于中国古代究竟有无教育制度或学校制度，如不善解其意，就会觉得其中自相矛盾，其实不然。

我国古代虽有"学校""制度"两词，其中"学校"专指官学，"制度"非指具体的规定。如"汉家自有制度，本以霸王道杂之"（《汉书·元帝纪》）。西方现代文化中形成的"制度"一词，大致是指在一定范围内通行的有关办事程序或行为规范系列的规定。"学校"系指制度化的教-学活动机构。所以我国如今通用的"学校""制度"两词实际上已经是西方用语的译词。如把这两个译词反套于我国古代教育中，以为古代早有其事，

---

① 孟宪承.孟宪承讲录（一）（二）·孟宪承谈话录[M]//孙培青，记录整理.瞿葆奎，杜成宪，主编.孟宪承文集·卷十二.上海：华东师范大学出版社，2010：411.
② 同上：344.
③ 同上：374.

便成为谈话者所指出的"历史错觉"。

在孟宪承看来:"对待历史的东西,要还其本原面目,按原来的实际意义加以理解,不要有'历史错觉'。现在对于庠序、大学、小学、学令等等都是空谈,实际上不是那样。用确切的话来说,庠序就等同于礼堂,太学等于旅馆,府州县学等于文庙。"①所以断定中国古代教育"实无政策、制度可言",是在总体上如实地反映中国古代教育的原貌。

既然如此,为什么又要谈"中国古代的学校制度",并且肯定"这是真实的历史"呢? 这是由于所谓中国古代教育"实无政策、制度可言",系指"中国古代政教不分,行政上所发布的政令,只有政治含义",②并无相当于现代意义的专门的教育政策与教育制度。所以这是就国家总体的成文的教育制度而言的。至于本来意义的庠序、太学、府州县学,虽不具有现代学校的内涵,却是历史上时兴时废、时废时兴的客观存在,其存在本身不无某种规定性。故在其总体上属于"非制度化"的"制度"。

尽管不承认现代学校及学校制度在我国"古已有之",似乎显示不出我国古代教育的优良传统。其实一旦把我国古代的庠序、太学、府州县学与同时代西方文化状况相比,不亦光彩奕奕之至。何况我国古代尚有遍及城乡的私学。

总之,"不重视历史(客观事实),就不懂历史",轻信轻传"历史错觉",自欺欺人而已。

---

① 孟宪承.孟宪承讲录(一)(二)·孟宪承谈话录[M]//孙培青,记录整理.瞿葆奎,杜成宪,主编.孟宪承文集·卷十二.上海:华东师范大学出版社,2010:353.
② 同上:411.

关于教育属于社会上层建筑问题
——唯物主义教育历史观的探求

> 一、教育属于社会上层建筑的提出——杨贤江见解平议 [152] —— 二、教育与政治经济的关系——刘佛年见解平议 [154] —— 三、教育属于社会上层建筑质疑——于光远见解平议 [155] —— 四、教育是否属于社会上层建筑——教育本质问题论证中的是是非非 [156] —— 五、教育属于社会上层建筑问题的症结——"教育相对独立性"别解 [157] —— 六、意在言外——从以上层建筑视角审视教育到以教育视角审视上层建筑 [160] —— 七、马克思在列举社会上层建筑诸现象时为何并未提及教育 [162]

关于教育的社会属性,通常按照唯物主义历史观的分析框架,把教育定位为社会上层建筑。如此定位的理论依据何在?其实,杨贤江早就注意到马克思在列举社会上层建筑诸现象时从未提及教育,然而仍断定教育属于社会上层建筑。那么其理由是否有说服力呢?且从杨贤江的见解谈起。

一、教育属于社会上层建筑的提出——杨贤江见解平议

杨贤江早就注意到马克思在列举社会上层建筑诸现象时未

提到教育，并就此尝试加以解释。据称："在新兴社会科学上解释各种精神生产即上层建筑时，往往不列入教育一门，就为了教育只是一种动作，是一种技巧，以讲究怎样实施'支配思想'为务的。教育之不成为独立的，不仅为了在旨趣及实施上受制于经济及政治；也为了在资料与方法上受制于其他各种精神生产的缘故。"① 他的意思是：教育是一种社会工具，按社会成分分析，它同政治经济不属同一层面，也就不免受到比它更带有根本性质的社会经济、政治成分的制约，并为其服务；教育"不像别的精神生产各有各的内容，而是以其他的各项精神生产的内容为内容的，譬如学校里面的课程，无论是科学、是哲学、是艺术，这种种学科的内容，没有不和当代社会的一般科学的内容、一般哲学的内容、一般艺术的内容相同的"。② 它不仅取材于精神生产领域其他部门的成果，而且取法于精神生产领域其他部分的活动方式。

这种论述，在分清教育同社会意识形态上层建筑区别的基础上，解释了马克思未把教育列入上层建筑的缘由，又说明教育不仅受制于一定的经济与政治，而且受制于其他各项精神生产。不过，杨贤江终究还是认定"教育是社会上层建筑之一，是观念形态的劳动领域之一，是以社会的经济结构为基础的"。③ 他的观点虽不像后来学者那么狭隘，却为后来的狭隘观念埋下了伏线。话虽如此，马克思在列举社会上层建筑诸现象时，究竟为什么未提及教育？教育到底是怎么一回事，它只是一种

---

①②③ 中央教育科学研究所，厦门大学，编.杨贤江教育文集[M].北京：教育科学出版社，1982：417-418.

"活动"或"技巧"吗？仍是有待探讨的问题。

二、教育与政治经济的关系——刘佛年见解平议

马克思主义不是教条，而是行动的指南。20世纪60年代前期，刘佛年教授主编的《教育学》，其中有关"教育与经济、政治关系"的章节，曾令时人耳目一新。但如今看来，其中不无有待讨论的余地。

《教育学》中关于教育与经济、政治关系的论述，既强调"教育为政治、经济所决定"，又肯定"教育的相对独立性"。不仅如此，还就这两个方面加以具体说明，即经济、政治决定教育的领导权，决定受教育的机会和权利，决定教育的目的与内容，以及教育发展的规模和速度。教育相对独立性的理由在于，教育同其他社会意识形态相互作用，教育与政治、经济发展不平衡，以及教育本身具有历史继承性。从那时起的各种《教育学》教科书，其中有关于教育同政治、经济关系的论述都未超出这种见识。

如果书中两方面观点都不无道理，那把"决定性"一方同"被决定"一方联系起来便成为问题。因为"相对独立性"得以成立的诸多理由，至多只能说明教育"独立"的可能性，而按照该书的观点，教育本身的属性已经"被"政治、经济"决定"了。难道由于教育具有"历史继承性"，就可导致教育规模与速度扩大；由于教育同其他社会意识形态有联系，就可改变教育目的，教育同政治、经济发展不平衡就可改变教育领导权吗？

由此看来，该书关于教育与政治、经济关系论述中问题的症结，在于其中所谓"决定"，实际上带有"先定""命定"的意思，近于机械决定论。[①]话虽如此，在当时那种政治氛围与学术氛围中，形成如此见解已经难得。其实，政治上层建筑同作为经济基础的生产关系的总和与教育的关系，在于可能影响教育的社会属性及价值取向，并为教育价值的实现提供必要条件。至于这种可能性转化为教育的现实，既取决于经济制度的性质与制度化程度和政治制度化程度与政治权力的运用，也取决于为教育价值的实现实际上提供了什么条件，根本在于教育实践本身发生了怎样的变化。议论及此，还是在确认教育属于社会上层建筑现象的前提，若干年后发生对这个前提的质疑，不过就连当时提出的疑点也还存疑。

三、教育属于社会上层建筑质疑——于光远见解平议

1978年，于光远在《学术研究》杂志发表《重视培养人的研究》一文，率先对由来已久的所谓"教育属于上层建筑现象"一说表示质疑，此议成为20世纪七八十年代之交席卷我国教育理论界关于教育本质问题论争的导火线。其中的疑点能否成立，也有待澄清。

于光远断定："在教育这种社会现象中，虽然包含有某些

---

① 陈桂生.常用教育概念辨析[M].上海：华东师范大学出版社，2012：17.

属于上层建筑的东西，但是整个说来，不能说教育就是上层建筑。"理由是："上层建筑是建立在经济基础之上的，是反映经济基础、为经济基础服务的东西。……不反映经济基础、不为经济基础服务，就不能叫作上层建筑。"所以，"只有人们关于教育的政治观点和哲学思想才是上层建筑；只有作为国家和政治机构、政治制度中一部分的某些教育机构和教育制度才是上层建筑；只有政治、哲学、道德等教育才是上层建筑。不能说教育就是上层建筑，不再有别的东西。""上一代人对下一代人传授生产经验、文化科学技术知识等，是属于教育的一个主要职能，这样一种教育职能，如数学课、物理课和化学课等课程的教学方法，就不是上层建筑的东西。"此外，教育心理和幼儿教育的许多问题也不属于上层建筑。①

上述见解都有道理，其中主要说明教育有哪些属于上层建筑，而对于不算上层建筑的算什么东西却缺一论述。因此还算不上是对教育属于上层建筑的否定。尽管如此，于光远的论证较之后有关教育本质问题论争中各派观点的论证都更中肯与深刻。

四、教育是否属于社会上层建筑——教育本质问题论证中的是是非非

由于光远《重视培养人的研究》引发的关于教育本质问题

---

① 于光远.重视培养人的研究 [J].学术研究，1978（3）：25-31.

的争论不啻是我国教育理论水平的一次测试。其焦点在于教育属于上层建筑还是社会生产力？间或穿插教育"属于特殊范畴"或教育"属于培养人的社会实践活动"之类说法。其中的问题何在呢？

第一，既然以"教育本质"为论题，那么社会生产力虽然通过由它所决定的社会生产关系间接影响教育的价值选择，或为教育价值的实现提供必要的物质技术条件，而社会生产力不可能直接决定教育的社会属性，更不成其为"教育的本质"，否则便无法说明资本主义教育同社会主义教育本质性的区别。第二，社会上层建筑虽然可能对教育的价值选择发生影响，其实，就连上层建筑的性质也是由作为社会经济基础的生产关系的总和所决定的。自然，社会生产关系对教育的社会性质的影响也只是可能性的判断。至于教育的社会性质发生相应的变化，既取决于生产关系成熟的程度和教育管理权力的运用，还得根据教育的一般属性作出判断。

五、教育属于社会上层建筑问题的症结——"教育相对独立性"别解

关于在什么意义上论定教育是否属于社会上层建筑现象，其中的关键问题在于教育究竟是怎么一回事。关于这个问题，至少有两个关键问题有待澄清。

1. 教育的一般性质与教育在一定时代、一定社会-文化中的特殊性质是层次不同的两个问题。前者表示教育与非教

育之间的界限。如不具有教育本身的规定性便不成其为"教育",所谓教育属于社会上层建筑现象,表示在一定时代、一定社会-文化中教育社会属性发生或变化的缘由。不过,由一定社会经济基础所决定的教育,其反映尚有待具体分析。因为其中既存在教育的一般属性隐于其社会属性之中的教育,即社会性的教育仍然是教育,也可能存在漠视教育性的社会性教育。唯其如此,便从教育属于社会上层建筑现象的判断中引申出所谓"教育的相对独立性"问题。由此发生的问题在于虽然教育属于社会上层建筑现象是就教育的社会属性同其所由发生的经济基础相关的问题,对教育本质还有待具体分析。

2. 自古以来就存在教育和称之为教学的教-学活动之间的区别。简单地说,汉语中单音字"教"一字两音、一词两义。去声之"教"(今第四声,音叫),相当于双音词"教育",为规范词;阴平之"教"(今第一声,音交),相当于双音词"教学",为中性词。教育为衡量教-学活动的价值标准,而教育价值通过教-学活动实现。因教-学活动可能成为有教育价值的活动,也可能并无什么教育价值可言,这才以教育价值加以衡量。如此区别,自古皆然,如今仍然如此。问题在于通常不明乎此,才把教-学活动一概称其为教育活动或教育工作。明乎此,便发生问题:究竟是教育有相对独立性,还是称之为教学(或教育工作)的教-学活动有相对独立性呢?

有道是:教育、教育事业、教育工作,无所谓相对独立性。它在任何时代、任何朝代都是政治的工具,而教育学因以前人的思想材料为依据,并由此而产生,故"有相对独立性可言"。①由于这个判断中教育问题的区分未必恰当,故此判断缺乏说服力。因为教育是一个价值观念,教育学虽以前人的思想材料为依据,毕竟参照教育价值观念选择与运用前人提供的思想材料,教育与教育学即使有某种相对独立性,其独立的成分也较为稀薄;教-学活动以及称之为"教育工作""教育事业"的活动本身,为中性。此类活动既可能有教育价值,不一定都有教育价值;可能成为政治的工具,又不见得成为政治的工具,如果带有某种价值倾向,亦是教育评价使然。教-学活动的独立性,是由于这种活动本身是教师和学生之间依照一定课程,运用一定教法与学法,按照一定规范和程序运作的活动。构成这种活动的要素又都是变数,故教-学活动的运作有其本身的逻辑,以致不论什么教育价值取向与价值标准,要转化为教-学活动的价值追求,不仅取决于实现这种或那种教育价值的可能性,还同当事人的价值倾向相关。

由于教-学活动是由未成年人与成年人广泛参与的社会性的实践活动,故无论是出于经济、政治假设的教-学活动价值取向,还是出于教育假设的教-学活动价值取向,都回避不了这种活动本身的检验。其实,不仅教-学活动具有相当的独立性,就连教育的独立性也不可低估。因为生产力与生产关系辩证关系和经济基础与上层建筑辩证关系的基本原理,都是社会发展客观规律的反映和历史经验的总结。其实,一定的社会生产力、

---

① 孟宪承.孟宪承讲录(一)(二).孟宪承谈话录[M]//孙培青,记录整理.瞿葆奎,杜成宪,主编.孟宪承文集·卷十二.上海:华东师范大学出版社,2010:416.

生产关系、经济基础、上层建筑都经历历史地形成、历史性发展的过程。所以,在一定的历史范围内,就连教育的价值也是相对稳定与独立的。在此期间,经济之于教育,一般以政治为中介发生影响,至于政治干预教育的限度尤其是干预教-学活动的限度,因教育领导体制或管理体制而有区别。其实,教育独立的程度因一定的历史特点与现实情况而定。

六、意在言外——从以上层建筑视角审视教育到以教育视角审视上层建筑

几乎席卷我国教育理论界的关于教育属于社会上层建筑现象的论争,可算是事关我国马克思主义理论水平与教育理论水平的测试。在我国,这个考题的提出大抵从杨贤江自问自答开始。在马克思主义风起云涌之际,进步的学者尝试运用唯物主义历史观重新审视教育问题。教育属于社会上层建筑命题便由此发生。不过颇令杨贤江不解的是,马克思在列举社会上层建筑诸现象时从未提及教育现象,遂尝试从教育角度对这个问题加以解释。据称:教育只是实施"支配思想"的"动作"或"技巧",实际上是把教育等同于如今称之为教学的教-学活动。表明他尚未介意这两者之间的区别,意味着把教育看成是中性的活动,而无专门的内涵与独立的价值追求,从而成为这场争论中存在问题中的一个症结。

由于自古以来就存在教育与教-学活动的区分,就教育之教(音叫)与教-学活动之教(音交)也有读音的区别,以教育为

业的教师，以教育学为专业的学者，怎甘心把教育视为政治教条、经济教条、各种精神文化教条的传声筒呢？其实就连社会也不致容许缺乏教育价值追求的教师和缺乏教育内涵的教育学。唯其如此，关于教育属于社会上层建筑现象的争议其实意在言外。虽若明若暗地肯定或否定教育属于社会上层建筑现象这个前提，争议本身以"作为社会现象的教育的专门特点""教育的本质"为题，以及对"教育的相对独立性"为题，都含含糊糊地表示"回归教育"的意向。所以，如果说这场讨论从以上层建筑为视角审视教育开始，那么这场讨论事实上却以按照教育视角审视上层建筑而告结。这是什么意思呢？

由于唯物主义历史观是从复杂的社会现象中抽象出实质性的社会成分及诸社会成分之间内在的必然的联系，形成社会生产力决定生产关系、生产关系总和作为决定社会上层建筑的经济基础的基本原理，以唯物主义基本原理为思路，形成社会分析框架。由于把历史唯物主义基本原理当作教条，把基于这种基本原理的社会分析框架当作图解无所不包的社会现象的蓝图，这才导致各种社会现象不加区别地挂靠这种蓝图，也就从这种假想的蓝图破绽中引出对这种分析框架的再认识。1950年，斯大林针对马尔耶弗替特学说的语言新学说中的语言阶级性观点，颇有针对性地提出每门学科要同其他许多社会现象区别开来，并弄清本学科的专门特点，由此引起"关于作为社会现象的教育的专门特点的讨论"。首先从语言性质而后从教育性质的讨论中，说明社会上层建筑并非无所不包的社会现象的蓝图。如于光远断定：社会现象中虽然包含某些上层建筑的成分，但不能说整个说来教育就是上层建筑。鉴于关于教育本质问题争议不休，何东昌于1983年5月28日请教胡乔木。胡乔木认定马克思主义关于生产力与生产关系、经济基础与上层建筑的区分，"并不包罗万象，并不是任何社会现象都可以划分到这个里面而去的"。[①]问题在于究竟什么社会现象归入上层建筑？什么社会现象不一定归入社会上层建筑？其中的界限如何断定？于光远说得对：上层建筑反映社会经济基础并为社会经济基础服务的社会成分，故"不反映社会经济基础，不为社会经济基础服务的社会成分，就不能叫做社会上层建筑"。不过当他谈到教育是不是属于上层建筑时，由于不明教育与教-学活动的区别，其中不免夹杂把教育当作动作或技巧的成分，以此否定教育属于社会上层建筑，便不成其为论证周延的推论。

议论及此，其实仍然含糊。由于马克思在列举社会上层建筑（其中社会意识形态）时没有提及教育，由此却又难以否定教育属于社会上层建筑为唯物主义历史观的应有之义；同时，在争议中，关于教育的本质是什么、作为社会现象的教育的专门特点是什么，依然若明若暗，所以这场讨论中遗留的问题还有待解决。

七、马克思在列举社会上层建筑诸现象时为何并未提及教育

这个思考过程从马克思于1881年2月22日致纽文胡斯信件

---

① 胡乔木.胡乔木文集（第二卷）[M].北京：人民出版社，1993：551.

的启发开始。原来1881年年初，在筹备召开国际社会党代表大会时，荷兰社会民主党人纽文胡斯打算在大会上提出：假使社会党人取得政权，他们在政治和经济上应采取什么立法措施。为此致信向马克思请教。马克思的回答非常干脆："对这个问题的唯一的答复应当是对问题本身的批判。"因为"在将来某个特定的时刻应该做些什么，应该马上做些什么，这当然完全取决于人们将不得不在其中活动的那个特定的历史环境，而现在提出这个问题是不着边际的"。① 所以谈到马克思在列举上层建筑诸现象时未提及教育，就得考虑当时的教育状况和教育概念。

说到教育的概念与教育的状况，自古以来教育原为事关未成年的儿童、少年成年预备的道德人格的训练与培养。不过，按照现代教育价值观念，现代以前，虽以未成年人为教育的对象，其实当时并不存在名副其实的儿童教育、少年教育。因为当时不仅不承认未成年人的个性和人格有独立的价值，反而按照成年人的价值标准，苛求甚至压抑儿童、少年本身的需求和可接受性。所以，名副其实的儿童与少年教育是从现代才开始的。由此可见，以儿童和少年为对象的教育，其价值是经济价值、政治价值以及各种精神文化的价值不可替代的，教育也就成为各行各业替代不了的专门职业。

至于如今各级各类学校实施的所谓教育，其实主要指各级各类教养以及在教养基础上可能发生的教育效应。唯有未成年人的成年预备性的训练与培养为任何社会都不可或缺的个体社

---

① 马克思致斐迪南·多梅拉·纽文胡斯[M]//中共中央马克思恩格斯列宁斯大林著作编译局，编译.马克思恩格斯文集·第十卷.北京：人民出版社，2009：458.

会化的预备。唯其如此，马克思虽然明知资本主义基本经济制度与政治制度的弊端，明知那种制度可能对教育发生消极影响，如果把当时尚未普及的教育看成是那种经济基础的上层建筑，也就不致赞成在资本主义制度下普及教育。在他看来，现代社会中的普及教育问题有一种特殊困难之处，即：一方面建立正确的教育制度，需要改变社会条件；另一方面，为了改变社会条件，又需要相应的教育制度。因此"我们应该从现实情况出发。"① 至于如何从当时的现实情况出发，在国际工人协会（第一国际）活动期间，工人运动内部不同派别对未成年人教育问题多有争论。如蒲鲁东主义者主张由工会组织集资举办"教育合作社"，取代公共教育。马克思针对这种小生产者的狭隘观念，提出：在目前条件下，有必要通过教育立法，保障儿童和少年受教育的权利。因为"只有通过国家政权施行的普遍法律才能办到"。② 同样，巴枯宁主义者干脆主张废除国民教育，认为工人不应该争取让靠勒索工人来编制预算的国家负责对工人子弟进行初等教育，男女工人即使不会读、不会写、不会算，也要比受官办学校教育师资教育好些。马克思一针见血地指出：在他们看来，"只要不玷污永恒原则，即使愚昧无知和每天十六小时的劳动继续使工人阶级愚钝下去，也不要紧"。③

由于马克思把以儿童和少年为对象的国民教育看成公共事务，所以原则上赞成19世纪若干发达国家率先实行的普及的义

---

① 华东师范大学教育系.马克思恩格斯论教育[M].北京：人民教育出版社，1986：246.
② 同上：207.
③ 同上：260–261.

务的免费的公共教育。指出：实行普遍的义务教育，实行免费教育，前者甚至存在于德国，后者就国民学校来说，存在于瑞士和美国。"如果说在美国的几个州里，中等学校也是'免费的'，那么事实上这不过是从总税收中替上层阶级支付教育费而已。"① 恩格斯指出："在法国现在有全世界最好的学校,实行真正的义务教育。"② 法国共和派"实行了初级义务教育,使教育普及化,并使之达到如此高度,值得我们德国人向他们学习——难道他们是作为反动的一帮这样做的吗？"③

以上诸见是否属于历史唯物主义基本原理的运用呢？如果说马克思在列举上层建筑诸现象时未提及教育，那是由于在初等教育尚未普及的情形下，未成年人成年预备性的初等教育同经济基础与政治上层建筑之间的联系相当稀薄，那么在谈及教育问题时，以通过教育立法保障未成年人受教育的权利，是以其为资本主义制度对未成年人消极影响的解毒剂。

---

① 华东师范大学教育系.马克思恩格斯论教育［M］.北京：人民教育出版社，1986：271.
② 同上：396.
③ 同上：413.

马克思恩格斯关于国际工人运动中若干派别教育倾向的评论

一、蒲鲁东派、巴枯宁派教育倾向批判［167］——
二、拉萨尔派教育倾向批判［169］—— 三、杜林"未来学校计划"批判［170］—— 四、工人运动内部诸派别教育倾向批判所体现的教育立场［171］

19世纪60年代,随着国际工人运动、社会主义运动的发展,建立了作为历史上第一个国际工人联合组织的"国际工人协会",史称"第一国际"。马克思和恩格斯作为该组织领导机构总委员会委员,参与对国际工人协会活动的指导。不过,国际工人协会内部思想派别相当复杂。"在我们的协会中,有各种各样的人,有共产主义者、蒲鲁东主义者、工联主义者、合作社派、巴枯宁主义者,等等,甚至在我们总委员会中也有观点极不相同的人。"① "在1864年,运动本身的理论性质在整个欧洲,即在群众中间,实际上还是很模糊的,德国共产主义还没有作为工人政党而存在。"②

---

① 恩格斯致卡洛·卡菲埃罗(1871年7月1—3日)［M］//中共中央马克思恩格斯列宁斯大林著作编译局,编译.马克思恩格斯文集·第十卷.北京:人民出版社,2009:362.
② 恩格斯致弗里德里希·阿道夫·左尔格(1874年9月12—17日)［M］//中共中央马克思恩格斯列宁斯大林著作编译局,编译.马克思恩格斯文集·第十卷.北京:人民出版社,2009:398.

第一国际前期的蒲鲁东派与后期的巴枯宁派，第一国际结束后的拉萨尔派，争取工人教育权利斗争中的思想倾向与策略，不利于争取工人教育权利的斗争，并妨碍国际工人运动内部团结，马克思和恩格斯在对此类派别倾向的批判中，确立了争取工人教育权利斗争的立场与策略原则。

一、蒲鲁东派、巴枯宁派教育倾向批判

1866年国际工人协会在日内瓦召开第一次代表大会（成立大会）时，法国和瑞士的代表占代表总数的三分之一，蒲鲁东主义在这些代表中影响甚大。

在第一国际历届代表大会上，多次把"教育问题"列入议程。由于思想派别林立，争议甚大。例如，1866年第一次代表大会（日内瓦）通过由马克思起草的关于儿童劳动与妇女劳动的决议；在1867年第二次代表大会（洛桑）与1868年第三次代表大会（布鲁塞尔）上，蒲鲁东主义者却对日内瓦大会通过的儿童劳动与妇女劳动决议重新提出异议，并在洛桑大会上通过由他们起草的决议。针对上述情况，1868年总委员会在筹备召开第四次代表大会（巴塞尔）时，把"关于普及教育问题"重新列入议程，马克思还就此在总委员会发表《关于现代社会中的普及教育的发言》。

第一国际前期的蒲鲁东主义者，从无政府主义出发对公共教育持反对态度。1851年，蒲鲁东在《十九世纪革命的总观念》一书中，主张建立没有权威的社会，废除迷信、司法、行政、警察、国民教育、战争、海军等；① 用契约的观念排除政府的观念，通过工人协会，"对他们［指每个成员］的教育、培养和学习，必须加以安排，使他们在完成不愉快的、繁重的义务的时候，能够学会许多活计和专业，保证他们在成年时获得多方面的技能和足够的收入"。② 第一国际中的蒲鲁东主义者以此为依据，在讨论国际工人协会有关保护未成年工人权利方面的纲领时，对于争取国家通过立法，实施免费的义务教育持否定态度。

马克思在《临时中央委员会就若干问题给代表的指示》和《关于现代社会中的普及教育的发言》中，对这种无政府主义的观点提出机智的批评，肯定教育立法的必要，主张普遍实施免费的义务教育。他认为在资产阶级统治的条件下，"工人阶级要求施行这种法律，绝不是巩固政府的权力。相反，工人阶级正在把目前被用来反对他们的政权变为自己武器。工人阶级通过普遍的立法行为能够得到靠许多分散的个人努力所无法得到的东西"。③

第一国际后期，马克思主义者同巴枯宁主义者的斗争日益激化。巴枯宁的教育观点，同他的整个观点一样，是蒲鲁东无政府主义观点的恶性发展。他用一大堆"宁要……不要……"的荒谬逻辑，干扰无产阶级争取教育权利的斗争。例如，他们鼓吹工人宁可不受初等教育，也不要强制国家普及工人子女的初等教育。因为提出争取初等教育，似乎就意味着不要完全教育，这就玷污

---

① 马克思致恩格斯（1851年8月10日左右）[M]//中共中央马克思恩格斯列宁斯大林著作编译局，编译.马克思恩格斯全集·第27卷.1版.北京：人民出版社，2016：322.
② 同上：320-321.
③ 马克思.临时中央委员会就若干问题给代表的指示[M]//上海师范大学教育系，编.马克思恩格斯论教育.北京：人民教育出版社，1979：127.

了"永恒原则";只要不玷污"永恒原则",即使愚昧无知和每天工作6小时的劳动继续使工人愚钝下去也不要紧,等等。巴枯宁一伙撇开现实条件,用种种洁白无瑕的"永恒原则",禁止工人阶级使用一切现实的斗争手段,使工人阶级在资产阶级统治下解除武装;①巴枯宁一伙还提出"到民间去"的蛊惑人心的口号,唆使学生们抛开学校,"破坏一切",使一切科学和艺术都成为"无定型"的东西,借口数学、物理、化学等基础学科是"官方科学",一概加以抹杀,甚至叫嚷要"消灭书斋里的革命者"。巴枯宁一伙向青年学生宣传愚昧无知的崇拜,禁止青年进行思考和学习科学,无非是为了防止青年产生对他们那种"破坏一切的正统思想"的怀疑,②使青年充当他们阴谋活动的帮凶和打手。

二、拉萨尔派教育倾向批判

第一国际停止活动(1876年)前后,欧洲各国工人运动进入建立政党时期。德国工人政党建党过程中,在同拉萨尔派妥协基础上拟订了哥达纲领草案。纲领草案反映了拉萨尔派的机会主义观点。在拉萨尔的言论中,充满了自由、平等之类的资产阶级民主喧嚣和对德意志帝国的忠顺信仰。他鼓吹"国家的方针就是朝着自由的方向教育和发展人类",把普鲁士容克地主

---

① 马克思.政治冷淡主义[M]//苏联教育科学院,编.华东师范大学《马克思恩格斯论教育》辑译小组,辑译.马克思恩格斯论教育.北京:人民教育出版社,1985:261-262.
② 马克思,恩格斯.社会主义民主同盟和国际工人协会[M]//苏联教育科学院,编.华东师范大学《马克思恩格斯论教育》辑译小组,辑译.马克思恩格斯论教育.北京:人民教育出版社,1985:263-265.

和资产阶级统治的国家，看成是超阶级的国家。他提出通过争取普选权，实现"公平的分配"，同时通过国家实施平等的教育，无条件地禁止儿童劳动。马克思在批判拉萨尔的政治、经济观点的同时，批判了拉萨尔的教育观点，指出：在资本主义制度下，教育对一切阶级是不平等的，所谓"平等的国民教育"，实际上掩盖了教育的阶级实质；在地方资产阶级统治条件下，无产阶级在争取普及教育的同时，应使政府和教会一样地"对学校不起任何影响"，而所谓"通过国家来实施国民教育"，实际上是指定普鲁士德意志帝国为人民的教育者；生产劳动和教育的早期结合，是改造现代社会的最强有力的手段之一，无条件地"禁止儿童劳动"的口号，意味着不让儿童和少年参加大工业劳动，这同大工业的存在是不相容的。[①]

三、杜林"未来学校计划"批判

德国社会民主党继对拉萨尔主义妥协之后，又发生对杜林的盲目推崇。杜林在哲学、政治经济学和社会主义理论方面散布了一系列反马克思主义观点。他还异想天开地杜撰出一个"未来学校计划"。在"未来学校计划"中，不仅表现出对人类文化遗产的虚无主义，而且暴露出他对近代科学的无知。恩格斯在剖析杜林的"未来学校计划"时指出，杜林从陈旧肤浅的故纸堆中寻求"卓越的现代教育因素"，随心所欲地处理学科和

---

① 马克思.哥达纲领批判[M]//苏联教育科学院,编.华东师范大学《马克思恩格斯论教育》辑译小组,辑译.马克思恩格斯论教育.北京：人民教育出版社,1985：270-272.

教材,他的所谓"未来学校",实际上只不过是"稍为'完美'一些的普鲁士中等学校"。①

四、工人运动内部诸派别教育倾向批判所体现的教育立场

国际工人运动中关于教育问题的争议表明:

1. 从19世纪中期开始,教育问题已经引起工人阶级的关注,标志着工人阶级登上了教育领域斗争的历史舞台。这在人类历史上还属首次出现的新现象。马克思和恩格斯在争议中提出的教育观点,就其性质说来,虽然未越出资产阶级民主主义教育改革的范畴,但他们是以无产阶级世界观表述符合工人利益的资产阶级民主主义教育要求。

2. 工人运动中的蒲鲁东主义者,站在小生产者立场上看待教育问题,排斥近代公共教育,否定义务教育与免费教育,主张由工人组织自办教育,例如"教育合作社",并在手工业生产劳动过程中实施所谓综合劳动教育,显然同历史潮流相背。而拉萨尔主义者倒是赞成通过国家的教育立法,实施义务的免费教育,不过,这种主张夹杂对普鲁士国家的盲目崇拜。马克思面对这样一个棘手的问题,也感到为难:"这个问题有一种特殊的困难之处。一方面,为了建立正确的教育制度,需要改变社会条件,另一方面,为了改变社会条件,又需要相应的教育制

---

① 恩格斯.反杜林论 [M] //中共中央马克思恩格斯列宁斯大林著作编译局,编译.马克思恩格斯文集·第九卷.北京:人民出版社,2009:338-339.

度，因此我们应该从现实情况出发。"①这就是赞成由议会立法，设立学校，实施义务的、免费的、世俗的教育，但不容许政府干预教学过程。这种主张并非出于杜撰，而是从美国教育管理体制中得到的启发。

3. 如果说拉萨尔的教育观点出于对专制的普鲁士国家的盲目信仰，那么巴枯宁派则鼓吹"破坏一切的正统思想"，"打倒书斋里的革命者"，大学生抛开学校，"到民间去"，破坏一切，使一切文化艺术都成为"无定型"的东西。他们抛出一堆"宁要……不要……"的荒谬逻辑，似乎要捍卫洁白无瑕的"永恒原则"，实际上是使工人阶级放弃一切可以利用的合法斗争的手段，即使继续愚钝下去也在所不惜。说穿了，还是"给宫廷和平，对茅屋宣战"。马克思对巴枯宁派的批判，也属预先对一切"同资产阶级对着干"思想的警告。

---

① 马克思.卡尔·马克思关于现代社会中的普及教育的发言记录［M］//苏联教育科学院，编.华东师范大学《马克思恩格斯论教育》辑译小组，辑译.马克思恩格斯论教育.北京：人民教育出版社，1985：246.

马克思关于精神生产方式对个体影响的考察

一、精神劳动的分工对个人发展的影响[174] —— 二、精神劳动的协作对个人发展的影响[179] —— 三、社会生产关系对社会精神生产和个人精神发展的制约作用[180]

马克思、恩格斯提到的个人全面发展，不仅指的是个人身体全面发展、身体与精神两方面的全面发展，而且包括个人精神方面的全面发展。正如他们所说，个人的生活包括了一个"广阔范围的多样性活动和对世界的实际关系，因此是过着一个多方面的生活"，这样一个人的思维也像他的生活的任何其他表现一样具有"全面的性质"。这里所谓"多样性活动和对世界的实际关系"，既包括物质生产、物质生活方面的活动及其实际关系，也包括精神生产、精神生活方面的活动与关系。它既决定人的思维活动的全面性质，也决定人的"任何其他表现"即身体的、全部心理活动的全面性质。[①]这样的个人是"具有丰富的、全面而深刻的感觉的人"。[②]马克思和恩格斯在考察实现个

---

① 马克思，恩格斯.德意志意识形态[M]//苏联教育科学院，编.华东师范大学《马克思恩格斯论教育》辑译小组，辑译.马克思恩格斯论教育.北京：人民教育出版社，1985：117.
② 马克思.1844年经济学哲学手稿[M]//苏联教育科学院，编.华东师范大学《马克思恩格斯论教育》辑译小组，辑译.马克思恩格斯论教育.北京：人民教育出版社，1985：20.

人全面发展的历史前提时，虽然没有着重考察社会精神生产与精神生活，但在揭示物质生产与物质生活规律的基础上，揭示了物质生产与精神生产的联系，揭示了物质文明与精神文明发展不平衡的规律，事实上把社会精神文明作为影响社会发展和制约个人发展的独立因素。这里根据马克思主义创始人确立的理论前提和他们提供的思想线索，研究精神生产领域个人全面发展和社会精神文明与个人全面发展的关系问题。

一、精神劳动的分工对个人发展的影响

马克思主义经典作家没有留下关于人的全面发展问题的专门著作，他们是在不同场合考察不同问题时论及这个问题的，因此有时由于受到论述范围限制，不免要撇开一些方面。在一篇著作中撇开的方面，有的在另外的著作中得到了发挥；也有一些问题始终存而未论。即使是对人的全面发展问题作了系统论证的《资本论》，也不免如此。

《资本论》着重考察经济领域分工对人的发展的影响，而对经济领域以外分工的影响撇开不谈。马克思明白地说明了这个问题，指出："在这里，我们不去进一步论证，分工除了扩展到经济领域以外，又怎样扩展到社会的其他一切领域，怎样到处为专业化、专门化的发展，为人的细分奠定基础。"[①]尽管《资本论》没有对经济以外的各个领域的分工及其对人的细分的影响

---

① 马克思.资本论（第一卷）[M]//苏联教育科学院，编.华东师范大学《马克思恩格斯论教育》辑译小组，辑译.马克思恩格斯论教育.北京：人民教育出版社，1985：365.

展开论述，但重要的是明确指出了撇开的方面，为研究社会各个领域分工对人的影响提供了思想线索。

马克思主义认为精神生产领域中的分工同物质生产领域中的分工有密切联系。后者是前者的基础，前者对后者也产生深刻影响。正如物质生产领域中的分工不是一种孤立现象一样，精神生产领域的分工也是在各种现实前提下形成和发展的。马克思考察物质生产领域分工的方法也适用对于精神生产领域分工的考察。这就是：精神生产的分工与精神生产的协作互有联系；精神领域劳动过程的社会结合与技术结合又同精神生产借以实现的社会形式（生产关系）有密切联系。当然，其中的各个环节都受到物质生产过程及其结果的影响。

近代社会随着物质生产逐步社会化，精神生产也不断社会化。《共产党宣言》中指出，资产阶级，由于开拓了世界市场，使一切国家的生产和消费都成为世界性的了。"物质的生产如此，精神的生产也是如此。各个民族的精神活动的成果已经成为共同享受的东西。民族的片面性和狭隘性已日益不可能存在，于是由许多种民族的和地方的文学形成了一种世界的文学。"[①]这句话中的"文学"（literature）一词是指科学、艺术、哲学等方面的书面著作，泛指精神产品。

同时，随着物质生产领域分工的扩大，精神生产在社会化过程中分工也不断发展。不仅科学从古代自然哲学中分化出来，艺术和其他精神领域也摆脱对宗教和神学的依附，形成各种独

---

① 马克思，恩格斯.共产党宣言[M]//中共中央马克思恩格斯列宁斯大林著作编译局，编译.马克思恩格斯全集·第4卷.1版.北京：人民出版社，2016：470.

立的精神生产部门；每个精神生产部门又日益分化成越来越多的亚种，每个部门的不同层次的亚种内部个人与个人之间的职能又进行了细分。

恩格斯在《反杜林论》中谈到了精神领域的分工同个人片面发展的关系。他指出，不仅是工人，而且直接或间接剥削工人的阶级，也都因分工而被自己活动的工具奴役；精神空虚的资产者为他自己的资本和利润欲所奴役；律师为他的僵化的法律观念所奴役，这种观念作为独立的力量支持着他；一切"有教养的等级"都为各式各样的地方局限性和片面性所奴役，为他们自己的肉体上和精神上的近视所奴役，为他们的由于受专门教育和终身束缚于这一专门技能本身而造成的畸形发展所奴役，——甚至当这种专门技能纯粹是无所事事的时候，情况也是这样。[1]

他在《〈自然辩证法〉导言》中，还着重考察一个主要精神生产部门——自然科学研究——分化的过程，指出自然科学的分化既是自然科学发展中不可避免的趋势，同时又多么严重地束缚个人认识的发展。他指出，文艺复兴时期，一方面由于时代的推动，另一方面由于精神生产领域内的分工还没有发展，成为一个"需要巨人而且产生了巨人——在思维能力、热情和性格方面，在多才多艺和学识渊博方面的巨人的时代"，给现代资产阶级统治打下基础的人物，"决不受资产阶级的局限"，"还没有成为分工的奴隶"。他们几乎全都处在时代运动中，在实际

---

[1] 恩格斯.反杜林论[M]//上海师范大学教育系，编.马克思恩格斯论教育.北京：人民教育出版社，1979：207.

斗争中生活着和活动着，站在这一方面或那一方面进行斗争，一些人用舌和笔，一些人用剑，一些人则两者并用，因此就有了"使他们成为完人的那种性格上的完整和坚强"。①

在讨论人的全面发展的含义时，人们常常援引恩格斯对文艺复兴时期人文主义大师的评价，似乎把他们看成是马克思主义所理解的全面发展的人。然而，恩格斯在评价人文主义大师时毕竟没有使用"全面发展"这个概念。他称这些人为"完人"是相对于后来随着生产领域分工的发展而越来越普遍的片面发展的人而言的，是对于后来随着自然科学的分化（科学领域的分工）而越来越专门化并具有片面的、形而上学的自然观的科学家而言的。实际上，这些"完人"同当时社会上占人口大多数的以体力劳动为主的农民、手工业者相比，属于以脑力劳动为主的人们。在这个意义上，他们仍不免受分工的限制。正是在这个意义上，马克思和恩格斯把文艺复兴时期的艺术大师拉斐尔、列奥纳多·达·芬奇、提戚安诺等人的成就看成是分工的产物。他们指出，像拉斐尔这样的个人是否能顺利地发展他的天才，这就完全取决于需要，而这种需要又取决于分工以及由分工产生的人们所受教育的条件。②相对于后来受分工影响而片面发展的以脑力劳动为主的劳动者，恩格斯把文艺复兴时代的巨人看成是"完人"；正好像相对于后来受分工影响而片面发展的以体力劳动为主的劳动者（雇佣工人），马克思把个体农民和手工业

---

① 恩格斯.自然辩证法·导言[M]//上海师范大学教育系，编.马克思恩格斯论教育.北京：人民教育出版社，1979：230.
② 马克思，恩格斯.德意志意识形态[M]//上海师范大学教育系，编.马克思恩格斯论教育.北京：人民教育出版社，1979：47.

者说成是把脑力劳动和体力劳动结合在一起的完整的人一样。

文艺复兴时期以后，随着物质生产领域分工的发展，自然科学领域的分工也得到长足的发展，自然科学领域的各门学科相继独立，每门学科领域都出现新的突破。在这种情况下，分工在物质生产领域对人的发展的双重影响，在精神生产领域也越来越显著地表现出来。一方面，每个从事自然科学研究的人，随着本门学科领域知识的积累和整理，数学方法的发现与完善，以及近代实验手段的发明与利用，对本门学科研究对象的认识越来越深入；另一方面，每个自然科学研究者对自己专业之外的事物却越来越无知。正如恩格斯提到的细胞病理学奠基人微耳和所说，"每个自然科学家在他自己的专业之外也不过是一个半通，不客气地说是一个门外汉"。[1] 从这个角度说，虽然18世纪上半叶的自然科学在知识上，甚至在材料的整理上高过了古代希腊，但是它在理论地掌握这些材料上，在一般的自然观上却低于古代希腊。因为古代希腊朴素辩证法的自然观是从整体上和运动中把握事物，而近代自然科学曾被形而上学的陈腐观点所统治。"这只有用当时在自然科学中已经占统治地位的分工来说明，它使每个人都或多或少地局限在自己的专业中，只有少数人没有被它夺去全面观察问题的能力。"[2] 由此可见，精神生产领域的分工也像物质生产领域的分工一样，使人产生片面性。在使人终身从事脑力劳动中的一种专业的条件下，人也会成为

---

[1] 恩格斯.《反杜林论》旧序·论辩证法[M]//中共中央马克思恩格斯列宁斯大林著作编译局，编译.马克思恩格斯全集·第20卷.1版.北京：人民出版社，2016：381.

[2] 恩格斯.自然辩证法·论文[M]//中共中央马克思恩格斯列宁斯大林著作编译局，编译.马克思恩格斯全集·第20卷.1版.北京：人民出版社，2016：368.

"分工的奴隶",即片面发展的人。

二、精神劳动的协作对个人发展的影响

在物质生产中,不同生产者通过交换建立社会联系的生产,只具有间接的社会性;各个生产者在同一生产机构中共同协作生产,才是社会化生产。生产过程中的分工以协作为前提,但分工发展到一定程度又促进生产社会化。物质生产如此,精神生产亦然。马克思和恩格斯指出,在19世纪中叶,精神领域的协作生产——精神劳动的组织已经出现。他们列举了许多事例说明这个问题,指出,如果法国战争画画家韦尔内把他的画看作是只有个别特殊天才人物才能完成的工作,那么他连创作他的画的十分之一的时间也都没有;巴黎对通俗喜剧和小说的极大喜好,促使从事这种创作的劳动组织出现了,而这种组织贡献出来的作品比德国的同这种组织竞争的没有组织起来的人所写的作品无论如何要好一些;在天文学方面,阿拉戈(法国著名天文学家)、赫舍尔(英国天文学家)、恩克(德国天文学家)和贝塞尔(德国天文学家)都认为必须组织起来共同观测,并且也只是从组织起来之后才获得了一些较好的成绩;在历史编纂学方面,靠少数人的天才头脑是绝对不可能做出什么成绩的(这里当指很大的成绩),而在这方面,法国人也由于有了劳动组织,早就超过了其他国家。他们指出,当时精神劳动的协作还很不充分,"所有这些以现代分工为基础的劳动组织所获得的成果还是极其有限的,它们只是同迄今尚存的狭隘的单干比较

起来,才算是前进了一步"。①

精神劳动的协作,也像物质劳动的协作一样,作为"具有许多眼睛、许多手臂等等巨大的怪人",既促进精神生产力的提高,也使参与协作的个人摆脱个体劳动所造成的认识局限性,对个人全面发展有一定影响。

关于精神劳动过程技术结合问题,马克思似未涉及。但是从实际情况来看,个人专业发展所产生的个人发展的片面性,可以从两个方面弥补或克服:一是个人广泛的文化基础与技术基础,即"一专"(或几专)与"多能"的结合;一是不同专业人员的合作与交流。前者属于精神劳动过程技术结合的范畴,普通教育、综合技术教育与职业教育的关系,属于这个范畴;后者属于精神劳动过程社会结合的范畴。

三、社会生产关系对社会精神生产和个人精神发展的制约作用

正像物质生产的实现总要借助于一定社会形式一样,精神生产也是如此。马克思在《剩余价值理论》中,在详细考察物质生产领域中的资本主义表现以后,具体分析了非物质生产领域中的资本主义表现。他指出,在非物质生产中,甚至当这种生产纯粹为交换而进行,因而纯粹生产商品的时候,也可能有两种情况。

1. 生产的结果是商品,是使用价值,它们具有离开生产者

---

① 马克思,恩格斯.德意志意识形态[M]//上海师范大学教育系,编.马克思恩格斯论教育.北京:人民教育出版社,1979:48.

和消费者而独立的形式,因而能在生产和消费之间的一段时间内存在,并能在这段时间内作为可以出卖的商品而流通,如书、画以及一切脱离艺术家的艺术活动而单独存在的艺术作品。"在这里,资本主义生产只是在很有限的规模上被应用。"例如,一个作家在编一部集体著作百科全书时,把其他许多作家当作助手来剥削。"这里的大多数情况,都还只局限于向资本主义生产过渡的形式。"就是说,从事各种科学或艺术的生产的人,工匠或行家,为书商总的商业资本而劳动,这种关系同真正的资本主义生产方式无关,甚至在形式上也还没有从属于它。在这些过渡形式中,恰恰对劳动的剥削最厉害,但这一点并不改变事物的本质。

2. 产品同生产行为不能分离,如一切表演艺术家、演说家、演员、教员、医生、牧师等。"在这里,资本主义生产方式也只是在很小的范围内能够应用,并且就事物的本性来说,只能在某些领域中应用。"例如,在学校中,教师对于学校老板,可以是纯粹的雇佣劳动者,这种教育工厂(学店、私立学校)在英国多得很。[①]在这种情况下,老板对演员、音乐家、教员等的劳动能力有暂时的支配权。

如果说,在马克思生活和活动的年代,由于精神生产规模及其社会化程度还比较有限,他认为资本主义生产在非物质生产领域中的这些表现,同整个生产比起来是"微不足道"的,"可以完全置之不理",[②]那么,在现代社会中,资本无孔不入地钻进一切可能钻进的领域,也大规模地渗入精神生产领域,这

[①][②] 马克思.剩余价值理论[M]//上海师范大学教育系,编.马克思恩格斯论教育.北京:人民教育出版社,1979:118–119.

个现象就越来越值得重视。

由此可见，在资本主义条件下从事脑力劳动也同从事体力劳动一样是不自由的，成为资本主义条件下的生产工人，"不是一种幸福，而是一种不幸"。

恩格斯说，在所有的人实行合理分工的条件下，不仅进行大规模生产以充分满足全体社会成员丰裕的消费和造成充实的储备，而且使每个人都有充分的闲暇时间从历史上遗留下来的文化——科学、艺术、交际方式等——中间承受一切真正有价值的东西；并且不仅是承受，而且还要把这一切从统治阶级的独占品变成全社会的共同财富和促使它进一步发展。[①] 这只有在社会主义—共产主义社会形态下才有可能，而大工业将为社会主义—共产主义社会形态的建立奠定物质技术基础。

最后需要说明的是，马克思主义创始人在以历史唯心主义者为论敌时，着重强调社会生产力和生产关系对于社会精神发展和个人精神发展的影响，因为前者是后者的客观前提，但是，他们并没有陷入片面性，即忽视精神文明作为独立因素对社会发展的影响，而社会范围的精神文明也是个人范畴的精神文明——个人在精神方面的发展——的现实前提。当然，他们并没有在这方面充分展开论述。要求他们脱离当时的斗争中心对所有问题都留下很多现成结论，也不合理。

---

① 恩格斯.论住宅问题[M]//上海师范大学教育系，编.马克思恩格斯论教育.北京：人民教育出版社，1979：180.

历史的逻辑的教育研究的尝试

一、历史的逻辑的教育研究立论的依据[184]——
二、教育逻辑范畴的建立[186]——三、从历史的逻辑的
教育研究到历史的具体的教育研究[187]——四、从历
史的具体的教育研究到历史的逻辑的教育研究[189]——
五、历史的总体研究与细节研究[190]

18世纪与19世纪之交,现代教育学先驱曾试图参照自然科学先例,建构现代教育学。不过,几乎从那时起,学术界对于教育学的科学性便有争议。其中的道理并不复杂。因为相对于长期未必发生根本性质变化的自然现象,教育活动不免随着时代的变迁并因社会-文化的区别而不同;更由于人类活动不仅受到各种外部条件的制约,还会受到内在意识倾向的支配。

故教育活动同自然形成的物质现象存在根本性质的区别。唯其如此,在教育学历史上便从对教育问题进行科学研究可能性的争议中,逐渐引起对于教育研究特殊性的关注,进而演变为对人文科学同自然科学的区别以为人文科学的特点、人文科学研究方法论的探讨。有关教育问题以及人文现象历史的逻辑的分析,便由此发生。

对社会问题(其中包括教育问题)历史的逻辑的分析,其中表述教育的逻辑范畴,是从大量教育历史事实中,撇开其偶然的非本质的属性，为其共同的本质属性的抽象。它是一个形式概念。

由于教育的逻辑范畴是教育一般属性的概括，所以它有别于一定时期一定地域通用的教育概念，而是一种超越一定时间与空间限制的一般范畴。唯其如此，才可能运用教育的逻辑范畴，对教育问题进行历史的比较的研究，形成教育历史演变的思路，揭示教育的历史特点与演变趋势。

逻辑范畴，毕竟是从客观事实中抽象出来的形式概念，而现实中面对的教育事实和有待解决的教育问题，都是具体的，故无论是从历史的逻辑的研究中形成见识，还是从科学研究中发现的规则，从价值研究中推导出来的行为规范，在运用中面对具体事实、解决具体问题，都有必要进行具体分析。教育问题历史的具体的分析便由此发生。这种研究有别于日常话语中的"就事论事"，而基于对具体对象的审视。问题在于如何对具体对象进行具体分析。

一、历史的逻辑的教育研究立论的依据

历史的，指客观现实的历史，以及人类认识客观现实的历史。逻辑（罗各斯），原为思想、理性、言词。逻辑学为研究思维形成及其规律的科学。教育历史的逻辑的分析，指教育历史发展进程在思维中的反映和概括。

教育问题历史的逻辑的分析，其理论依据是："历史从哪里开始，思维进程也应当从哪里开始，而思维过程的进一步发展不过是历史过程在抽象的、理论上前后一贯的形式上的反映：这种反映是经过修正的，然而是按照现实的历史过程本身的规律修正的，这时，每一个要素可以在它完全成熟而具有典型性的发展点上加以考察。"①

就教育历史演变的进程和对教育历史演变认识的过程来说，教育本身原为衡量教-学活动的价值标准。其本义大致源于人类"轴心时代"（雅斯贝尔斯语）自然形成的规定性，即人格之善。这人格之善不仅是表达原始教育的逻辑范畴，而且是教育一以贯之的范畴，以迄于今。因为自古以来"非善""恶"不仅同教育无干，而且受到教育的排斥。所以，它是"在抽象的理论上前后一贯的形式上的反映"。为什么要以逻辑范畴作为教育演变进程的标志呢？因为不同时代的教育事实都是具体的，并且表示具体事实的语词各不相同，只有从大量具体事实中抽象出逻辑范畴，才可资比较。

教育的本义虽一以贯之，事实上教育的内涵已经或仍将随着教育进程的变化而变化，从而导致表示这种变化的逻辑范畴的"修正"。具体说，现代教育的价值取向，开始从古代那种不独立、未必独立的善良人格，转而追求独立而完善的人格。因为人格若不健全也就难以独立。如此价值取向，通常称之为"个性全面发展""人格全面发展"，或"各种能力健全发展""各种能力和谐发展"。

---

① 恩格斯.卡尔·马克思政治经济学批判·第一分册［M］//中共中央马克思恩格斯列宁斯大林著作编译局，编译.马克思恩格斯文集·第二卷.北京：人民出版社，2009：603.

二、教育逻辑范畴的建立

在教育问题历史的逻辑的研究中，如何得出教育的逻辑范畴呢？简单地说，是以教育的纵向比较与横向比较的交叉点为逻辑范畴。由于古代教育以中国为最，现代教育源于西方社会，而中国近百年来经历西学东渐过程，故如此古今比较，同时又是中西比较。其中以独立人格为区分古今教育及中西教育的比较项，既以"善"的内涵从善良到完善的变化为历史联系的线索，又显示教育从漠视独立人格到发展独立人格的趋势。至于如此研究能否成立，主要取决于能否经受"回到历史中"的检验。

自然，教育的历史，远未终结，从现代社会形成过程中的教育到现代教育，已经发生了变化，并且现代教育本身还将发生变化，将是历史的逻辑的教育研究中进一步探讨的过程。

历史的逻辑的分析旨在从总体上把握教育历史演变的进程，揭示历史进程合乎逻辑的变化，避免历史陈述碎片化。或谓这种"总体历史"（福柯语）的建构仿佛以逻辑范畴表示的一个中心、一个原则、一种世界观表示复杂的历史现象，似乎以虚构的普遍性掩盖历史的复杂性与多样性。如此质疑至少对马克思的历史研究并不公正。因为马克思并非止于对问题历史的逻辑的分析，而非常注重对具体问题进行具体的分析。

三、从历史的逻辑的教育研究到历史的具体的教育研究

历史的具体的分析是怎么一回事呢?

(一)具体事物是若干规定的综合

由于直观、直觉的事物是笼而统之的表面现象,也就难免被表面现象蒙蔽。有道是"具体之所以具体,因为它是许多规定的综合"。[①] 例如尽人皆知的称之为教学的教-学活动,是在一定场地、一定时间,由教师、学生、教材、教法与学法、教具构成的教-学环境,按照一定的程序与规则运作的活动。其中的每个要素又都是变数。唯有了解其中要素的构成及其变化,才可能知道这种活动有效、少效或无效的内在缘由,发生问题的症结所在。

(二)每一个具体事物都是同属事物中的个体

即使了解每个具体事物内部的构成,仍未必是对这个具体事物的充分认识。因为每种事物的属性及同种事物的共性都寓于个性之中。所以每个事物并不是孤立的研究对象。

例如传统的教-学活动表现为先生讲,学生听,以及死记硬背。原先是在缺乏教材的情况下,不得已而为之。在教科书流

---

① 马克思.1857—1858年经济学手稿摘选·导言[M]//中共中央马克思恩格斯列宁斯大林著作编译局,编译.马克思恩格斯文集·第八卷.北京:人民出版社,2016:25.

行后仍未改变,其实是在宗族制度、社会等级制度背景下,漠视学生个性(独立人格)使然。因为以忠孝之道、尊师之道的独断,从小训练盲目的服从,是那种时代成年不可或缺的预备。由于那种漠视学生个性与可接受性的教-学活动,难免受到学生自觉或不自觉的逃避或抵制,体罚便成为那种教-学活动不可或缺的补充。有道是:"教育的开始是赏与罚。做得对有赏,做得不对就有罚。原始社会是野蛮的。不可依《礼运》篇,把它理想化了。"①现代以前,即使算是文明时代,其文明程度也有限。所以死记硬背、体罚便成为传统教-学活动的共性。

(三)每个具体事物都是一定社会环境中的事物

如今所谓教育,其实是现代社会分工、职业分化过程中的一个专门职业,在职业分化基础上发生的专业分化,虽有助于对本职业的深入研究,以提高职业的效能。不过,弄不好由此也可能形成狭隘的职业观念,即把教育视为社会-文化中孤立的领域;或因对教育以外的事务不关心,少了解,而成为"职业的痴呆"(马克思语),还可能形成职业偏见。表明把教育看成是社会生活中孤立的领域,未必成为对教育本身真切的了解。有道是"极为相似的事变发生在不同的历史环境中就引起完全不同的结果。如果把这些演变中的每一个都分别加以研究,然后再把它们加以比较,我们就会很容易地找到理解这种现象的钥匙"。②表明

---

① 孟宪承.孟宪承讲录(一)(二)·孟宪承谈话录[M]//孙培青,记录整理.瞿葆奎,杜成宪,主编.孟宪承文集·卷十二.上海:华东师范大学出版社,2010:351.
② 马克思给《祖国纪事》杂志编辑部的信(1877年10—11月)[M]//中共中央马克思恩格斯列宁斯大林著作编译局,编译.马克思恩格斯文集·第三卷.北京:人民出版社,2009:466-467.

对教育问题进行历史的具体的分析,同对教育问题历史的逻辑的分析以及教育问题历史的比较的分析,实际上是对教育总体研究中三位一体的研究取向。为什么这样说呢?

四、从历史的具体的教育研究到历史的逻辑的教育研究

18世纪与19世纪之交,首先在欧洲国家兴起参照自然科学先例,建构人文科学的潮流,教育学首当其冲。不过,随着教育学问世,很快就发生对教育问题进行科学研究可能性的怀疑。疑点何在呢?从对教-学活动的具体分析可知,由于这种具体活动由许多要素构成,尤其是其中人的要素(教师、学生)各自不免带有大同小异或大异小同的动机与价值追求参与活动,成为活动中的变数,以致每次活动都是一次性的活动,故对这种活动的研究,不可能如自然科学研究那样,对研究的结果在重复的活动中加以检验。

重要的是由此引起连锁反应,即不仅教-学活动为一次性活动,其实人类参与的各种社会活动,都不免掺杂主观动机与价值追求。故从对教-学活动进行科学研究的质疑推而广之,成为对参照自然科学先例建构人文科学的质疑。进而从这种质疑中促发对人文科学特点的思考。其中包括:由于事物的内在本性是逐步显示出来的,如果说一次性、多次性活动不足以显示事物的特点,那么从事物历史性的变化中可能反映事物内在的本性。对教育问题进行历史的逻辑的研究便由此发生。

五、历史的总体研究与细节研究

社会问题历史的逻辑的研究,曾被称为"总体历史研究"(福柯语),并指其以虚假的普遍性,掩盖了现代历史的复杂性、多样性及不连续性。如果说马克思主义历史的逻辑的分析算是"总体历史研究",其实这种"总体历史研究"是三位一体的历史研究。其研究的结果,不是教条,而是行为的指南,才能对具体问题进行具体分析。

其实,揭示历史演变的规律同揭示历史的复杂性、多样性、不连续性,并不是非此即彼的选择。问题在于从"总体历史研究"的质疑引发对宏大叙事的否定,从而导致历史研究碎片化是否可取。

问题的关键不在于宏大叙事与细节研究是否可取,而在于其中的研究能否成立,还在于历史细节的选择。由于历史上孤立事件和昙花一现的人物层出不穷,所以,对细节研究也须具体分析。

诚然在历史转折时期,关键性的细节可能发生意想不到的影响。问题在于对诸如此类细节如何研究。历史转折时期发生的关键性的事件作为引发当时事态必然后果的导火线,犹如一滴水反射阳光的细节,其本身也是"许多规定的综合"。由于各种矛盾的交叉,发生两难问题,才成为历史的危机。个中缘由在于历史是这样创造的:最终结果总是从许多单个的意志的相互冲突中产生出来的,而其中每一个意志,又是由许多特殊的生活条件，才成为它所以成为的那样。"这样就有无数互相交错的力量，有无数个力的平行四边形，由此就产生出一个合力，即历史结果。"①细节的研究其实是历史的具体的分析题中应有之义。

由于不明历史的具体的教育研究同教育细节研究的区别，以致从片面细节研究角度质疑"总体历史研究"。其实从如此质疑引申教育历史碎片化的倾向，恰恰证明"总体历史研究"的必要和对"总体历史研究"的质疑难以成立。

事实上还由于碎片化的细节研究之间不具有连贯性，以致那种历史研究形不成思路，不得要领，才有对历史进行总体研究的必要。历史的逻辑的教育研究，是从复杂的多样化的教育历史中舍弃了偶然的非本质属性的细节，而从大量复杂的多样化的细节中，抽象出其中共同的属性，作为逻辑范畴，显示一定历史时期教育的历史特点。所以，这种逻辑范畴未必是"虚假的普遍性"，不仅算不上是历史细节的"掩盖"，其实正是使各种历史细节"大珠小珠落玉盘"。历史的具体的研究有别于孤立的凝固的历史细节研究，正由于它更可能具有"大珠小珠落玉盘"的效应，这便是对普遍性结论的检验。

历史的具体的研究把各种历史的细节放在一定历史范围中审视，作为题中应有之义，实际上是把历史上发生的事情都视为暂时的现象。由此可见，现存的一切，也不是凝固不变的，或早或晚将为另外的一切所替代。

---

① 恩格斯.致约瑟夫·布洛赫（1880年9月21—22日）[M]//中共中央马克思恩格斯列宁斯大林著作编译局，编译.马克思恩格斯文集·第十卷.北京：人民出版社，2009：592.

教育研究中逆溯法的运用

一、何谓逆溯法［193］ —— 二、以教育的发达状态审视其不发达状态的属性［193］ —— 三、以教育的原生态观照教育的发达综合征［195］ —— 四、逆溯法有别于今古互度［196］

每个时代的人们似乎比后世的人们更加了解当时当地的教育。其实，当事人了解的主要是当时当地教育的现象，却未必了解当时当地教育内在的属性。因为每个时代教育内在的属性，一般经历漫长的岁月，尤其经历或弱或强的质的变化后才显示出来。所以，后世的人们倒可能比当事人更加了解历史上发生的教育事实。不过，这种了解取决于在对教育问题进行历史的逻辑的分析基础上逆溯法的运用。

每个时代的人们，研究以往教育的历史，由于各有所求，其研究的价值自然悬殊。要论教育历史研究的现实价值，莫过于通过对教育历史的逻辑的分析，了解教育的由来和历史性的变化，使现今教育不致游离其根本，以便使现实的教育不致成为无本之木。这种研究同样取决于逆溯法的运用。

一、何谓逆溯法

逆溯法的经验依据是:"人体解剖对于猴体解剖是一把钥匙。反过来说,低等动物身上表露的高等动物的征兆,只有在高等动物本身已被认识之后才能理解。"① 或者说:"已经发育的身体比身体的细胞更易研究些。"②

教育研究中逆溯法的运用,不仅可以从已被认识的教育的本质属性反观不发达教育状态的属性,而且可以从教育的原生态察觉教育的发达综合征。

二、以教育的发达状态审视其不发达状态的属性

各种值得关注的事物往往在其发达到一定程度时,其内在的本质属性才显示出来。教育也不例外。

每个民族为了使本民族文化得以延续,都少不得通过正规或非正规的训练和行为管理使未成年人做好成年的准备。这种训练或管理在使人为善的意义上带有早期"教育"的性质。

谁都知道,自古以来就存在儿童教育。即使到了现代,对此也无异议。其实这只是就教育的对象而言的,至于那样所谓教育是否堪称儿童的教育,时至现代,便成为问题。为什么这

---

① 马克思.1857—1858年经济学手稿摘选[M]//中共中央马克思恩格斯列宁斯大林著作编译局,编译.马克思恩格斯文集·第八卷.北京:人民出版社:2009:29.
② 马克思.《资本论》(第一卷)·第一版序言[M]//中共中央马克思恩格斯列宁斯大林著作编译局,编译.马克思恩格斯文集·第五卷.北京:人民出版社:2009:8.

样说呢?

因为当时所谓教育,虽旨在使儿童成为善良的人,却是"小成年人"之善,不仅漠视儿童个性的价值,而且扼杀儿童自然形成的本性。如按照逆溯法审视当时的教育,便知当时鲜有名副其实的儿童教育。

古代的儿童的教育虽然名不副实,如就古代教育的总体来说,相对于那个时代名噪一时的官学来说,以儿童为对象的私学倒是名副其实的较有普适性的客观存在。

古代有官学与私学之分,官学又有中央官学(太学、国子监)与地方官学之分。地方官学包括府学、州学与县学。其实官学时兴时废,时废时兴,极而言之,有道是"用确切的来说,庠序就等于礼堂,太学等于旅馆,府州县学等于文庙"。[1]如果说官学经常空转,由于当时儿童教育主要是家族关注的事情,故自宋代以还,尤其在明清之际,私塾日趋增加,甚至几乎遍及城乡。

古代儿童教育不论是否名副其实,毕竟是早已远去的情况,如今为何再去抄此冷饭呢?简单地说,尽管如今儿童教育已经遍及,至于如今儿童的教育是否名副其实,仍是正在思索中的问题。如不信,单看千百年前的《三字经》《百家姓》《千字文》之类的童蒙读物,在如今的教育舆论中尚有其生命力,加上隐含在童蒙读物中的那种思想的影响,便知端的。

逆溯法的运用,虽然表明:"对人类生活形式的思索,从而

---

[1] 孟宪承.孟宪承讲录(一)(二)·孟宪承谈话录[M]//孙培青,记录整理.瞿葆奎,杜成宪,主编.孟宪承文集.上海:华东师范大学出版社,2010:353.

对这些形式的科学分析，总是采取同实际发展相反的道路。这种思索是从事后开始的，就是说，是从发展过程的完成的结果开始的。"①

这是就谨严的科学思维而论的。在现实生活中，思想落后于现实，尤其落后于已经形成的科学见识，却是寻常的情况。

三、以教育的原生态观照教育的发达综合征

逆溯法的运用，最引人瞩目的是以人体的解剖为一把猴体解剖的钥匙。其实，在以这把钥匙解剖低等动物身体表露的"高等动物的征兆"后，对高等动物的身体的由来才有深刻的认识。所以，人类经过漫长的探索才懂得从猿到人的道理。就此看来，逆溯法的运用对于教育历史认识的意义何在呢？

人类教育以及实现教育价值的教-学活动，其内容从单一到多样，其结构形式从简单到复杂，其组织从不定形到定型，从不正规到正规，其规模从小到大。到如今已经成为千百万人参与的事业。这自然是人类的进步。问题在于随着教育事业的发达，不免发生越来越发达的教育活动越来越游离于教育本身的现象。其实这是越来越多的主体以越来越复杂的方式对越来越多的对象传授越来越丰富的变化所形成的发达教育综合征使然，以致如今的教育究竟在多大程度上名副其实，使成为问题。

由于现代教育思维，也如一般专业思维，通常"从发展过

---

① 马克思.《资本论》（第一卷）[M]//中共中央马克思恩格斯列宁斯大林著作编译局，编译.马克思恩格斯文集·第一卷.北京：人民出版社：2009：93.

程的完成的结果开始",容易忘记教育根本,以致往往对现代教-学活动游离教育的现象浑然不觉。唯其如此,逆溯法的运用便可能成为"回归教育"的呼唤。

如此判断有什么经验事实的依据呢? 20世纪教育潮流的变化足以证明。

进入20世纪以后,一个众所周知的动态是,以欧洲"新学校"和美国"进步主义教育"为代表的"儿童中心主义"的新教育运动蓬勃兴起。像是从因教而学的教程向因学而教的学程回归的迹象。问题在于多样化的新教育设计程序复杂,更因其中未成年学生同成年教师之间关系的颠倒,使其普遍的可行性成为问题,以致在新教育运动热闹一阵又一阵之后,一位曾经被误以为新教育运动代言人的学者,名叫杜威,不无遗憾地谈到:"以新的一套思想和由新思想所引起的新活动为指导的各种活动,或迟或早,总会返回到过去表现为比较简单的和比较基本的思想和实际上去——现时的教育又在企图恢复古代希腊和中世纪的各种原则,这便是明显的例证。"①

这像是对教-学活动原生态的回应,其实问题哪有这么简单。

四、逆溯法有别于今古互度

在我国,由于如今通用的"教育""教养""课程""教学"之类教育基本语汇,其实是西学东渐中形成的西学教育语汇的

---

① 杜威.我们怎样思维·经验与教育[M].姜文闵,译.北京:人民教育出版社,1991:246.

中文译词。由此便容易发生一种错觉，以为如今教育的一套东西，中国古已有之。更因这种错觉中还隐含一种莫名其妙的"民族自豪感"，也就易于流传。进而在教育历史研究中又形成以今度古或以古度今现象。加之对逆溯法知之不多，也就容易把它同今古互度的简单类比混为一谈。因此就有必要划清这两者之间的界限。

以今度古或以古度今出于望文生义。以为每个语词指称的都是同一个事实，而未介意一词多义现象。由于不明古今教育的区别，才按照自己经验的事实，揣度古代类似现象。如把孔子想象成"教书先生"，把孔门授业中师-弟子谈话当作"课堂教学"，以为古代府学、州学、县学都是日常授徒讲学的学校。

逆溯法以客观事实为出发点，是在事物内在属性显示出来后对该事物重新认识的尝试，并不因此把变化了的事物同其原生态当作一回事。

以今度古或以古度今，是一种揣度。其中隐含以今范古或以古范今之意，便成为一种价值判断，而不在乎这种价值判断是否可行。

逆溯法的运用中得出的是事实判断。尽管对历史事实重新考虑估量，既不以如今的价值标准苛求古人，也无意以古例今。分辨事实过程中厘清思路，足矣！

关于运用马克思主义理论与方法研究教育问题的讨论
——教育学书简

一、陈桂生致张建国（2015年10月25日）[198]
二、张建国致陈桂生（2015年11月4日）[203]
三、陈桂生致张建国（2015年11月8日）[205]
四、陈桂生致张建国（2015年12月25日）[208]
五、张建国致陈桂生（2016年1月13日）[212]
六、张建国致陈桂生（2016年4月18日）[217]
七、陈桂生致张建国（2016年4月20日）[222]
八、张建国致陈桂生（2016年6月29日）[226]

一、陈桂生致张建国

（2015年10月25日）

唯物主义教育史观问题

建国：

你好！从10月21日来信中提到拟补写部分可知，你试图以"教育原理研究范式"为点睛之笔。不过，从中看出关于唯物史观的理解，恐怕还有待斟酌。虽然如你所见。我的研究范式导源于唯物史观。我虽不以此标榜，但尊重你的意见。

我在20世纪90年代以后，甚少同人们讨论马克思主义理论问题。一则所知有限，亦有"对谁弹琴"的考虑。你对马克思主义情有独钟，亦已入门，这才突然想起不妨破例，同你讨论唯物主义教育观问题。

1. 唯物史观是唯物主义世界观在社会领域的推广与发展。唯物主义的基本原理是物质先于意识、存在决定意识。由此得出社会存在决定社会意识。所以，要论唯物史观之"物"是什么，就得从社会存在是什么谈起。

人类社会是有别于自然物（其中包括动物与植物之类生命体）的个人集合体。人类个体并非孤立的实体，而是作为"社会关系的总和"的存在。既存在大量偶然的不确定的社会关系，更存在制度化程度不等的社会关系。唯物史观基本原理表述的是具有根本性质的社会关系，是决定社会意识的客观存在。

2. 唯物史观的基本原理是：社会生产力决定生产关系，社会经济基础决定上层建筑。经济基础，或指生产关系的总和，或指由生产力与生产关系构成的物质资料生产方式。生产关系、生产方式本身都是社会关系，而不是物。由于它是不以单个人的意志为转移的客观存在，故在社会中作为客观存在，相当于自然界的物。

为什么以生产关系的总和，或物质资料生产方式为社会上层建筑的经济基础呢？因为社会生产力是历史形成的物质、技术基础，生产关系是在既成的生产力基础上形成的生产过程中的社会关系，这种社会关系同生产资料占有的权利相关，从这种以基本生产资料占有与产品分配权利为核心的生产关系中，派生出维护这种生产关系的社会上层建筑。其中核心的社会成分为政治关系，主要是凌驾于社会之上的政治权力机构。它虽然是第二性的社会存在，却是一种更为现实的独立的社会存在。

社会的经济关系与政治关系，虽然有别于物质文化与精神文化，就其同个体的关系而言，由于它是一种不以单个人的意志为转移的制度化的社会关系，作为普适性的基本制度，不仅影响个体的意识，而且成为单个人难以摆脱的行为规范，从而成为个人不得不面对的客观存在。在这个意义上，不妨说，唯物主义历史观，实际上是一种制度文化的社会观念。

3. 从社会存在与社会意识的关系看来，社会意识形态是什么意思呢？正如社会存在不等于个体存在一样，社会意识也有别于个体的心理与意识，而是以社会精神为核心的文化形态。不过，并非所有社会文化都属于社会意识形态。其中反映社会经济关系、政治关系性质的社会文化形态，才成为社会上层建筑中的社会意识形态。语言文化、自然科学文化不在此列。社会科学是否在此之列，因其中的经济、政治内涵与"科学含量"而定。不过，言语行为、科学活动不免同制度文化相关。

4. 虽然制度文化对个体影响甚大，由于人类自脱离动物界以来，便形成"类"的意识，即程度不等的社会关系意识与自我意识，也就有主观能动性。相对于制度文化，个体的能动力量虽然有限，而组织起来的群体力量可能很大。

由于经济制度、政治制度与文化制度都同利益相关，不同阶层的利益可能一致，更可能发生冲突，故既定的制度都非一成不变。其中不免有所调整，有所更新。

虽然经济基础决定上层建筑，上层建筑反作用于经济基础，属于一般性质的关系，事实上在一定时代、一定社会-文化中，经济制度、政治制度，以及文化制度的社会性质不同，成熟程度不同，合理性与公正性不同，相互影响的力度也有差别，其影响更有正能量与负能量之别。所以，我国先秦百家争鸣，现代西方经济相对落后的国家在文化上的某一领域倒可能成为"第一小提手"，便是经济、政治、文化发展不平衡的表现。

5. 唯物史观论定社会存在决定社会意识，是就存在与意识的基本关系而言的。在现代学者中间，或有所谓决定论的质疑。其实，所谓决定有形而上学的决定（近于命定）与辩证法意义的决定之别。早就形成辩证唯物主义世界观的马克思，往往把一定的社会存在或社会意识视为历史上暂时存在的现象，故注重具体事物的具体分析。很难断定其中所谓决定带有命定的含义。如今的学者虽或有理由质疑所谓决定论，或把唯物史观基本原理表述为"生产力与生产关系的辩证关系、经济基础与上层建筑的辩证关系"，不过，如漠视其中的决定与被决定关系，还算是马克思的马克思主义么？

6. "基础"与"上层建筑"都是比喻词。是指社会关系中基本性质的社会成分，并未囊括所有社会关系与一切社会文化形态。这就涉及教育在社会中的位置问题。其实，杨贤江早就注意到马克思在举例说明社会上层建筑时，从未列入教育。人们或因现实的教育在一定程度上受制于社会经济与政治，才把它列入上层建筑。即使如此，也不能不承认，其前提在于教育本身也是历史形成的相对独立的社会形态。外界动因虽可能对教育的抉择发生影响，而这种影响只有通过教育的实践才可能转化为事实状态。

问题更在于马克思和恩格斯为什么未把教育列入上层建筑？从他们在第一国际同蒲鲁东派、拉萨尔派和巴枯宁派的论争中，涉及普及教育的言论，表明他们赞成美国当时实施的义务教育制度与免费教育制度，并肯定美国教育管理体制，肯定普鲁士义务教育制度，肯定法国19世纪70年代义务的免费的世俗的教育制度。恩格斯对19世纪70年代法国普及教育制度与80年代英国普及教育制度的肯定，倒是直接针对第二国际考茨基动辄"反动的一帮"论调有感而发。① 表明他们把基础教育视为公共事业。不过，对统治阶级可能在其中施加的影响保持警惕。

7. 本人基于对唯物史观的理解，才对教育问题进行历史的逻辑的分析，并使这种研究带有制度文化的性质。其中采纳或建构的形式概念，如"教程""学程""制度化教育"，都属于制度文化范畴。

以上诸见，固然是从马克思、恩格斯的原著中得到的启发，主要还是从20世纪60年代刘佛年主编的《教育学》中有关"教育与政治、经济关系"的章节和20世纪80年代有关教育本质问题论争的质疑中引发的思考。

由于唯物史观本身是一个哲学问题，而我的"教育学信条"中的第一条，便是"教育学姓教"，所以一向无意介入教育学以外领域，只把此类思考隐含在教育问题的陈述中。今日有幸同

---

① 陈桂生.马克思恩格斯关于19世纪欧美教育的评论［M］//陈桂生.教育文史辨析.上海：华东师范大学出版社，2012：29-32.

你唠叨这个问题，主要还是希望得到你的指正。

期待你的两项打算早日实现，愿你

诸事顺利！

陈桂生
2015年10月25日

二、张建国致陈桂生
（2015年11月4日）

唯物主义教育史观问题

陈老师：

您关于唯物史观的解释，让我很受启发。以前，我把唯物史观的"社会存在"理解为"物"，一种关系的"实体"。之所以是"物"，主要在于它外在于个体，具有不以个人意志为转移的特点。从某种意义上，我们把它称为"物"多少有些比喻性质。在第2点中，您提到"在这个意义上，不妨说，唯物主义历史观，实际上是一种制度文化的社会观念"，这个观点使我意识到，社会存在的"物"的性质，不仅在于其外在于个体，而且还是一种制度存在，或者说，它是一种系统的存在。一个问题是，是不是所有的社会关系或多或少都会"硬化"为制度？似乎是的，并且社会关系好像需要"硬化"为制度才能彰显其存在。不过，这又取决于对制度的理解。最直观的制度是法律，黑纸白字写着，实践上有一整套的程序，非人格化的特点，对个体而言具有强制力，等等。还有些制度似乎不易觉察，比如道德规范体系，在持有相同价值规范的特定群体中，日常价值规范并没有明文写出来，似乎也没有什么制度的东西，但如有个别人侵犯了这些规范，那么侵犯者或多或少也会感知到它的存在，这种存在不仅是客观的，而且是作为规范系统中的一部分存在。如果可以这样来理解"社会存在"的"物"的性质，那么是我之前将作为社会存在的"物""制度"理解得过于狭隘。

上次拟补充部分的背景是，我想到以前看过的一些论述马克思主义的著作，很多作者把唯物史观视为决定论，认为它否定了人的自由。这种观点孤立地抓住经济基础决定上层建筑，社会存在决定社会意识等，断定决定论如何如何。这本身同辩证法是矛盾的。如您提到的，形而上学的决定论与辩证的决定论的区分。我主要针对的是前者，因为很少见到辩证的决定论。孤立地谈唯物史观是不是决定论，对具体问题的研究意义也没有什么价值。据我的一个粗浅感受，相当多的学者，包括一些著名学者对马克思的理论理解得很差，很重要的一个原因就是，缺少辩证思维。结果，大量的批评都是作者对自己的假想敌作想象的斗争。

这些年，也阅读了一些标榜马克思主义的教育学者的著作，比较强烈的感受是，大都是抓住他的某一观点进行发挥，鲜有把唯物史观作为教育研究方法论。所以，我愈读您的书，愈感到您的教育学研究，不止具有中国的意义。

还有一点涉及对文化的理解。一提到文化，我很自然地把它理解为精神文化中的价值、规范、信念等内容，还不太习惯把制度作为一种文化来看待。所以，对您研究的"制度文化"

把握得不够。

接到您上次的反馈后，我仔细考虑了一下，觉得"研究范式"不易讲清楚，需要专门的研究才行。如果勉强加"补入"，很可能弄巧成拙。希望，以后时机成熟了再回过来谈"研究范式"问题。

现有的稿子与您初次看到的相比，已删改了不少，主要是出于读者的考虑。标题也做了简化。现将定稿发给您。很高兴与陈老师交流。

祝身体健康，生活愉快！

建国

2015年11月4日

昨晚收到玉新的信息，课程所召开国际会议。后来，浏览了一下会议内容，有不少感兴趣的主题。不过，我对课程虽有关注，但向来没有研究。再加上，过几天我所在的学院承办河南省教育学年会，有些推托不了的事务。考虑再三，这次就决定不过去了。

感谢陈老师、玉新提供信息！

很想有机会同陈老师当面交流！

三、陈桂生致张建国

（2015年11月8日）

社会存在问题——决定论问题——文化概念——制度文化

概念

建国：

你好！11月4日来信悉。既然我们都关注唯物史观问题，不妨就此再唠叨几句。

1. 关于社会存在。从存在决定意识到社会存在决定社会意识，只是以唯物主义观察社会问题的起点。由于社会现象远较自然现象复杂，所以就有必要对社会存在进行具体分析，以便弄清楚究竟是什么社会存在决定社会意识。

社会存在有别于人类个体存在，是作为社会关系的存在。其实社会关系中有偶然发生、经常发生与在一定条件下必然发生的情况，有稳定的社会关系与不定型的社会关系的区别。所以，并非任何客观存在的社会关系，都不以个人意志为转移。各种社会关系的变化，正是人为所致。所以按照唯物史观基本原理，唯有由社会生产力决定的生产关系，由经济基础决定的上层建筑，才是不以单个人意志为转移的社会存在。因为这种社会存在既以物质、技术力量为基础，又是历史形成的制度化的社会关系。

2. 关于决定论。唯物主义与唯心主义，主要是谁为第一性，谁为第二性问题的分歧。所谓决定与被决定，其实相当于先后、源流、本末之类的关系。"基础"与"上层建筑"为比喻辞，表示两者之间以基础为根本。其实，流比源、末比本、上层建筑比基础更丰富、更生动。如果以本图解末，以源图解流，以基础图解上层建筑，势必把丰富的生动的社会存在，看成简单的僵化的东西。

马克思的著作有别于教科书。原先主要针对唯心论而发。如果写教科书，自然会讲两者之间的辩证关系。后来恩格斯在一系列关于唯物史观的书信中，针对把唯物史观简单化倾向，才对"被决定"部分作多方面补充说明。如果这些补充说明表示对决定论的否定，还算是马克思的马克思主义么？所以，才有必要对"决定"作形而上学与辩证法的区分。

3. 关于文化。"文化"一词多义。原先是同"自然"对举的概念，以人为创造的文明为文化（其中包括人化自然）。欧洲大陆社会-文化中，所谓"文化"通常主要指精神文化。现代西方社会，尤其是美国社会中的"文化"，不局限于精神文化，而回复到人为创造的文明之义，如茶文化、酒文化、厕所文化等，虽不局限于精神科学、价值理论，而其中仍带有精神、价值之义。

4. 关于制度文化。如今随着社会科学研究的进展，除了物质与精神对举以外，还出现物质文化、制度文化与精神文化三分之见。其中三类文化，都具有人类创造的文明之义。这个问题早在《教育原理》中即已提及。

制度有名义与实质的区别。以制度名义表示的文书，不一定都是制度。实质性的制度也有性质之分，层次之分。正如并非任何社会关系都具有不以个人意志为转移的"物质力量"一样，也不是任何制度都不以个人意志为转移，唯有历史形成的制度化的生产关系才具有社会经济基础的性质。

5. "唯物主义教育观"不是马克思的马克思主义本身的命

题,正如"马克思主义教育思想"不是马克思的命题一样。这是我的理解和提法。只是用以分辨是非,而不是用以自我标榜和图解教育。因为即使这个提法能够成立,单靠这种教育价值观念,仍不足以解决具体的教育理论问题。

《平议》修改稿,达到这个份上,已经够难为你了。赶快了结此事吧!谢谢!愿你早日实现你近期的两个打算!

陈桂生
2015年11月8日

四、陈桂生致张建国

（2015年12月25日）

关于个人教育研究取向的转变——个人教育研究取向转变的缘由

建国：

你好!你对我的教育原理研究的历程,追根问底,对我最大的帮助,在于唤起我对教育学苦旅的记忆。今天又读了你在《中国教育科学》杂志2015年第4辑上的大作,再一次引起我的回想。因为在此以前,我久已对自己不断扬弃的那些尝试,懒得提起。经你提醒,忽然想起那些扬弃的缘由,倒该再想一想：

1. 为什么从十年之久的马克思主义教育思想研究转向？

2. 为什么从教育的元理论研究转向？

3. 为什么从教育理论体系的追求转向？

4. 为什么不以某种模式表示？

5. 为什么从进入21世纪开始一度转向行动研究与随笔写作？

自然，如此转向只表示研究对象的不同选择，已经形成的教养并未从意识中消失。

如此转向虽不一定出于理性的思考，往往倒是"教育学的迷惘"使然。

不过，现在看来，如果缺乏如此教养与如此转向，也许至今还杜撰不出如此"没有体系的体系"，即《普通教育学纲要》。可算是"失之东隅，收之桑榆"的一种验证。原因在于：

1. 马克思的理论与方法虽有助于理论的建构，其本身不在教育基础理论之列；

2. 教育的元理论虽是教育学的理论基础，但非教育基础理论；

3. 理论体系，不限于由简到繁循序渐进的陈述结构，更在于知识的内在联系。

因为碎片化的知识只有纳入一定系统中，才获得其应有的意义，进而成为一种见识；系统的知识经过严格论证，才不失为一种理论（或学说）。《普通教育学纲要》的一点点进步正在于此。由于教育学中存在教育与教养-教学之间的逻辑鸿沟，所以很难指望形成一种循序渐进的形式结构，而教育或教养-教学的逻辑可求。

4. 某种模型（或范式）或作为别种模型（或范式）的补充，或作为别种模型（或范式）的矫正，意味着主要从其比较项的不足或缺失中寻得理论的理由，至于它本身是否比其比较项更优，或更成问题，都还有待检验。同样，批判理论也是从其批判对象的缺陷中得出立论的理由。各种名目的学派也大致如此。

它们只有转化为可行的实践，才获得持久的生命力。怕的是尚未转化为具体实践，就受到"批判的批判"的挑战。也许这正是教育理论日益丰富又日趋芜杂的缘由。我自认无能，也就如你所说，甘做一个清扫教育理论地基的"小工"，倒也不错。

5. 如前次去信所说，现在才知道，我的研究道路是倒行的。因为不充分了解教育实践，很难真正了解教育理论，不了解教育学很难真正达到教育元理论的运用。所以，转向行动研究与随笔写作，不过是把倒行的路程倒过来走一走而已。

说到这个份上，总算才从一番番教育学苦旅中尝到了一点点甜头。所以对你的感谢确出自真诚。

此外，涉及大作中有些观点，可以说明的是：

1. 在你看来，《教育原理》似乎更像是一种（未完成的）结构性的理论体系。其实，不仅由于教育学本身存在教育与教养-教学之间的逻辑鸿沟，而且教育同商品、劳动之类概念不可比（西方文化中的教育含义同中国传统教育含义不尽相同），直到悟出这番简单的道理，才摆脱由《教育原理》所带来的困惑。

我虽然久已把这本书当作自己的鸡肋，怪就怪在这本东西倒比我的其他著作更有影响，以致2012年出版社提议重版时，非常犹豫。因为让别人遗忘自己的旧作，其实是一种聪明的想法。可是终于同意再版，倒是恩格斯高龄时对他早年著作《英国工人阶级状况》的自评，给了我一个理由。他提到，他的那本早年著作无论在优点方面还是缺点方面，"都带有作者青年时代的痕迹"，并不成熟，"但是当我重读这本青年时期的著作时，发现毫无使我羞愧的地方"。①这也是我对自己的这本东西的感受。

2. 你提到了解"教育一般",才可深刻理解特殊的教育。其实,任何特殊的教育中,如不包含"教育一般",那就不算是"教育";倒是不同时代、不同社会-文化中的教育,丰富了教育的内涵,使关于"教育一般"的认识更深刻。

为什么这样说呢?这又涉及你的另一观点。你认为教育概念演变的陈述,应从现代教育概念谈起。这好像是了解人体解剖才更了解猴体解剖。其实,古代→近代→现代教育概念是一个不可移易的历史程序,而对这种历史序列认识的程度才与此相反。因为在了解近代教育概念后,才察觉古代教育在发展个体独立个性上的缺陷,了解现代教育概念,才察觉近代教育中的独立个性,出于"孤立的个人观点"的假设。"个体社会化"虽是现代提出的教育命题,其实古代与近代教育概念,也带有那个时代那种个性与社会化的含义,这是现代才知而当事人未知的道理。

以上看法,不知对否?新年将至,顺祝贤伉俪

新年快乐!

陈桂生

2015年12月25日

从《中国教育科学》第4辑预告中可知他们还未收到你大作的修改稿。

又及

---

① 恩格斯.英国工人阶级状况1892年德文第二版序言[M]//中共中央马克思恩格斯列宁斯大林著作编译局,编译.马克思恩格斯文集·第一卷.北京:人民出版社,2009:365.

五、张建国致陈桂生
（2016年1月13日）

治教育之学的苦与甜——关于马克思主义教育思想研究——关于教育学以外的学科对教育学人的吸引力——教育理论研究的"倒行"与"正行"——《教育原理》的命运

陈老师：

好！前些天通话后，又重读了去年12月25日的来信，也让我想到很多。以前做博士论文时，感觉有很多教育学研究者关心教育学作为一门学科的地位，现在看来，这个曾经的热点很可能只是个小众话题。作出这个判断的依据是，以往的讨论中大多数人都相信自己找到教育学地位不高的原因，以及提高的门径，但少见有论者真的依自己找到的门径去"做教育学"。您谈到的数次转向，倒是真心试图解答心中的"教育学的迷惘"。重要的是，在每次转向时并不那么自信地找到改善教育学的方式，而是通过"做教育学"的尝试去检验这些方式。正是在检验中，产生了研究的重心一次次转移。在我看来，这些转向可算是对《教育学的迷惘与迷惘的教育学》中提出的问题的解答。在这个意义上，您的探索过程的确是一段"苦旅"。学术探索中"苦味儿"大概是普遍的，每一个学科在取得实质性进展的背后，都有一部分研究者孜孜兀兀地在埋头耕耘，理智上的困惑、挣扎、挫折带来的是精神上的苦，当取得点滴突破时，些许甜也是对苦的慰藉。不过，教育学探索中的苦与甜又具有自己的特殊性。与其他知识领域相比，教育学起步虽早，但至今仍面临自主的问题——不仅要处理与来自其他学科的教育知识的关系，而且还须处理自身内部的统一问题。所以，教育学为它的研究者带来的总是苦多于甜。

您谈到马克思主义教育思想研究转向，使我想起自己曾纠结于：我将来要成为一名马克思主义教育研究者，还是一名教育学家。这两个角色未必矛盾，但毕竟很不相同。不知您以前是否存在这样的问题？也许是没有的。自述表明，您早就认定了教育学，似乎不存在类似问题。马克思的理论优越于其他诸多经典的地方在于，它具有高度的理论训练价值。虽说，部分马克思主义者发展了一些教育理论，毕竟只是一种视角而已（即使是很重要的视角）。凭此不足以充分地理解教育。认识到这一点后，阅读马克思或马克思主义的著作依然能激起我的热情，只不过我会更多地从它们对理解教育的贡献来估量它们的价值和局限。不仅如此，对其他领域的著作我也这样来考虑。我以为，这涉及治教育学的困难，这种困难大大地被低估了！就我接触到的教育学人来说，他们（我也曾是其中一员）太容易被其他领域诱惑。似乎越有学术追求的学人，越容易被诱惑。不得不承认，其他较为成熟的学科具有更多这样的作品，它们能够为读者带来更多、更大的理论享受。对其他学科的偏爱很可能造成的后果是，轻视教育学上已有的知识积累，不了解教育学，也就难以意识到治教育学本身的困难。依常理（理智上的诚实），需要先了解教育学的成果，才能判定其成就到底如何。可现实是，教育学系大量的硕士生、博士生对教育学的基本读本（教育经典）或者只知其大概（主要是教科书），或者读过，但不够深入。在已成熟的学科，这种情况是不可想象的。因此，对教育学的普遍轻视很大程度上是建立在对教育学无知而不是事实的基础上。这似乎也说明，阅读其他学科的经典之于教育学研究的价值有限——它不能自动使其读者形成理智上的诚实。自然，上述情况同当前教育学系普遍存在的训练方式有关。

根据我的感受，从事教育学研究，除了您所说的元理论外，还有一个重要前提，就是对其他学科的诱惑具有免疫力。自然，这绝不是说，要把教育学与其他学科割裂开来，不需要其他领域的知识。这个前提仅仅意味着，在吸取其他知识领域的滋养时，需要意识到它对教育学的价值与其局限。否则，很容易被诱惑，结果就是无视教育自身的逻辑，用其他领域的理论对相关教育主题进行演绎。前些天，看到我一个师弟的博士论文开题报告，他尝试利用弗洛姆（Erich Fromm）的人性理论来探讨教育人性化何以可能。弗洛姆讲到人对创造性的需要。他直接演绎：教育应当为创造性的发展创造条件。这就是无视教育独特性——是否所有的创造性都值得培养？创造性与教育必需的纪律之间是否一定相容？即使值得培养，那是否都可能通过教育来培养？等等。我们通常会忽视这类问题。记得您在谈到哪些内容能够进入课程时，曾提到一些教育研究者对社会强加于教育的需求进行了批评，大意是说，教育不能够满足所有有价值的社会需要。我有一种直觉，一般教育学研究者对教育自身逻辑的忽视，与其对教育学成果的忽视存在很大关联。根源似乎在于，大家并不把教育看作一种有自身逻辑的存在，毕竟现实中它经常遭到教育之外的经济、政治等僭越。对业余者而言，这种忽视可以理解。而避免这种忽视本该是教育学研究者从事专业研究的前提。另外，免疫力对教育学研究者所以显得必要，还有一个重要事实，即存在多种学科对教育进行研究。这些"教育知识"（用"关于教育的知识"更恰当）本身也有自己的价值与局限——取决于其母学科的理论和方法。要形成这种免疫力需要做很多工作，最起码的是在保持开阔视野的同时，在理智上认真地将教育当作一种独特的存在，它的逻辑不能由其他领域演绎而来。所以，这也是我觉得治教育学非常困难（也许是最困难的一门学问）的一个原因。我想，一个打算以教育学为志业的初学者（这需要很大的勇气），可能都需要自问：假如我知道自己即将从事的教育学是这样一个领域，它对一个人的心智提出极大的挑战，并且很可能耗尽我的心力而所获甚少时，我还会选择教育学吗？

您提到自己的"研究道路是倒行的"，在我看来，假如"正着行走"未必比这种情况更好。涉及的深层问题是教育理论的建构活动与教育实践的关系。这使我想起马克思的理论活动与其社会政治实践之间的关系。马克思与现代学者之间很大的一个差别是他不是一个职业的学者，而如今的学者大都是职业的。他可以方便地调整研究活动与社会实践的关系。有意思的是，马克思具有强烈的实践关怀，但他没有提出体系化的实践理论，他对实践的强调是通过理论活动本身表现出来。他的目标是推翻资本主义制度，其理论活动（强调实证的科学）只是这项事业的一部分，他的新闻活动与建立第一国际等构成了另一部分。所以，他的理论建构是作为革命实践的一部分而存在。马克思的时代以后，在科学领域取得的重要进展大都来自职业的学者。他们的任务是提供对世界的认识，主要是作为一个旁观者的认识（即使是通过行动研究获得的认识）。这意味着，认识被从实践中分离出来。尽管实践中存在认识活动，但对学者而言重要的不是在实践中并且为了实践的认识，而是游离于实践的认识。所以，您的"倒行"其实是一种正常状态，合乎现代学者的职业逻辑。实践与认识（专业的）分离也是教育者远离教育理论的一个原因。从这个意义上，知识分工对教育学来说"伤害"很深，因为分工在教育学与最需要它的群体之间树立了无形的屏障。有时候，想想自己这类教育学研究者很可笑——坐在远离教育实践的书桌前写着关于教育的论著，并且坚信自己的认识的真理性。其实，这并不比那些每天依照经验从事教育活动的普通教师更高明。

您还提到《教育原理》的持续影响有些令人不解。初看起来，似乎有些奇怪。不过，这也是学术史上常有的事。有些著作在作者看来并非其最佳著作，早该被超越了，但影响最大、为其赢得学术声誉的正是这些著作。《教育原理》出版了二十多年，为何至今仍有很大的影响？想想其中缘由也是件有意思的事。一本著作的影响同其所处的时代关系很紧密。我想很重要的一个原因是，与同时期的《教育学》相比，《教育原理》在论证的严密性、理论的抽象度、材料的丰富度、体例的编排上都有了很大的进步。同时,《教育原理》又处于这样一个时代——在对国外教育理论知之不多的情况下,教育学界对理论创新的迫切期待。也许正是这样的条件使《教育原理》很快脱颖而出。随着时间推移,您早已察觉到《教育原理》的不足,并在其他著述中予以"扬弃",不过背景条件中有些发生了变化,有些没有变化——变化的是,大量国外教育理论的引入,不变的是学界对自主理论创新的渴望。它们造就了《教育原理》的际遇。从中可以看出,每部作品对自己的读者都有一定的要求,反过来读者的理解力则影响作品的受欢迎程度。如果一部作品的读者还没有超出作品本身达到的高度(还不能批判性地对待它),那么要求他们欣赏"扬弃"后的作品存在一定的困难。好在作者的任务只是为特定的读者著述,用不着为书的命运负责。不过,我相信好的作品终有一天会等来自己的读者。

这是上次来信使我产生的一些感想。

祝

身体健康,生活愉快!

张建国
2016 年 1 月 13 日

六、张建国致陈桂生

（2016 年 4 月 18 日）

《资本主义美国的学校教育》(鲍尔斯、金蒂斯)中译本——合理地评价学术专著的视角——对《资本主义美国的学

校教育》一书的评价

陈老师：

好！本想上次回到信阳后给您写信，由于前段时间搬家、专业评估等事情耽误，也没能静下心来复信。上周，听玉新说，人民教育出版社希望将您关于"普通教育学"的系列文稿整理出版。我很乐意把《平议》，以及咱们在通信中的思考呈现在同行面前，接受评判（如需我做什么，直接告诉我，不必介意）。在目前情形下，未必能起抛砖引玉的作用，不过至少还存在这种可能吧。无论如何，这对教育基础理论来说总是一件好事。

从去年年底开始，一直在做关于鲍尔斯和金蒂斯的《资本主义美国的学校教育》[1]（以下简称《学校》）的工作。收集了大量材料，消化了一部分，做了大概十多万字的摘录和翻译。对于论文撰写，还没有什么头绪，只能慢慢来。在研究过程中，倒是有几点感受，同陈老师分享。我找到《学校》的两个译本，也找到英文版。两个译本给我的总体印象是，大陆版偏于意译，台湾版偏于直译（译文有时很机械，可读性差），两者都存在一些瑕疵，比如大陆版将 free school 译为"免费学校"，实质上是 1960 年代的自由学校运动。第三章提到，工厂制度在竞争中战胜了独立生产者如行会或家庭生产。原文是 Eventually, however, the factory system did win out on technical grounds. (1976, p.77)，

---

[1] Samuel Boules, Herbert Gintis. Schooling in Capitalist American: Educational Reform and the Contradictions of Economic life [M]. Great Britain: Routledge & Kegan Paul Ltd, 1976. 本书大陆版中文译本由王佩雄等译，上海教育出版社1990年12月出版，译名为《美国：经济生活与教育改革》。

大陆版译为"工厂制度确实由于技术方面的原因最终摆脱了这种前资本主义的组织形式"。直译为"然而，工厂制度凭借技术基础最终赢得了胜利（对行会或家庭生产的组织形式）"。虽说大陆版本的译法多少传达了这个意思，但似乎把工厂制度看作是一种从独立生产形态（行会或家庭）的前资本主义组织转变为典型的资本主义组织的工厂制度，这是一个线性演化过程，而不是工厂制度同独立生产组织竞争的过程。第三章中，In the succeeding two chapters we shall discuss how education fits into this picture（1976, p.56），台湾版译为："在接下来的两章里我们将讨论教育如何嵌入这幅图书中。"（p.79）译文把 fits into 译为"嵌入"，似乎雅了不少，但模糊了"教育适应经济结构"的意思。台湾版还有一处漏译，原文：Employer rationality dictates that workers be treated on a par with machines and raw materials — a means toward the end of profits. Worker rationality dictates that activities conform as closely as possible to personal and social goals.（1976, p.83）译文漏第二句。总体上来说这些问题不影响理解书的主旨大意。不过，在阅读中还是能体会到译书的不易，以及理解作者本意的困难。

阅读了部分关于《学校》的评论，使我产生一个问题，怎样评论一部著作才算比较合理？因为有很多评论根本未能进入作者的论证逻辑中，抓住一些似乎是问题的问题一顿批判。比如，不少研究者批评两位作者忽视人的能动性，把他们看作单维的经济决定论者。这就好像一些人对马克思的看法：创作《1844年经济学哲学手稿》时期的马克思是充满人性的，具有人道主义精神。而《资本论》时期的马克思就完全集中于劳动与资本,不关心人类的主体性和命运了。荒谬性可见一斑。如果注意到,《学校》探讨的是在结构层面经济与教育之间关系问题,恐怕就不会指其忽视人的能动性。为什么强求作者在一部探讨经济与教育结构性关系的著作中彰显出人的能动性呢?要求本身就成问题。我想,一个评论者对一部著作能够提出的问题似乎应当限于这样的问题。一部著作研究的问题大都不是前所未有的问题,因而问题形成的背景就很重要。第一个重要问题是,作者提出的问题是什么(以及问题之所以成为问题的知识与社会背景)?第二个问题,作者从什么角度来解答所提出的问题(有经验的作者往往会对已有的解答做一番考察)?第三个问题,作者提供的答案是什么(有些作者先呈现答案再证明,另有些通过分析过程来逐步呈现答案)?第四个问题,作者运用(运用是否恰当)解决问题的手段(材料与方法)是否足以支撑自己的回答?第五个问题,相对于同类研究,作者的贡献与不足在何处?

评价《学校》的贡献与不足。上次聊天时,您提到这个问题。评价一部著作是一项要求极高的工作。因为评价不但要准确把握著作本身的内容,还要求了解它在有关知识脉络中的位置。据我目前的认识,只能粗略地得出这样几点看法。(1)《学校》在传统马克思主义下提出了一个关于经济与教育的完整、严密的理论,并对后续相关主题的研究产生重大影响。(2)西方的马克思主义教育研究的一大特点是强调批判意识,哲学色彩比较深厚。它在统计与经验证据方面的不足常为其他学者所诟病。两位作者接受了严格的经济学训练,对主流的社会科学方法非常熟悉,因而《学校》采用的论证方法是在马克思主义教育研究史上的一大突破。(3)《学校》提出了很重要的问题,它质疑自由派关于学校在现代社会中的作用的假设,提出了关于教育与经济秩序之间的替代性观点。它的最大不足,我认为是在论证过程中的功能主义色彩。比如,在回答"为什么工厂生产会出现?"时,作者的回答是,"其答案似乎是,它是经济控制与社会控制的有效工具"。还有反驳科层制在技术上有效时,作者首先引用已有研究,科层制在技术上并不具有更高的效率,那它为什么会被普遍采用呢?原因之一是,这种制度具有这样的功能,即它将工人分裂为不同的等级,破坏它们的团结。它有助于再生产现存的社会秩序。我看到过,不少文献批评《学校》明显的功能主义色彩,但总感觉它们没讲到点子上,比较模糊(大多没有说明,什么是功能主义)。不过,这一点我也没有想很清楚,也没有专门研读过功能主义的代表作,但直觉告诉我,作者的论证逻辑似乎是先假定了一种任务,这种任务来自资本的再生产与积累,也就是说,促进资本追求利润,缓和其产生的矛盾,进而考察教育在履行这类任务中怎样发挥作用,借由其功能来解释教育在历史上为何是某种形态。

感受最深的还是,走近经典著作要付出极大的理智努力(也希望早一点看到您的《西方教育名著指要》)。博士期间,我至少读过两遍《学校》,如今前后加起来,恐怕不下十遍。现在多少体会到一些这部著作的精要。虽也学过些逻辑学知识,但经典著作似乎总要求读者反复研读，才肯显现自己的真正内容。这倒有点类似医学院的学生，他们总要牺牲许多小白鼠，才能真实地了解它们的内在结构。

这次就聊到这里吧。

祝

身体健康，生活愉快！

建国
2016年4月18日

另外，博士后的事情，我很感激您和胡、崔诸位老师的帮助，同时对学部的面试结果也能理解。对我而言，与其说这件事有什么消极影响，不如说它倒促成我们又见面了，只可惜时间太短没能细聊。

七、陈桂生致张建国

（2016年4月20日）

合理地评价学术专著的程序——批判理论有别于处方——教育事业的物质、技术基础与教育活动的自由价值取向（马克思理论中对两者的统合）——自由价值的不同水平

建国：

你好！读了4月18日来函，又一次感到你的治学精神与治学态度可佩！关于鲍尔斯和金蒂斯的《资本主义美国的学校教育》一书，我这里的台湾版，倒是该书译者所赠。我同他素无

交往。他甚至主动谋求在台出版我的《教育原理》，由于那里的意识形态障碍才告吹。中译者是几位刚入学的硕士研究生与刚毕业的硕士。他们都读过《资本论》的第十三章。不过，在翻译时，马克思关于工厂制度的观点，似乎忘记了。由于现在视力趋于衰退，很难重读《资本主义美国的学校教育》一书，故只能在该书"话语场"外，说几句题外话。

1. 来信中最打动我的是其中关于"怎样评论（值得评论的）著作才算是合理"的见解。五点意见非常周到。你所列评论的程序，也正是合理立论程序。形式化的提法或是：

（1）问题的提出（常理常规）；

（2）问题的分析（或称问题的提法）；

（3）问题的解决（你的第4点）；

（4）结论（你的第3点）；

（5）著作的评价。

2. 来信提到"西方马克思主义教育研究的一大特点，是强调批判意识"。马克思主义本身就属于批判性质的理论。以往论定马克思成为"马克思主义者"，始于1843年。在我的记忆中，马克思于1843年致阿尔诺德·卢格（1843年9月）信中就宣称，我们不是教条式地预测未来，而是在批判旧世界中发现新世界。①这正是"批判理论"同"理论建构学说"的区别。教条主义者把马克思的基本观点当作处方，是出于对马克思主义的误解，由此又导致人们对马克思主义的误解。

---

① 马克思致阿尔诺德·卢格［M］//中共中央马克思恩格斯列宁斯大林著作编译局，编译.马克思恩格斯文集·第十卷.北京：人民出版社，2009：7.

你提到两位作者提出了"关于教育与经济的完整、严密的理论"。果真如此,自然难得。问题在于经济虽是教育事业的物质、技术基础(外部条件),而自由价值取向反而同教育的内涵相关。两位作者断定工厂生产(制度)"是经济控制与社会控制的有效手段",而自由主义本身倒是"经济控制与社会控制"的反对者。问题不在于工厂制度本身,而在于机器生产的资本(主义)利用,自由主义者又不见得反对工厂的资本利用。看来两位作者同马克思一样从经济的资本利用中揭示教育中自由的虚伪性。不知对否?

马克思在考察生产社会化经过时,提出从简单协作、工场手工业到机器大生产,是人类社会生产的进步,而社会化生产的资本主义利用,则把社会生产发展的每一步成就变成奴役劳动者的新条件,而在生产社会化过程中一步一步简化劳动操作,客观上使劳动从属于资本带有必然性,而从工厂制度中又萌发了未来教育的幼牙。不知两位作者对这个问题有何新见?不过,马克思主义不是宗教,所以不必苛求现代马克思主义者对马克思提到的相关问题都表示看法。因为马克思所谓未来,指的是后资本主义时代,而两位作者是针对资本主义社会现实发表的见解。

3. 不知两位作者对自由主义如何批判。按照黑格尔的说法,每个人都有自由的倾向,是指自在的自由。不过自在的自由,趋向于任性,甚至胡来,妨碍别人的自由。所以教育应使人从自在的自由转变为自为的自由。自由主义原创者所谓自由是一个复数的概念,承认所有个体都有自由的权利。问题在于虽然法律上承认每个人都有平等的自由权利，事实上只有有条件享有自由权利的人才能享有这种权利。于是便从自由主义时代进入民主时代，进而又从民主时代，转向社会主义的追求。这样，民主时代的自由主义，便带有保守的色彩，成为既得利益阶层的维护者，但民主、社会主义既是对自在自由的必要限制，也是自由外延扩大的制度保证。所以，对自由主义有待具体分析。

4. 关于"普通教育学引论"，原先的想法，是同你出一本合集。如条目中所附"相关著作条目"，加"教育学书简"。玉新知道我的这个意图，只是不便向你提出。后来华东师范大学出版社提出重印2012年出版的套书，我便借此加了几本。其中就包括这本"引论"。由于人民教育出版社一再提出在他们那里出书，所以改向他们投稿（是否出版，尚不知道）。由此便想到，你有空时，是不是考虑出一本"姊妹篇"，或称《普通教育学研究刍议》，其中包括"教育学书简"。不知你意下如何？

顺便说一说，刚才收到韩华球博士来电。其中提到郭戈博士觉得《中国教育科学》杂志不如《课程·教材·教法》杂志影响大，建议我在《课程·教材·教法》杂志发表一篇关于教育原理的文章。我觉得已经说得够多了，不想再说什么，这次不敢再冒昧把球踢给你。他表示由他们找人写，我无异议。

愿你

大作早日问世！

陈桂生

2016年4月20日

八、张建国致陈桂生
（2016年6月29日）

"教育理论"与"关于教育理论"的区别——西方马克思主义教育名著的原意——正视"教育理论"与"关于教育的理论"之间的区别——教育与社会关系研究中存在的问题

陈老师：

好！这几天学校期末考试，有时间静下心来同您交流一点儿心得。自从打算研究《学校》作为课题的切入点以来，发现为了做好，不得不涉足大量其他文献。为期三年的课题，如今过去了一年，还没有一项成果出炉。为了持续关注同一个主题，不得不暂时撇开自己心仪的书籍。有时会想到课题时间限制，只能感叹研究自由的不易。在做课题的过程中，一直还有教育学的关切。

自打研习教育学以来，心里一直隐约地试图弄明白，教育学的教育研究与其他的教育研究有什么区别。有时会模糊地感到，好像教育学的教育研究有教育学的味道，而其他的教育研究则缺乏这种味道。至于这种味道是什么，我也说不清楚。当然，这种感觉似乎很正常（教育学的教育研究没有教育学的味道岂不是不正常？）。不过，一旦联系到一个讽刺性的事实，那么这种感觉的产生也就显得不正常。这个事实是，教育学人大都青睐那些缺乏教育学味道的教育研究（另一个事实是有教育学味道的教育研究也不多见）。

《学校》是由两名政治经济学家撰写的一部教育社会学著作。作为延伸，我研读了伯恩斯坦（Basil Bernstein）的《阶级、符码与控制》（第3卷），威利斯（Baul Willis）的《学做工：工人阶级子弟为何继承企业》，威廉斯（R. Williams）的《马克思主义与文学》，阿尔都塞（L.P. Hlthusser）的《意识形态与意识形态的国家机器》，阿普尔（Michael W. Apple）的《教育与权力》《意识形态与课程》，科尔（Mike Cole）的《马克思主义与教育理论》等有关的论著。我发现，这些学者具有强烈的社会关怀（教育只是作为其中的关键部分），他们真正关注的是教育与权力、文化、政治、经济等之间的关系，或者说，教育在更大的经济、社会、文化背景中处于怎样的位置，扮演什么样的角色，与此相应的是，相关理论在知识上往往表现为他们的宏大的社会理论抱负的一部分。举几个例子来看，伯恩斯坦关注的是社会阶级在文化上的再生产，尤其是中产阶级的再生产问题。教育只是诸多实现阶级再生产机制的一部分（尽管是关键部分）而已。在此之外的议题，它有理由对"教育还是什么"表示沉默。威利斯的《学做工》主要关注工人阶级的再生产问题。它从文化再生产角度解释了工人阶级子弟为何甘愿"沦为"工人阶级。同样，作者是将教育置于文化、阶级等宏观的社会议题之中。阿尔都塞的教育观点是从其对社会再生产条件中推演出来的，在他看来，学校教育处于国家意识形态机器的核心。他同样是将教育置于整个社会脉络中考虑，教育理论成为社会理论的一部分。其他人对教育的关切非常类似。上述情况说明了您的一个基本观点，即其他学科的教育研究对于教育学的价值有限。也许由于它们来自别的学科,所以缺乏教育学味道是正常的。至于为何这些缺乏教育学味道的著述吸引着众多教育学人,耐人寻味。究其原因,恐怕同对教育学自身的认识(在这个意义上,可以说,元教育学是教育学人专业入门的基础)以及教育学自身的理论建构有关。

这里,我想弄清楚的是,究竟什么是教育学味道,或者是什么将教育学的教育研究与其他类型的教育研究区分开?上面的例子表明,这些著作家探讨的是教育与文化、权力、政治、阶级等的关系,其真正的关切是文化、权力、阶级等,他们之所以研究教育,只是因为教育在阐明他们关心的问题上扮演重要的角色。归根结底,他们关注的不是教育。正是这一点使他们的研究缺乏一种教育学味道。问题更在于,如果他们关注教育与文化、权力等的关系。在逻辑上,问题的解答是以澄清教育是什么、文化是什么、权力是什么等为前提。为了不至于使研究漫无边际,他们不得不找到一个出发点,即假定教育是什么(并且这些假定往往不是一个普遍性假定)。因此,他们没有探讨教育本身是什么,也就是撇开了"教育一般"是什么。一个假定只能帮助他们确立出发点,即教育在他们探讨的条件下是什么(一个相当具体的假定)。这样一来,其他学科的教育研究对人们理解教育固然可以达到某种令人耳目一新的程度,但毕竟它们无关乎教育本身是什么,他们只是假定教育在某种特殊的情况下是什么。因而他们的教育研究也就达不到作为一门学科的教育学所必需的抽象程度。教育学在逻辑上理应去探讨教育本身是什么(也就是将教育置于本体论的地位),而不是去探讨教育与经济（或其他）的关系怎样。所以在这个意义，我觉得您致力于探讨教育自身的历史与逻辑，对教育学来说（如果它试图成为一门真正的学科的话），具有特别的方法论意义。我想，它的价值一定会在那些关心建构一门独立的教育学的国家显现出来。

从上面的讨论也可以看出，教育学教科书中常见的一条原理——教育与社会关系原理。从逻辑上看，这种提法很奇怪。首先，仿佛教育是一个与社会等位的概念（显然不是）。在这个原理下，实质上隐含了一种前提性区分，教育是游离于社会背景之外的教育，而社会是教育之外的社会。所以这个原理实质上是，孤立的教育与教育之外的社会之间的关系。既然如此，这个原理也就讲不出多少可以在经验和逻辑上经得起检验的东西（只能以贫乏的抽象的方式来讲）。其次，谈教育与社会之间的关系，仿佛我们已经知道教育本身是什么，社会本身是什么，对前者的回答是教育学任务的一部分，后者则属于社会学。对这两个问题的解答本身似乎不可避免地会消解这个原理本身。我想，一些教育研究有教育学的味道，而另一些研究则没有，区别很可能在于，这些研究基于教育本身（逻辑与历史）而从事的教育研究。

最近半年多，围绕研究主题所阅读的书大都涉及马克思主义。有一种直观感受，西方的马克思主义者在探讨教育时，少见将唯物史观作为研究指南。更常见的是，他们花很大精力去进行语言和概念的辨析（这当然很重要），而不是利用研究实践来证明某种辨析的可靠性。这也许也受到各自国家的马克思主义传统的影响吧。比如，一些英国的马克思主义者（大多数是历史学家）似乎倾向于将唯物史观作为研究指南，而欧洲大陆的马克思主义者似乎更重视语言与概念层面的研究。

去年底曾向您提起，我打算弄一个教育学的基本书目。后来，发现依我目前的视野和水平，难以胜任这项工作。不过，我打算下半年带着我们读书会的成员研读一些基本的教育学文献，希望最终能够做成一个读本。

好，这一次就聊到这里吧！

祝生活愉快，身体健康！

建国

2016年6月29日

III

中国实践教育的理论基础

我没有理由认为,在别人失败的地方我就成功,但我乐于做出努力。

——[英]麦克莱伦:《教育的语言和概念》

中国实践教育的理论基础

一、教育究竟是怎么一回事［234］——二、教化是怎么一回事［237］——三、从"人本位"文化到"人民本位"文化的探求［238］——四、从经世致用之学到实践理论的探求［242］——五、现代教育专业理论的由来［247］——六、教育学建构中的一般理论问题［250］——七、教育学的特殊性质［256］——八、教育基础理论与教育实践理论的区别［259］——九、我国教育实践理论研究中有待探访的问题［261］——十、后记［262］

中华人民共和国诞生以来，尤其是近四十年迅速崛起以来，各项事业发生翻天覆地的变化，国际地位显著提高，不免引起广泛关注与好奇，也难免令人费解与理解。在国际舆论中更遭遇别有用心的好事者非议与挑剔。好在我国有识之士及时奋起理直气壮地辩护与反驳。不过在理论上使人心服并非易事，因为在就事论事的话语权争议中，隐含着历史形成的中西文化传统与现实需求的差异。这里无意就教育文化论教育文化，也无意就文化论文化，而拿教育论事，说说中西之间的"理论"观念间同中存异，异中存同，无非出于为中华人民共和国人文科学历史上曾经发生的误会与冲突提供一些同情性理解而已。

一、教育究竟是怎么一回事

本文由我国学者长期关注又悬而未决的"有中国特色的教育学"话题引起,又无意就教育谈教育,主要讨论我国教育实践的"理论基础"问题,却又不能不从"教育究竟是怎么一回事"谈起。现代社会中随着教育事业越来越广泛,教育几乎成为尽人皆知的常识,难道还有谁不知教育是怎么一回事?其实未必如此。

从根本上讲,教育的发生,是由于人类有别于动物,有"类"的意识。动物界也有不合群动物与合群动物之分,那是本能使然。唯有人类出于同类共处的考虑才发生以原始性质的训练或教育作为未成年儿童、少年完成成年准备的需要。不过,适应如此需求的价值选择及其方式不尽相同。如果说在人类文明时代的早期诸多民族以宗教信仰及宗教仪式实现未成年人的成年准备,那么,几乎唯有中国早就形成世俗文化的优势,故以教育方式促成未成年人的成年准备。不妨说教育"元概念"(或"元教育"概念)发源于中国。

问题在于,我国素以对事物整体的综合思维见长。只是若以如此思维类型取代对具体事物的具体分析,势必模糊事物内在要素的构成及由此形成的特点。

加之,在人际交往中,一般以话语为交流的工具。由于同一语词,在不同的语境中,方能指称不同的对象,这便是一词多义现象,故基本语汇的语义还待分析。

明乎此，可知人类发展过程中通常使用的"教育"一词可能指称不同对象，并且概念化为不同的提法，从而便有"教育""教养"和称之为"教学"的教-学活动之分。鉴于习俗中常把这三者统称为"教育"，于是与"教育"相关的三种含义之间的区别，便成为有待分辨的问题。

1. 教育。早在先秦时期，就出现"以善先人者谓之教"以及"教也者，长善而救其失者也"的界定，表明"教育"的本义在于使人善良，以便同人共处，否则难为世人所接受。由于善和恶为道德的核心的价值观念，故教育具有使人尤其是未成年人形成善良的德性的价值。教育的意义原在于此。不过后来随着时代的变迁，其内涵便有所增益。

2. 教养。是指使应当获得的文化知识与技能通过教-学活动转化为其授业对象自己的文化知识与技能，从而使其成为有一定教养的人。故教养和教育原是性质不同的概念。由于有一定教养的人，较之缺乏一定教养的人更为完善，故在使人完善的意义上可把教养视为教育的转义。尤其是现代教育力求使其对象形成理性的自律的德性，故在习俗观念中，因不明教养同教育性质的区别，才把教养列入教育题中应有之义。

3. 教学。"教"，一字两音，一词两义。去声（今第四声）之"教"（音叫），相当于双音词"教育"之"教"，阴平（今第一声）之"教"（音交），相当于双音词"教学"之"教"。本来"教学"同"教育""教养"的词性不同。所谓"教学"，作为教-学活动的称谓，原是一个中性词，而教育和教养作为教-学活动理应实现的价值追求，都属于价值观念，为衡量教-学活动的价值标准。

本来教-学活动是在教育观念发生后不知经历多少世纪，因文字的发生并传播到一定程度时才逐渐发生的现象。道理很简单，不识字的人经过别人的传授才可能识字与读书，从而导致教-学活动的发生。话虽如此，教学毕竟是中性概念。具体的教学活动可能育人，也可能误人子弟，教-学活动究竟有无教育价值与教养价值，或者说某种教-学活动究竟有何价值，还有赖于具体分析。如果简单地想把教-学活动不加分辨地视为教育活动，岂不是丧失对流于形式的教-学活动的辨析力。问题在于，习俗观念中常常不加分辨把教学称为教育。

明乎此，可知教育、教养和教学原为三个不同事物的概念，有待具体分析。然而，我国教育研究中，通常往往绕过对研究对象的具体分析，习惯于从研究对象的总体上把握研究的对象，而不介意构成事物总体的成分划分，即关注的是教育中三位的"一体"，而不是一体中的"三位"，岂不知"三位一体"的教育中，教育（狭义）同教养的区别，教育、教养同教-学活动的区别，都属于事物性质的区别。如此区别之所以含糊不得，实由于其中每个概念都是那个问题思维的逻辑起点，其实是论证中绕不开的步骤。

若问我国教育理论研究中为何忽视分析法的运用，简单地说，或同我国学以致用的文化传统，又对如此文化缺乏分辨不无干系。如果把致用之学当作理论，那么经世致用之学较为注重理论的"功能"，而易于漠视理论本身"结构"的分析和在分析基础上的综合。

二、教化是怎么一回事

不可忽视的是，我国古代另有"教化"一说。在《论语》中，存在"教"与"诲"之别。"教"字七见，"诲"字五见。其中"诲"为授业的指称。相当于后来的"教学"或"教育"，而"教"为"教化"的略称。教化是怎么一回事呢？

孔子曾经有言："善人教民七年，亦可以即戎矣？"（《论语·子路》），"以不教民战，是谓弃之"（《论语·子路》），"不教而杀谓之虐"（《论语·尧曰》），荀子从教而后兵，教而后刑中，得出教化观念。在《荀子》中，"教化""政教"八见，"法教"一见，并由此概"先教"一说。在《说文》中，"教"也者，"上所施，下所效也"，其实是教化之"教"的解说。关于《论语》中"有教无类"一说，通常其中之"类"解为族类，其实从教而后兵，教而后刑中可知，或指业类，即教化之教，有教无类。

教化之教虽有别于授业，却一以贯之地成为我国政治文化的传统。其中至少表明我国古代政治文化未必是简单的官场文化，或政客的"仕途经济（验）"，或多或少有别于政客"就政治谈政治"的"空关政治"。其中有识之士在一定程度上关注政治举措"教而化之"，以求化民成俗。

更加值得注意的是，我国现代"以人民为中心"的政治文化，实际上是我国政治教化传统的继承和发展，问题在于，自西学东渐以来，不免遭遇外来的美其名曰"自由经济""自由政治"及所谓"学术自由"的挑战,以致国人不仅几乎忘记了政治教化是怎么一回事,对于喧嚣多时的"自由"传闻是非、真伪的辨析也费踌躇。为此,还少不得从我国"人民本位"政治文化谈起。

三、从"人本位"文化到"人民本位"文化的探求

在人类文明的早期,相对于诸多民族的"神本位"文化,我国早就萌生与众不同的"人本位"文化,并且一以贯之地传承不息。话虽如此,其中所谓"人",在很长时期都未必是一个复数概念。当时倒承认不同等级、不同级别人们以及"官""民"之间社会地位不平等的"合理性",故虽在有别于"原罪说"的意义上较为合理化,如指其"人本位",实言过其实。

西方现代社会形成时期,在"神本位"信仰一旁,另建现代意义的"人本位"文化。其中以人性为现代人文学科论证的逻辑起点。原以表示个体文化差异的"自由个性"以及人际关系的"独立人格"为合理的人性,并在法律上赋予合乎行为规范的个体以不受侵犯的"人权"。相对于在此以前的天主教精神统治,不失为人类文明的进步。后来所谓"自由经济"或"自由政治",则是另外一回事。那么"自由经济""自由政治"之类说法如何发生呢?

其实诸如此类提法实际上是"自由"一词不合理地错位使用所致,如此错用又以"社会"一词的错位使用为中介使然。

具体说，"自由"在"人性"的语境中，原指个体的独立人格或自由个性。不过，随着对"人性"（人的本质属性）认识的深化，对"自由个性"的解读也发生相应的变化，这种变化实同"社会"概念相关。

"社会"，原为与"国家"对举的概念，市民国家为凌驾于市民社会之上代表市民管理市民事务的权力机构。其中"社会"原指国民的集合体。从"社会"观念看来，由于人都是社会动物，即所有人都是"社会人"。故人的本质并不是单个人所具有的心理学意义上的兴趣、爱好、气质、性格之类的抽象物，而诸如此类抽象物的特性，其实是在个体社会化过程中形成的。所谓个性，其实是个体社会化过程中形成的差异。在现代社会中，尽管不再把任何个人看成孤立的个体，但个体社会化过程中形成自由个性（不一定是自在的个性，主要指自为的个性）有不受侵犯的自由。

"自由个性"也者，事关个体社会化过程中个体能动性自主发挥的机遇问题。其中个体在一定法律限度内自由行为是否受到侵犯是一回事，个体在一定社会制度中可能得到什么自由，则是另外一回事。就资本主义经济制度而言，当事人或许不无理由以"自由经济"相标榜，而其中提供的"自由"实际上是"货币转化为资本"的自由和"劳动力商品化"的自由，一言以蔽之：贫富两极分化的自由。相对于普通人对自由的期待，岂不是"自由"概念不合理的错位使用么？

不仅如此，导致贫富两极分化的资本主义生产方式，虽算是那种社会的经济基础，其实正同"社会"概念的内涵相悖。

相对说来，中华人民共和国的社会基本制度，实近乎于"社会"概念的本义。这不能不从中华人民共和国的"人民本位"价值取向谈起。

中华人民共和国诞生以来，我国占主导地位的文化发生从"人本位"文化到"人民本位"文化的转变。其新意何在呢？

我国古代文明相对于宗教信仰的"神本位"文化，称得上是"人本位"文化，不过在漫长的岁月中，国人中存在等级、阶级的划分以及其中的利益冲突，占人口大多数的平民实际上处于被压迫、被剥削的地位，就连自然形成的个性与人格也未受到应有的尊重。若称其为"人本位"文化，实际上名不副实。

中华人民共和国致力于从"人本位"文化到"人民本位"文化的探求。不仅废除人剥削人、人压迫人的社会制度，而且对商业交易中"货币转化为资本"的"自由"有所节制与警惕。在此基础上，着重从关注占人口大多数的工人与农民社会地位的维护和生活水平的改善，着手解决社会发展面临的诸多问题。不能不承认，较之"人本位"之说更为名副其实。

其实"人民本位"的锋芒，直接指向我国曾称之为"仕途经济（验）"的根深蒂固的官本位文化弊端。不仅把官民对立关系改造为官民平等关系，更在官民平等关系中注入"依靠人民""拜人民为师""为人民服务"并接受人民群众监督的新内涵。同时在领导与被领导关系中，注入动员群众、宣传群众、组织群众之类新内涵。

在此基础上形成我国教育文化的诸多特色及其中存在的问题。

1. 我国自古以来早就形成家—国意识，表明"国"为放大之家，"家"为缩小之国。较之别的国度，民众的国家观念和国家的民众观念较为浓重，"人民本位"文化或植根于此。问题在于自古以来缺乏家与国之间的社会意识。因为日益发达的社会职业、社会组织机构以及"社会"概念都是现代社会形成时期的新情况。话虽如此，由于家庭仍是现代社会的基础性的结构，何况自古以来一以贯之的教化意识在一定程度上的实施所反映的官场的民众意识，或多或少反映当时那种意义的社会观念。

2. 就正规专业教育来说，我国存在官学与民学之分，相当于国学与家学的区别。官学有中央官学和府学、州学、县学等地方官学之分，非官学的授业机构，如早期的书院及一度遍及城乡的家塾。在科举制度中，科举不仅使各级官学成为文官及武官培训机构，而且成为"民学"发展的推动力量。

3. 如果说现代西方教育原以未成年儿童、少年为基本对象，迄今为止，其义务教育仍以未成年人为限度，那么意味着无论是行政机构，还是家长及其所应承担的"教育义务"，都局限于此。至于超越如此限度的教育，既有赖于政府选择，更取决于个人、家庭和社会组织的选择。相对说来，我国不仅自古以来就形成官学传统，而且时至现代，更形成包括各式各类学校与社会办学机构的"教育系统"，显示"人民本位"的"人民教育"的社会性质更加鲜明。

如今习近平倡导的有中国特色社会主义思想和治国理政的决策，为我国以人民为中心的教育和教育实践理论的构建，开拓了广阔的前景。

四、从经世致用之学到实践理论的探求

客观地说,在我国占主导地位的价值观念从泛泛的"人本位"观念到如今的"人民本位"观念是一回事,至于是否已经形成"人民本位"理论则是另外一回事。那么说到"理论"究竟是怎么一回事,又同我国自古以来若隐若现的"理论"观念相关。

我国有长达五千多年的教育文明史,却鲜有"教育学"的建树。那么在如此漫长的岁月中,从其授业究竟是在什么理论的指导下正常地运作,或可知其线索。

我国古代教育是在学科化以前发生的。当时通常以书定课,即以值得传授的书本为必读的教材。故至少从宋代开始,从先秦古籍中选择,《论语》《孟子》《大学》和《中庸》,全称"四书",为必读教材。似乎表示此类"语录汇编式"的本本便是当时通行的"教育理论"。且不说此类"语录汇编式"文本中,各篇未必会通,篇中各条未必会通,是否堪称理论著作尚成为问题,又不能不承认,我们的先贤自有他们的理由,把此类文本中的语录当作教育的至理名言。

不可否认,此类"语录汇编式"文本包含涉及教育、教养和授业的价值判断,其判断或多或少反映正当而又恰当地处理问题的实践智慧、实践智慧的价值判断,既切合实际情况,无过无不及,又以正当的运用为必要的规定。

固然,以现代专业理论观点看来,"四书"之类"语录汇编

式"文本同理论著作存在距离。不过如以今度古,将失之为虚无主义偏颇。不能不承认,"四书"之类文本中,倒也涵盖不少经得起历史检验的价值判断,如"以善先人者谓之教""不愤不启,不悱不发"以及"因材施教"。

实践智慧是在正当而又恰当地解决实际问题的经验中形成的。不过这种经验既有别于经验论中的直观经验,又不同于经世致用的理论。其中的区别何在呢?

在心理学上,把人们在同客观事物直接接触中通过感觉器官获得的关于事物的个别现象及外部联系的知识,称为"感性认识"。由于感觉器官并非机体中的孤立器官,在同客观对象直接接触中,不免有已经形成的意识介入,故经验论把感性认识称为"感性经验",而实践经验,不局限于感性经验,又未必成为理论。经验经过合乎逻辑的论证才可能上升为理论。

1. 如以学以致用为治学之道,至少还该对其"用"加以界定。因为其中有公用与私用之分。公用中又有经世济民之用和治学本身之用的区别。即使经世济民之用,还有一时一地之用和长期普遍的差异;私用中更有正当的求知之用和不正当的运用、追名逐利以致假公济私之用的区别。所以如对其"用"不加界定,便存在正当理由掩盖不正当运用的可能。

2. 学以致用更在于对可用之"学"缺乏应有的界定。由于运用所知正当而又恰当地解决实际问题的实践智慧是在经验中形成的,它本身几乎是"经验"的同义语。如把实践经验当作致用之"学",便带有漠视理论价值的倾向。

3. 无论一时一地之用还是适于长期全局运用之学,都少不得合乎逻辑的系统论证，才堪称理论。单以是否致用为衡量理论的价值标准，意味着漠视理论的界定。

4. 理论空谈固然无益，而抽象的理论未必是理论的空谈。有些抽象理论，包括形式理论，虽然存在同具体实践的距离，亦可能提供事物本质属性的见解，即可能成为高于实践的理论。

其实教育文化的历史从经世致用之学到实践理论之间，在国外还有一说，即以杜威为代表的实用主义教育学说。我国虽一度对此说横加批判，岂不知由此并未妨碍至今仍间或把此说同经世致用之学或实践理论混为一谈。

以杜威为代表的美国实用主义教育理论，针对思辨性质的形而上学与心物分裂的二元论，以经验能及的世界（人化的世界）为研究的对象，认为人的经验有别于作为认识成果的知识，也不同于和客观世界分离的主观心理状态。这是由于人们不得不在不断适应客观环境中才得以生存与发展。经验正是在不断适应客观环境的过程中，即在主体和客体相互作用的过程中形成的。所以在教育中，知识传授的意义有限，教育其实是经验改造的过程。其中虽未简单地否定书本知识的传授，却以为书本知识本身也是人类积累的经验的结晶，为实践经验抽象概括的成果。问题在于未成年儿童、少年的经验同成年人的经验，尤其是书本知识中概括的成熟的经验，不仅差别甚大，其中的价值判断甚至截然相反，故有必要解决成年人经验同未成年人经验沟通问题。主要是从直观教材入手，并把手工劳动引入教学活动；同时在教师引导下，使学校成为雏形的社会，即学生自己的社会。引导学生从相互交往、相互合作中增长"社会生活"的经验。

实用主义相对于经世致用之道,至少揭示了致用之学的机理。其中撇开心与物、主体与客体的区分,以实用为衡量学问的价值标准,相对于个体的心理状况与书本知识充分肯定在不断适应环境中获得经验的价值,基本上是经验主义的同义语。

其实,实践经验理性有别于以理论为基础的技术理性,或者说实践经验知识不同于理论知识与技术知识。其实实践经验知识未必可教,也未必可学,因为它主要是人们从适应环境的实践中获得正当而又恰当地解决问题的体验。

由此可见,实用主义哲学即使使学以致用的机理较为分明,同实践理性却有根本性质的区别。

我国自建立农村革命根据地以来,以毛泽东为代表的中国共产党人,创造性地运用以实践为核心价值观念的唯物主义认识论,解决我国"以人民为中心"的革命和建设中的实际问题,独立自主地奠定了反映我国历史特点与现实需要的实践理论的基础。

以实践为核心价值观念的认识论,其中所谓实践,主要指根本变革现实社会中不合理状态的有组织的社会行动。以实践为核心价值观念的认识,有别于像镜子般地反映客观世界的消极认识,而是通过实践,在改造客观世界的同时,改造实践者的主观世界,从而重新认识客观世界并更新自我认识。重要的是在不断运用实践唯物主义认识论解决实际问题的过程中奠定了我国"以人民为中心"的实践理论的基础。其中的要义何在呢?

1. 这是接通地气的理论。接通地气为习俗提法。接通地气的理论，因面对有待解决的实际问题，故不仅从调查入手，了解实际存在的情况，而且研究其中的问题如何解决。故这种理论有别于"从书本来，到书本去"的套路，而是按照"从实践中来，到实践中去"路线运作。

2. 这是通达人情的理论。在习以为常的观念中，理论算是理性的升华，而有别于世道人情。如此理论不啻为造就不通人情世故书呆子之类玩意？以人民为核心价值观的实践非比寻常，其中既为人民谋福利，又力求依靠人民的力量解决人们共同有待解决的问题，唯有沿着"从群众中来，到群众中去"的群众路线，才可能在同群众的相处中，培养研究者本身对人民群众的感情，才可能了解民情民意，进而致力于激发民情民意的工作。

3. 这是经世致用之学的发展。这种理论有别于在"就理论谈理论""为理论而理论"中兜圈子，而致力于经世致用；又有别于在"为解决问题而解决问题"经验中兜圈子，而力求使经验上升为理论，尤其是在马克思主义理论对实践的指导下，建构符合本国国情与客观需要的理论。

4. 这是经世致用理论的发展。这种学用一致之道有别于传统的学用一致之见，原则上是自上而下同学共用。由于革命与建设的实践是实现共同目标的社会行为，按实践唯物论，在实践中不仅改造客观世界，而且在改造客观世界的过程中改造人们的主观世界。

固然，人们的主观世界中，存在先进与后进、先生与学生的差别，按照常理，学以求师为要。不过，先生之教未必行之有效。于是由此发生另一番道理，即要做群众的先生，先做群众的学生。意思是教育者不仅先受教育，而且有必要向自己教育的对象学习，才能有的放矢。实属是教育理论中鲜见的独到见解。

话虽如此，近七十年来，我国"以人民为中心"的价值追求迄今未变，以经世致用为特点的实践理论性质迄今未变，建构"有中国特色的教育理论及人文理论的历史使命迄今未变"。何况如今国力大大增强，更有条件实现我们的历史使命。问题在于经过世代交替，历史使命的承担者同往日的人民群众及人民中的精英不可同日而语，面对激急变化的新情况与新需求，有必要在重新审视历史经验基础运作新的探求。话虽如此，无论在实践演变的过程中，还是在理论演变的过程中，都有绕不开的坎。其实，无论历史经验还是现实探求中的新经验，其中既可能是绕不开的坎，也可能突破绕不开的坎。坎也者，别无他意，逻辑是也。

五、现代教育专业理论的由来

现代社会形成时期，自然科学取得伟大的成就。18世纪与19世纪之交，进而兴起以自然科学为先例，建构人文科学的潮流，其中德国教育学首当其冲，当时竟成为"人文科学之冠"。不过教育学诞生不久，标榜"教育科学"的教育学，其科学性便不断受到质疑。这不仅涉及"科学"的界定，还同人文科学本身的特殊性质相关。

在自然科学的意义上，科学研究一般从本专业研究对象的基本概念界定入手。概念的内涵是指该事物内在的本质属性。故概念实际是该学科论证的逻辑起点。由此出发，进而以合乎逻辑的论证，揭示该事物中必然变化的客观规律。所以科学研究本身在于发现问题，而有别于经世致用之学，或实践理识。不过科学别有所用，即以科学发现的事物本质属性及其发展的客观规律为前提，建构技术科学，进而以技术科学的发现为前提，建构工程科学，用以指导工程的设计与运作规范。相对于科学及科学的运用，实践理论则是另外一回事，不过实践理论研究却不得违背客观事实与规律。

包括教育科学在内的人文科学或社会科学，为现代社会发展到一定程度时才尝试建构的相关的学科。通常把这类学科同自然科学一样，归结为专业性质的学科。唯断然称之为"科学"，少不得带有某种科学的属性。至少以本学科研究对象基本概念的界定为论证的逻辑起点。由于自然科学的基本概念是从研究对象的普遍现象中概括出来的本质属性为其概念的内涵，故发现相关事实同所发现的事物本质属性有出入，其界定将受到"否证"。人文科学以人文现象为其研究的对象，而人文现象是在人际交往中发生的，不免受到人的主观意识影响，故人文科学的研究对象不仅非常复杂，而且多有变化，其发生与发展或为具体情境使然，不免带有偶然性，以致人文科学的研究对象缺乏自然科学研究对象那样相对的稳定性。故人文科学概念的发生事实上出于另行探求。

以教育学为例,西方原以基督教"神本位"文化占有绝对优势,在长达十个世纪的天主教精神统治下,世俗的人文学问以及世俗教育原无立足之地。大致在18世纪启蒙运动以后,才尝试在宗教信仰与宗教仪式一旁,另建世俗性质的学校教育活动。故在建构教育学时,曾经以古代拉丁语educauo为词根建构英语education一词,原意为"引出",作为学科的基本概念,中文译为"教育"。就连所谓教育学,也是德语Pädagogik的中文译词。原词以古代希腊语paidagogos为词根建构的新词,希腊原词的词义不过是"教仆"一词而已。其实那时把未成年人应有的成年准备(相当于我国所谓教育)规定为"引出"①,而由于如此规定并非已经形成的普遍存在的客观事实,也就不成其为从普遍存在的客观事实中抽象出来的概念,而是有待实施的价值追求,反映先贤的"教育预见"。如此预见的价值在于适应现时代的客观需求,尝试挣脱基督教"原罪说"的束缚,另行"从娃娃抓起",引出一代又一代未成年人的"人性"意识。至于"人性"是怎么一回事,起初主要从人与动物的区别中得出人的特殊性质的解说。如人是理性的动物,人是文化的动物,人是政治的动物,进而形成"社会人"观念以及人同动物的区别在于人有"类"的观念。由此既把独立而自由的个性视为合理的人性,又把道德的人格作为行为规范的底线,更出于"同类"的关注,萌生以未成年人为对象的教育观念。Pädagogik原本是

---

① 其实"教育"同"引出"不是一回事。教育的本义为引人为善,而引出是针对中世纪以来教会的"原罪论",以"引出人性"为有待实现的价值观念。如果说"引人为善"为"教育",那么,"引出"或"为引出人性"之意。

这种教育意义上的学科，如今称之为教育分支学科（实为其他母学科的子学科）的著作，也不在少数。此类来也匆匆去也匆匆的言论，虽不无"片刻的效果"，怕就怕的是由此错失了"从实践中来，到实践中去"发现教育学资源的机会。

六、教育学建构中的一般理论问题

其实教育学建构中还涉及若干一般理论问题，如：研究对象如何界定问题，"教育科学"的科学性问题，教育研究中学术自由问题，以及教育基础理论与教育实践理论的区别问题。

（一）关于研究对象的界定

现代教育理论的发生，从以古代希腊文或拉丁文中某个语词为词根，建构表达研究对象基本概念的新词，作为建构新学科的起点。以我国眼光看来，不免费解。且不说education指称的对象是否为教育，问题在于按照如此建构一门新学科的思路，Pädagogik何以能够成其为教育之学，这就不能不考虑如此思路发生的缘由何在。

18世纪与19世纪之交，在自然科学日趋发达的情境下，兴起以自然科学为先例，建构现代人文科学的潮流。其实就连自然科学的建构，也同古代推崇形而上学的传统不无干系。

简单地说，一门学科的建构，从表达其研究对象的基本概念的界定入手，并在论证中，始终保持概念的单义性，而经过分析与综合判断及推理的论证，其理论才得以成立。如此思路，追根溯源,其实得之于古希腊形而上学中称之为"辩证法"的逻辑学。

古代雅典文化中,一度兴起聚众的讲演和辩论风尚。在如此风尚中兴起文法、修辞和称之为"辩证法"的逻辑之学,合称"三术"或"三艺"。客观上要求思维合乎形式逻辑,思维的表达中合乎文法、修辞的语言规范,以利于讲演和辩论合理的运行。如此学术规范在柏拉图、亚里士多德等的古典学术著作中得到充分的体现。

欧洲经历公元前1—5世纪黑暗统治以后,在公元第6—10世纪进入烦琐哲学时期。所谓烦琐哲学,是指运用文法、修辞和逻辑对天主教的教义、教规进行烦琐的论辩。现代社会形成时期,针对天主教精神统治产生文艺复兴、宗教改革和启蒙运动。

相对于以物理学为代表的"形而下学",传统的形而上学一度几乎成为贬义词,焉知形而上学中包含着不可或缺的治学之道。

有道是:"没有希腊文化和罗马帝国所奠定的基础,也就没有现代的欧洲。"①

19世纪由德国学者引领的古典欧洲人文学科优势,时至19世纪与20世纪之交,逐渐为由美国学者引领的社会科学所替代。由于在我国发生的西学东渐过程正当其时,故我等教育学人对古典人文学科费解,不足为怪。至于如今所谓社会科学,算是

---

① 恩格斯.反杜林论[M]//中共中央马克思恩格斯列宁斯大林著作编译局,编译.马克思恩格斯文集·第九卷.北京:人民出版社,2009:188.

什么"学术",什么"理论",其中的"社会性"是什么,"科学性"如何,自愧无力表述。

(二)关于社会科学的科学性问题

从以自然现象为研究对象的那种科学观念看来,似乎有理由质疑社会科学的科学性。不过时至19世纪与20世纪之交,随着社会研究的发展,不免发生对如此质疑本身的质疑,即既然人文学科或社会学科研究的对象有别于自然科学研究的对象,社会科学应有别于自然科学,而形成本学科自身的特点,也就无须按照自然科学界定基本概念的规则,套用于社会科学的研究,直至在原有科学概念一旁,另立运用于人文研究或社会研究的"科学"一词。不过即使如此,也不至于距离"科学"的原意太远。

据前辈学者罗廷光所见,英语、法语中的"科学"(science)是以古代拉丁文scientia为词根建构的新词,而scientia又从动词scire(求知)变化而成。由此便形成另一"科学"概念,即德语Wissenschaft,意指"各种有关联的学问"。[①]

那么,此"科学"界定可以算是"科学"么?

1. 人文科学研究对象的发生与发展虽带有某种不确定性,其研究同样以客观存在的情况为依据。

2. 如果说现实特定情境中发生或变化的人文现象带有不确定性,那么人文科学研究对象历史性变化研究中可能排除其中

---

① 罗廷光.教育科学纲要[M].福州:福建教育出版社,2007:22.

的偶然性，而显示变化的必然趋势。

3. 人文科学的基本概念，或出于应然性的假设，而对其实然假设的可能性、可行性合乎逻辑的论证得以成立，才成其为一学。

4. 人文科学研究的结果同样经过实践检验才可以成立。

其实诸如此类以自然科学为先例的表述，无非是改造形而上学理论陈述的尝试。现代人文学科得以成立，实际上主要得益于古代希腊以来逻辑论证的传统以及启蒙运动以来以秉承黑格尔为代表的古典哲学对古典文化的继承与改造，所以从漫长岁月的古典人文学科到新兴的现代人文学科，是人文学科形成的必由之路。这过程从逻辑论证开始到现代语法的运用。为什么这样说呢？

现代人文学科界定研究对象的基本概念一般并非从普遍的人文现象中抽象而成，而是以古代希腊文或拉丁文中某个语词为词根建构的新词。"言必称希腊"，此之谓也。其词义实际上是参照时代的需求而暂定的假设。这种假设既有待论证，更有待实现。其中合乎逻辑的论证在一种理论得以成立过程中不可或缺。

至于如今甚嚣尘上的以货币转化为资本为前提的所谓自由经济说，或以党争合理性为前提的自由政治说，是否成其为社会科学，取决于是否认同其前提。从启蒙运动时期萌生的自由观念看来，个别地区的自由论调，因缺乏谨严的逻辑论证，与其指其为理论，毋宁说那不过是别有用心的好事者自由的理论政治伎俩而已。至于学术自由，那是另外一回事。

（三）关于学术自由问题

现代职业分工过程中逐渐形成职业分化，从而产生专业研究和专业性质的学科。教育专业也在其列。在专业研究中，一向标榜学术自由，专业自主。从哪里争得自由的权利呢？

自由主义源于从漫长的中世纪天主教精神统治中争得的思想自由、言论自由以及学术研究的自由。在现实社会中则出于对行政干预权力的限制，而那种行政体制是那里历史形成的国家与社会关系使然。问题在于学术自由本身是怎么一回事。

如今的学术研究是在行政依法管理条件下专业自主权利有限的自由。从专业自主中引发学术论争，针对无端的甚至有害的论争形成学术行为规范，表明学术研究自由有一定的限度。

学术自由与学术论争客观上导致学术多元化。学术多元化过程中不断开拓学术研究的视野，在总体上不断增进社会的精神财富，自然，由不靠谱、不入流的研究行为制造的"理论垃圾"有待清理。

且不说由学术研究造成的莫衷一是的态势，可能使实践者无所适从，亦可能导致实践中混乱。由此亦可能好事者人为编造有关学术研究"一元化"的偏见，问题在于所谓"多元化"或"一元化"究竟何所指？

不妨说，其中涉及研究的价值取向是"多元化"还是"一元化"问题，而非指研究的内容和方法"多样化"或"一样化"。在研究价值"一元化"过程中，可能形成"多样化"的研究内容与方法，而在研究价值"多元化"过程中，研究者之间的冲突不可避免。关于在如此两者之间何去何从？不妨说，无可无不可。因为基础理论（即所谓"纯理论"）是一回事，而实践理论（即经世致用理论）则是另外一回事。

（四）关于理论结构类型问题

现代所谓理论，其中理论结构存在不同的类型。现代人文学科，原为以自然科学为先例，把形而上学改造为人文科学的尝试。且不说其中的科学性如何，至少其理论结构型式类似于以客观事物为研究对象的学科，即以概念的界定为论证的逻辑起点，在一系列命题中展开合乎逻辑的论证，从中得出本学科的系统知识与理论，其理论同样接受实践的检验。不过其中的每一步骤，都少不得根据人文学科的研究对象形成人文科学的特点。

如果说一般人文学科的理论以客观事物为研究的对象，那么实践理论虽然以客观事实为出发点，并不以客观事物的认知为限度，而致力于革命理论的实践客观现状的改造。其中涉及现状何以有待改变，将向什么方向改变，属于价值判断的价值选择问题。故通常所谓实践理论，实际上是指以实践为核心价值观念的价值理论，至于我国在以实践唯物主义论为理论基础自力更生建构的实践理论，作为现代条件下以人民为本位的经世致用之学，更加注重为人民服务价值的实现，故如此价值理论带有实践理论的特色。

因此，实践理论结构的型式为：根据实践的价值追求和可能实施的情况，选择实践的目标；按照符合实践目标的观点，选择实践的内容；根据实施实践内容的要求，选择实施实践内容的方式与方法。在理论结构型式中，隐含着马克思主义立场、观点、方法的运用。

七、教育学的特殊性质

在初步明了教育学的由来以后，进一步的问题是，教育学不仅有别于教育实践理论，而且有别于一般人文学科或社会学科。问题在于，这个问题如何发生？提出这个问题的理由何在？

原来在我国一般把教育学纳入一般人文学科或社会学科范畴，实际上又存在一种错觉：仿佛一般人文学科或社会学科高于教育学，以致不论其他学科知识及观点是否适用于教育情境，却常常把教育知识及教育观点作为其他学科知识及观点的演绎。这且不谈，其实这个问题不妨反其道而思之，即从治教育学之道反观与此相关的其他学科治学中的问题，这种思考实出于对教育的性质与特点的适当认识，也就是教育学有别于一般人文学科或社会学科的认识。不过这种认识得来不易。

前文谈到，教育实际上是由相互联系又互有区别的三种成分构成的，其中的区别不见得只是话语的区别，实际上是指这三种成分性质的区别。这才含糊不得。

其中教育（狭义）与教养的不同，至少从道德同文化知识的区别中可知。至于称之为教学的教-学活动，本身是一个中性概念，而教育-教养为衡量教-学活动的价值标准。因教-学活动可能有教育价值或教养价值，却未必都有教育价值或教养价值，甚至还存在教唆问题。

问题在于我国文化中习惯于从事物总体上观察事物，关于教育，好在教育（狭义）、教养或教-学活动都可能是好事，也就不拘泥于这三者之间的区别，并且可能漠视这三者之间可能发生的冲突，这才形成笼而统之的教育（广义）观念。随之也就不介意把教育纳入笼而统之的人文学科或社会学科范畴。

如把我国的教育观念同西方教育观念加以比较，其中的差异就显示出来，只是由于通常以本国语词作为外来似乎对应语词的中译词，以致事实上又把两者之间客观存在的区别人为地掩盖起来。对此或许外国一般学者未必介意，不过，躲不过其中有识之士的眼界。不妨列举几例如下：

1. 我国所谓"教育学"，原为德文Pädagogik的中译词。这个德文词原出于培根在《论学术的进展》（1605年）一书中最早进行学术分类（当时统称"科学分类"）的尝试。值得注意的是Pädagogik在其学术分类中所处的位置（见本书第107页）。①

培根所谓Pädagogik义何所指？据其解释，为关于课程及教-学活动的见解。②其中的解释，现在看来，似乎倒也寻常。不过在17世纪，当时尚通行基督教信仰和宗教仪式，尚不存在世俗性质的教育。同时代学者夸美纽斯有言："在以前各

---

① 王国维主编《教育世界》杂志1904年第5期发表的《培根氏的教育学说》一文中，最早把Pädagogik译为"教育学"。
② 陈桂生.Pädagogik在培根学术分类中的位置[M]//陈桂生.教育文史辨析.上海：华东师范大学出版社，2012：83.

世纪，这种教与学的艺术是很少有人知道的。"[①] 表明培根关于Pädagogik的见解堪称西方教育上的创见。至于Pädagogik在学术分类中的特殊地位，说明正由于他把Pädagogik理解为关于教-学活动的见识，才有别于七类学术领域。

2. 20世纪美国学者杜威谈到"教育科学的资源"（即从哪里汲取教育理论的资料来源）时，认定这种资料来源"包括进入教育者的心、脑和手的任何部分"，即这种资料来源存在于教育者（主要是教师）之中。因为，教育学如从教育者的实践及其经验中汲取理论的资源，那么，在其指导下，教育的职责将更加开明，更合乎人道，更有"真实的教育意义"；反之，如果到"教育以外"，即到一般人文学科、社会学科去汲取教育学的资源，虽可能取得"片刻的效果"，实际上不过于是"弃职"，是"投降"，从而贻误从教育实践中可能得到的机会。[②]

反思我国，自古以来，虽鲜见"教育学"建树，然而自韩愈《师说》以来，历代以《师说》为题的著作至少七十余篇，在此前后不以《师说》为题的类似著作更多。至少表明当时虽无"教育学"，并不乏以"进入教育者的心、脑和手"为素材的教育著作。自然，自西学东渐以来，从"教育以外"如一般人文学科或社会学科汲取资源的学科，如以"教育"为话题，以别的学科为母本的学科，虽称之为教育分支学科，实际上是别的学科的子学科。但愿此类学科不致成为"架空教育"的玩意儿。

[①] 夸美纽斯.大教学论[M].傅任敢，译.北京：人民教育出版社，1984：5.
[②] 杜威.教育科学的资源[M]//赵祥麟，王承绪，编译.杜威教育论著选.上海：华东师范大学出版社，1981：285.

八、教育基础理论与教育实践理论的区别

现代教育学原为教育基础性质的理论，Pädagogik 中译词称之为"普通教育学"或"一般教育学"。这里所谓教育实践理论实际上是指形成中的我国教育实践理论。尽管这两者都尚在探索的过程中，有待定型，而其中的区别已经显示出来，两者之间的区别择其要者如下：

1. 按照教育基础理论的设想，其研究在于从透过大量的教育现象揭示教育的本质属性入手，进而以合乎逻辑的论证，揭示教育必然变化的规律。不过，任何事物发展到一定程度时，其内在的本质属性才逐渐显示出来，从而被人们认识。所以教育基础理论是一个在漫长的岁月中不断探索的过程。那么教育的本质属性及其必然变化的路线是怎样逐步显示出来的呢？

按照辩证法，任何事物的性质都是由其内在的主要矛盾同次要矛盾各自向其对立面转化的过程。在一定条件下，主要矛盾的主要方面决定其本质属性，在另一条件下，次要矛盾上升为主要矛盾，如果原生次要矛盾上升为主要矛盾，其主要方面决定事物的本质属性，这便成为事物性质必然性的变化，那么怎样依照如此观点观察教育性质的变化呢？

如上所述，广义的教育，包含三种互有联系又互有区别的不同成分，教育（狭义）同教养性质的区别，教育、教养同教-学活动性质的区别，教-学活动中还存在教程与学程类型的区别。其中教程指从教到学的程序，学程为从学到教的程序。诸

如此类区别，是自然形成的。如人类诞生，因有"类"的意识，才萌生教育观念和非正规的教-学活动，经历若干世纪，由于文字的产生，才发生教养，又经历若干岁月，才出现正规的教-学活动。唯其如此，广义教育的变化，才有线索可循。如果说我国古代教育以狭义教育为主，并以学程方式实施教养，那么现代西方教育以教程方式实施教养为主，在教养基础上实施教育，时至当代又出现从制度化的教程向非制度化的学程转化的舆论。

教育实践理论则是同教育基础理论相关的另一种理论。如果说教育基础理论回答的是"教育是什么"问题，即教育的本质属性及其变化的必然性，那么教育实践理论不仅回答"教育应当是什么"问题，而且有别于一般价值理论，还着重回答如何使应然教育转化为实然教育，其中的教育价值判断涉及对不合理教育的批判和合理教育的发挥，促进教育本质属性的变化。

2. 教育基础理论，因为回答"教育是什么"，故以客观存在的教育事实为研究对象并以一般认识论为其理论的依据，以教育一般知识为陈述的方式。教育实践理论以实践唯物主义认识论为其理论的依据，是在以实践变革教育既成状态的过程中可能获得教育的再认识。这种虽在一定时间、一定地点和一定条件下获得的教育见识，虽有别于教育的一般认识，却可能是一般教育认识的矫正或补充。

此外，在中西教育比较中，无论是单以未成年人教育为研究的对象还是以各级各类教育为研究的对象，无论是在有限的行政干预条件下的专业研究还是政治教化系统中的教育研究，其中的区别或更为显著。

九、我国教育实践理论研究中有待探访的问题

我国教育实践理论研究中还存在哪些问题呢？

1. 我国现代实践理论植根于本国经世致用的文化传统。在学以致用中，"学"是同"用"对举的观念。学以致用之道本身自有排除言论空谈的价值。理由很简单：无用之学，学它何用？问题在于，何为致用之学？

通常往往把正当而又恰当地解决问题的智慧当作致用之学。问题在于，智慧是什么性质的问题？其实，智慧是运用所知解决实际问题经验的结晶，即使是正当而又恰当地解决问题的经验，也要经过合乎逻辑的论证，才可以上升为理论。所以把致用之学不加分析地当作有用的理论，那是一种错觉。其实经验有直接经验和间接经验之分。其中直接经验通常是个体从自身经历中获得直观经验，其实个体从学习或研究中取得的经验，也是直接经验。间接经验本身为书本知识，如假定书本知识是别人在其经验的基础上形成，对于个人来说，学习书本知识，也等于学习间接经验。若避开弯弯绕，就是直观经验和抽象性质的理论之分。若把"理论"作"经验"解，或把"经验"作"理论"解，实出于夸大经验的意义，漠视理论的价值。

2. 我国现代实践理论是经世致用文化传统的继承与发展。无可否认，其中确有理论建构的设想，主要是以实践唯物主义认识论为理论基础，以人民为核心价值观念与指导思想的实践为出发点；根据本国实际情况，谋求核心价值的实现。唯其中

的论证尚待完善。

在我国，通常把"理论联系实际"作为实现实践理论的基本原则，或以"理论和实际结合""理论和实际的统一"为其同义语。其中所谓"实际"，实际上指称客观存在的实践，至于"联系""结合"及"统一"，实际上有外在的联系与内在的联系之别。如果说外在的联系为理论同实践之间徒具形式的联系，那么，理论同实践内在的联系，主要从理论同实践本身特点性质中寻求。其中存在应然的理论运用于实践的可能性与可行性的论证和在具体实践中有效地运用理论的经验问题。

十、后记

本文由"有中国特色的教育学"话题引起。其中的议论不免引起疑问：这是教育理论么？干脆说：这像是"政治说教"。明知这是教育专业同仁最易发生的疑问，岂不知其中从现代教育科学的由来及现代人文科学的发生谈起，虽无意对此说三道四，却为了不致以如此专业眼界局限观察的视野。在此以外，因理论别有洞天。岂不知在此以前与在此以后本国自有一番理论的探求，明乎此才有本文的发生和对本文质疑本身的质疑。为此还得从中西文化性质的区别谈起。

其实，现代人文科学脱胎于其历史形成的形而上学。以自然科学为先例，从形而上学中逐渐脱颖而出的专业性学科，在那里的行政管理体制中，算是所谓学术自由研究的领域。其中所谓自由，实际上是同行政干预相对的观念。其实，它在社会结构中作为社会的上层建筑，客观上不能不是其社会经济基础的反映，即称之为"看不见的手"的"自由经济"的反映，实际上是不以行政干预触犯货币转化为资本自由的反映，好在那里的有识之士，在此限度内，尚明了学术自由或艺术自由同学术或艺术市场化（即商品化）的区别，故学术或艺术自由的专业自主的探求，自有无可替代的价值。不过如果由此发生排他性，则是职业的偏见。

鉴于历史形成的中西国家意识、行政体制、社会观念以及家庭观念，同中有别，异中存同，不能不导致研究理论的异同。至于其中同在何处，异在何方，又不便多议，否则或更有离题之嫌。故只得以平常心看待所谓自由和行政之类问题，即把诸如此类语词作为中性词运用。

说到本文在画蛇之余为何添此一"足"？无非出于为中华人民共和国人文学科历史上一度发生的误会与冲突，提供一点同情性理解而已。

2020年4月11日

IV

教育学的是是非非

关于教育的理论，往往是各种陈述的极为复杂的混合物。由于这个原因，用以表达它们的语言，容易为研究理论的人，甚至提出理论的人所误解……教育理论并不都是相同的，不能同样加以判断。哲学家的任务之一，就是设法阐明这些理论，估计他们的逻辑价值和它们的解释功能。

——［英］奥康纳：《教育学引论》

引　言

　　教育学原为以未成年学生的基础教育为研究对象的学科，按理"在理论上说明教育的可能性，并且按各种情况变化说明它的界限"。①不过，变化中的教育学表明，这门学科不仅越来越不符合未成年儿童、少年教育的可能性，甚至越来越脱离其原有的研究对象，而成其为"大教育学"。不仅如此，如果说在这门学科建构之初，为使其成为"独立"的学科，曾警惕使其"像偏僻的被占领的区域一样受到外人治理"，②那么如今随着越来越多所谓教育分支学科涌现，教育学似已越来越不成其独立的学科。其中的是是非非，不能不成为有待分辨的话题。

---

① 赫尔巴特.普通教育学.教育学讲授纲要［M］.李其龙，译.北京：人民教育出版社，1989：12.
② 同上：10.

以教-学活动为研究对象的教学论与课程论
——教育学子学科辨析（一）

一、现代教学理论的由来［269］—— 二、课程要义［271］—— 三、学程和教程的区别［273］——四、客观地审视教程与学程的价值［275］—— 五、我国课程研究中有待解决的问题［277］

如今的教育理论中，似有教学理论与课程理论之分。其实这两种理论都以教-学活动为研究的对象。因为在基础教育实践中，既没有无课程的教与学，也不存在同教与学活动无关的课程。问题在于，课程大抵是19世纪中叶以后，尤其是19世纪与20世纪之交，在英语地区才逐渐形成的概念，而在发生于欧洲大陆地区的现代教育学中，原先不仅并无"课程"一说，即使在课程理论萌生后，课程也非那里教-学实践中通用的基本概念。

话虽如此，按照如今"课程"一说，便不能不承认一般教-学活动中确实存在课程问题。不过重要的是教-学活动的两种理论假设不同。至于这两种理论假设如何发生，其中的区别何在，便是有待探讨的课题。

一、现代教学理论的由来

现代教学理论出自现代社会形成时期建构的教-学活动的基本假设，原称教学艺术。如今在欧洲大陆地区，依然存在这种看法。其中以教养为教学活动的价值标准。所谓教养，是指通过教-学活动使一定社会-文化中未成年的儿童、少年应当具备的基础性质的文化知识、技能转化为未成年人的文化知识、技能，即成为他们的教养。缺乏教养价值的教-学活动，不过是徒具形式而已。在那里把未成年的学生应当掌握的文化知识与技能，一般称之为教学内容（教养内容）。

按理，一定社会-文化中未成年人应当具备的文化知识与技能，为人类及本民族历史形成的文化遗产的结晶。不过尽管在教-学活动的假设中对学生应当掌握的文化知识与技能做了精心的选择，事实上学生应当掌握的文化知识与技能，同身心尚待成熟，尤其是尚处在"理性睡眠期"的儿童、少年之间，存在难以跨越的鸿沟。

话虽如此，由于各个时代一般都以本民族历史形成的文化教养为正规或非正规的未成年儿童、少年教化的基本内容。不过在现代以前的社会-文化（如中国古代社会-文化）中，由于缺乏对未成年人个性、心理及意愿的理解与尊重，故无视即使经过简化处理的文化遗产同未成年人意识中的逻辑鸿沟，以致当时虽以儿童、少年为教育的对象，在总体上并不存在名副其实的儿童教育与少年教育。唯其如此，现代教学理论正是在以往教-学活动反思的过程中建构的。

现代教学理论，原称教学艺术。所谓教学艺术，相对于教学科学而言，以教学法（即教学法则）为要义。其中包括普通教学法与分科教学法。后来才从普通教学法演变为越来越架空于教学活动的教学论。

由于现代教育以未成年儿童、少年形成独立而健全的人格为旨趣，促使现代学者对传统教-学活动的反思，并以教学法则为教-学活动的运作和教师授业行为规范的依据，在一定程度上缓解了教与学之间的矛盾。在我国，如今一般教师和教育事务当事人，虽未必了解教学艺术，未必明了教学法，而在多年西学东渐中积淀的教学常理、常法与常规在教-学活动中仍不无影响。

问题在于现代以前的教-学活动，虽然无视应予传授的文化知识同学生之间的逻辑鸿沟。由于当时以教师同学生之间一对一的个别授业为习俗，而现代教-学活动则发生从个别施教到以班级为单位集体施教的变化，形成班级授课制。在班级授课制中，大致把各班级众多学生当作"一个学生"施教。随着学校规模的扩大，进而在"一师多生"的同时，形成"一生多师"的状态。相对于传统的个别施教，现代教与学之间的内在距离相对缩小，外在距离反而拉大。

更重要的问题在于从古代以书定课到现代按照学科教科书施教，在课业同未成年学生之间的逻辑鸿沟趋于缩小的同时，又因应试的影响而逐渐扩大。加之随着教-学活动的日益制度化，教-学活动越来越不以当事人的意志为转移。在自主授业越来越受到限制的同时，学生自主学习的可能性越来越少。故时至19世纪与20世纪之交，教-学活动的改革势在必行。

二、课程要义

现代教学理论的原意，在于以未成年人（泛称儿童）为对象的教-学活动，通过教师的传授，使应予传授和学习的基础文化知识与技能成为学生的文化知识与技能。在学科知识的意义上，这仿佛是学生从不知到知，从知之甚少到知之较多的过程。问题在于如此假设实际上默认学生可以在以"空白"的头脑支配下无知无欲地学习。其实每个人出生后，早就在同外界的接触以及同别人的交往中，逐渐形成自己幼稚的经验与简单的欲望。所以学生的头脑不仅不是什么"真空"，甚至还存在同隐含在基础文化知识与技能中的假设格格不入的成分。有道是：儿童的狭小的然而是关于个人的世界和非个人的然而是空间和时间无限扩大的世界相反；儿童生活的统一性和全神贯注的专一性与课程的种种专门化和分门别类相反；逻辑的分类和排列的抽象原理与儿童生活的实际和情绪的结合相反。①

明乎此，不能不承认，尽管未成年学生的经验本身意义有限，以他们为对象的教-学活动的可接受性便成为问题。这个问题的解决有赖于教与学之间通道的寻求。所谓课程，便作为这种通道应运而生。

---

① 杜威.学校与社会·明日之学校［M］.顾岳中，译.赵祥麟，校.北京：人民教育出版社，1994：117.

"课程"为英语curriculum的中译词,原为以古拉丁语currere为词根建构的新词。拉丁语原词为"跑道"(racecourse)之义。由于"跑道"不仅表示所跑之道,还表示它是从出发点抵达终点的通道。那么作为教与学之间通道的课程究竟是什么意思呢?

课程问题的发生,如从杜威《儿童与课程》(1902年)一文算起,迄今已有百年之久。不过,对于教-学活动的探求来说,这毕竟仍是有待探求的课题,以致仍未见取得公认的课程定义。但不乏与此相关的定义式表述,举例如下[①]:

定义式表述	作　者
1. 一门学程,一门学习或训练的常规学程	OED
2. 一门学程,特别是专门确定的学程	Webster's New International Dictionary(2nd edition)
3. 课程是儿童在教师指导下所获得的所有经验	Caswell & Campbell
4. 课程包括学校所提供的所有学习机会	
5. 课程[是]一种规划或计划,指向于学习者在学校的指导下所际遇的所有经验	Oliva, 1982;Jackson, 1992a, pp.4-5

表明当时当地"课程"已经成为常用的语词,虽未形成通

---

① 威廉.F.派纳,威廉.M.雷诺兹,等.理解课程(上)[M].张华,等,译.北京:教育科学出版社,2003:25.

用的课程概念。①从若干定义式表述中可知其中不乏新意。

1. "课程"并非"教学内容"的同义语,而是有别于教程的学程。

2. 作为学程的课程,并非单指教科书及书本知识,而泛指学生应当获得的经验,或学习机会。其中或包含作为人类历史经验的教科书及书本知识,还包括学生的手工劳动及社会活动。

由此看来,如果说教学理论通常以知识见解为学术背景,那么课程理论则不仅以经验主义重新审视未成年儿童的精神世界,而且重新解释教材的含义。在"儿童应当掌握的经验"或"学习机会"的选择中,寻求教与学沟通的道路。

三、学程和教程的区别

课程理论是针对教学活动中长期存在的问题发生的。课程问题的发生,实际上是教学活动从教程向学程逐步转化过程中的探求。这种转化过程中的关键何在呢?

长期以来的教-学活动以教科书为基本教材,即所谓"课本课本一课之本"。教材中的文化知识与技能,有赖于教师的传授。如此教学活动对于学生来说,所要学习的,主要是由前人在书本中提供的东西。这种学习虽有必要,毕竟是学生身外之

---

① 据称:在美国,课程纲领性文本,源于卡斯韦尔和坎布尔的《课程开发》(1935年)一文(威廉.F.派纳,威廉.M.雷诺兹,等.理解课程(上)[M].张华,等,译.北京:教育科学出版社,2003:11.)。美国于1947年在芝加哥大学举行的一次会议上第一次提出把有关课程的各种观点汇集在一起的设想(乔治·比彻姆.课程理论[M].北京:人民教育出版社,1989:序.)。当时芝加哥大学教授拉尔夫·泰勒于1949年发表《课程与教学的基本原理》或与此相关。

物。不仅同学生的现实生活脱节，而且同未成年学生形成中的心理承受能力之间存在难以跨越的逻辑鸿沟，反而可能成为学生时间与精力的浪费，并错失想象力发展、求知欲萌生的时机。故可能无助甚至有碍于学生内在的学习动力的萌发。所以如此教-学活动实际上是一种教师施教范式的教程。

课程为从教程向学程转化过程中形成的教-学活动价值观念。其中肯定每个人出生后就逐渐萌生初步的生活经验。在教-学活动中，虽有待学习基础性质的文化知识与技能，事实上这种学习在学生可能接受和愿意接受的情况下才有效，故有必要。这便是以儿童经验为限度。虽然儿童经验本身并非一成不变，毕竟有必要在儿童经验同儿童应有的经验（如基础性质的文化知识与技能）之间寻求某种交会点。那么这种交会点何在呢？

按照经验主义见识，人们的经验是在个人活动的经历中获得的体验。学习是在自觉的活动中从外部事物和个人对外部事物的反映中得到的体验。由此看来儿童活动的设计与指导便是这种交会点。

唯其如此，美国进步主义教育和欧洲"新学校"从手工劳作的教育价值发现中发现教-学活动改革的契机，从而把学生参与的手工劳作列入课程（作为科目），甚至把此类学校标榜为"劳作学校""工作学校"，以致克鲁普斯卡娅一言以蔽之：现代教育改革实际上是把"读书学校"改造为"劳动学校"。自然，"活动课程"的意义毕竟有限。

与此相关，在"生活学校"中，教材不限于教科书，还有所谓活动教材，就连教科书概念也发生了变化，即教科书不再只是教师用书，而成为学生同教师共用的书籍，从而把教师的"讲授"改为"指导"，即师生之间把教科书涉及的问题，作为对话或讨论之类活动的话题。

话虽如此，若以教科书中的问题为师生谈话或讨论的话题，还存在教材中的问题是否可能成为学生的话题问题。这又成为教材选择中的难题。由于学科本身是人类历史经验去伪存真、由表及里、从具体到抽象、从简单到复杂逐渐形成的，按照人类学的复演说，通常在个体早期自然成长中实际上为种族早期文化的复演。例如年幼儿童富于想象，爱听故事，尤其是神话故事、童话故事、动物故事，爱玩游戏，因为种族文化便是由此发生的。由此又可以从种族文化源头中发现教材与年幼儿童经验的交会点。

问题在于从成年人的眼光中，儿童早期的兴趣与欲望微不足道，故一般急于使其获得在成年人看来有价值的文化。岂不知成年人中，想象力如何，求知欲如何，自主意识如何，是否"玩够"了，往往根植于其早期经验。

四、客观地审视教程与学程的价值

现代教育原以未成年人的成年准备为要义。其中，既存在包含本民族文化传统的基础性质的文化知识与技能在新一代人中传承的需要，又存在未成年人不可或缺的基础性质的文化知识与技能同未成年学生接受能力与个人欲望之间的反差。这便是基础教育中教-学活动有待解决的难题。

作为学程取向的课程问题的设想，拓宽了教-学活动的思路。问题在于从这种思路中派生出来的形形色色的试验虽当红一时，却如昙花一现。实不足为怪。因为历史性质的问题通常只能历史地加以解决。

一度被奉为进步主义教育代言人的杜威，在进步主义教育经过一代人的时间实践以后，客观地认定：根据一套新概念来管理学校，比之因循守旧是更为困难的。所以"以新的一套思想和由新思想所引起的新活动为指导的各种运动，或迟或早，总会返回到过去表现为比较简单的和比较基本的思想和实际上去——现时的教育又在企图恢复古代希腊和中世纪的各种原则，这便是明显的例证"。[1]

这不足为怪。因为每一代教师成千上万，学生为数更多。参与教育实践的人们通常是按照历史形成的教育常理、常法和常规运作的。故依据教育的新见识和新见识的新试验转化为政策，从政策转化为普遍的具体实践，形成新型的教育常理、常法和常规，都少不得在漫长的岁月中接受实践的检验。在此以前，教育的新思想总不免或迟或早"返回到过去表现为比较简单的和比较基本的思想和实际上去"。不过，这既不表示教程优越于学程，也不表示历史形成的教程全不可取。只表示现代课程理论尚在形成过程中，已经出现的学程价值取向的试验有待实践的检验，学程化的时机尚不成熟，教程也在逐步改进的过程中。

---

[1] 杜威.我们怎样思维·经验与教育[M].姜文闵，译.北京：人民教育出版社，1991：246.

五、我国课程研究中有待解决的问题

以教-学活动为研究对象的教学论与课程论似乎是教育学的子学科,而在研究中往往出现游离于其他学科的现象,却又浑然不觉。这就是撇开教育或教养的价值追求,把教程或学程当作纯技术性质的问题处理。

尽管课程问题提出已有百年之久,然而这个问题在我国迄今仍若明若暗。由于如今"课程"一语,原为curriculum这个外来语的中文译词。其语义同这个外来词的原意,或多或少有出入。就连"教学"一词也存在类似情况。

我国如今所谓"课程",实际上是"教学内容"的代名词。其实现代课程理论中,作为教与学中介的课程,除了教学内容,还有课程实施的诸多讲求。正如现代教学理论中,除了教学内容,还有教学法。所以局限于教学内容的课程观念,实际上属于现代课程理论与教学理解的别解。

如今通用的"教学"一词,也是英语instruction、德语Unterrichten、俄语обучение的中译,这个词原译为"教授"。陶行知鉴于通常教-学活动不一定具有教学生学的含义,故改称"教学",意思是只有教学生学的活动才堪称"教学",实际上把这个中性词改为规范词。然而在日常用语或学术用语中,通常仍把这个词作为中性词用,即不论教是否指导学生学,都算是"教学"。正如凡是把中性词改为规范词都可能成为不规范行为的掩饰一样,教-学活动改称也属此例。把教-学活动从中性词

"教授"（或授业）改为规范词"教学"，其中的问题更在于放松对教-学活动价值的追问。日本有些学者把"教学"改称"授业"的理由或在于此。

教-学活动合理或不合理，都同其运作程序相关。故有"教程""学程"一说。问题在于我国多年来不仅把教程与学程的区别，看成是"教师主导作用"与"以学生为主体"的分歧，甚至还编造出"以学生为主体，以教师为主导"一说。岂不知"主体""主导"都是关系词。其中，主体只是相对于客体而言，没有客体便无所谓主体。同样，"主导"为"被导"的对应词。所以，"以学生为主体，以教师为主导"的公式，其中实际上隐含作为主体的学生处于被导的地位，而作为客体的教师发挥主导作用的滑稽逻辑。

在西学东渐的过程中，由于对教程或学程的原理若明若暗，往往把国际教育思潮中的众说纷纭，当作教条，以标新立异为尚；反之，在标新立异的氛围中，教-学活动的常理、常法与常规，似乎"相形见绌"，导致一般教师即使授业经年，反而越来越不懂得如何授业为好！

上述诸问题是在同外来的教学、课程等概念的比较中显示出来的。诸如此类问题发生的缘由何在呢？

如上所述，我国如今常用的"教学""课程"之类语词，原是外来相应语词的中文译词。由于这些中文语词早就成为我国人际交往中的习惯用语。这类语词往往一词多义。其中，每一词义只要约定俗成，便可成立。可是在外国教育学中"教学""课程"之类专业用语，原是现代社会形成时期以古代拉丁语或希腊语为词根建构的新词，以示同当时当地的习惯用语加以区别。这类在理论研究中建构的专业语词，一般称其为术语。术语是表达专业概念的用语。每个专业概念一般以从大量同一事实中抽象出来的事实的本质属性为其内涵。每个概念的内涵通过对事物的界定而成为定义。所以每个术语不仅有专门的语义，而且在同一著作中必须保持概念的单义性，该著作才得以成立。由此看来，在教育西学东渐过程中，单是外语翻译，若不明个中差异，便可能发生专业用语同日常用语混用现象。那么在我国教育研究中习俗用语同专业用语混用是否成为较为普遍的现象呢？这又同另一种现象相关。

现代教育原以儿童、少年必要的成年准备为旨趣。现代教育学也由此发生。所谓"教育""学校""课程""教学"以及"教师"概念的形成，都与此相关。问题是随着教育事业的发展，各级各类职业教养问题越来越受到重视。不过在早已发达的社会-文化中，各级各类教养机构，各有专门的机构名称，表达各自的专门职能。如作为高等教养的机构，称之为大学；幼儿教养机构，称之为幼儿园。大学执教者为教授、副教授、讲师，幼儿园教养人员称之为教养员。然而在我国却把诸如此类机构，统称学校，并把学校统称教育机构。由此形成所谓学校系统或教育系统。"教育""学校""课程""教学"以及"教师"之类语汇适用范围随之扩大。虽算是广义概念的表述，其实其中的每个词语，实际上都成为一词多义的语词，所表达的实际上是泛化的概念，即在不同性质、不同类型、不同级别的学校机构中，同一基本概念的运用，有待解决的是不同的问题。由于基本概念逐渐含糊,且不谈多年来基础教育中教-学活动变化无常,就连教育学是否成其为一学,也成为舆论中的话题。不得不承认诸如此类问题的发生或多或少同我等教育学人的业绩相关。

从教育理论到德育原理
——教育学子学科辨析（二）

一、从教育理论到德育原理［281］——　二、教育原理与教育伦理学的区别［282］——　三、中西道德教育的区别［282］——　四、从教育原理到德育原理发生的问题［284］

　　如今在教育学科分化中，有"德育原理"一学。问题在于它是一门什么性质的学科？是以教育学为母本的子学科还是教育交叉学科？其研究成果同教育实践的关系如何？似有分辨的必要。

一、从教育理论到德育原理

　　如今在教育理论中，有一个重要的观念，认为"所有的教育都是道德教育"。[①]这是就"教育"一词的狭义而言。虽然"道德教育"近于"教育"的原意，德育原理学科的性质仍有待分辨。它是以教育为母本的子学科，还是以伦理学为母本的教育伦理学？两者同教育实践的关系不尽相同。前者以教育实践

---

① M.唐尼，A.V.凯利.教育的理论与实践——引论［M］.王箭，等，译.南昌：江西教育出版社，1989：191.

中的问题为研究的对象，后者如在研究中把重心从教育转向伦理，那么虽然对于学士、硕士、博士之类教育学人或有启发，对于成千上万的教师来说，则可能成为杜威所谓"关于道德的教育"，而非道德教育。如从教育伦理学中派生出"德目主义"教育，反而使一般教师无所适从。20世纪与21世纪之交，这种现象在我国"学校形象工程"和"长官政绩工程"中屡见不鲜。不妨说，以教育学为母本的德育原理专家反而较为罕见。

二、教育原理与教育伦理学的区别

教育原理和教育伦理学的区别何在呢？由于教育学原以未成年儿童和少年道德人格的形成为研究的对象，其研究的主题为：未成年人应有的并可行的道德行为规范，德行转化为德性的轨迹，对未成年学生行为的规范管理，未成年人价值倾向形成的轨迹与学生行为指导，道德教育、道德学习指导，班级学生集体的建构，以及学生对公益活动的参与等。

教育伦理学并非以未成年人个体道德社会化为专门的对象，在西学东渐背景下澄清中西道德概念和道德行为规范的异同，有助分辨道德问题的是是非非，开拓道德教育的视野。自然在教育实践中的运用以适用为限度。

三、中西道德教育的区别

道德教育旨在促进学生道德品质的形成。由于中西道德概念内涵之间存在一定的区别，故双方道德品质的价值判断不完全一致，由此形成双方道德教育的差异。关于这种差异的论述，不能不从双方道德概念的内涵谈起。

我国如今所谓"道德"，其实是英语morality或virtue的中文译词。morality一词，源于古拉丁文moralis。moralis为"风尚"之义，通常称之为"习俗道德"。在英文中，另有源于古代希腊文的virtue一词，为同"义务"对应的"美德"的意思。

这两种道德的区别，在于前者以履行历史形成并且至今仍有影响的习俗中的行为规范为各个人应尽的道德义务，否则将受到舆论的谴责；后者为个人道德的价值追求。前者属于道德的底线，使个人的社会行为受到舆论的约束；后者为个人自觉的超越道德义务高尚的价值追求。区分这两种道德的意义在于如以美德为约束个人社会行为的价值标准，便成为对个人社会行为的苛求。反之若止于习俗道德，社会-文化中就不致发生道德的进步。随着社会-文化的发展，加上对美德的鼓励，使美德逐步融入习俗道德，才堪称真正的道德进步。

我国古代尚未形成"道德""教育"双音词，只是间或把"道"与"德"、"教"与"育"之类单音字连用。其中有代表性的表述为"志于道，据于德，依于仁，游于艺"（《论语·述而》）。其中的意思是，"志于道"，表示"道"为应有的价值追求，故有志于道（实位词）；"德"，原为虚位词（有水火木金土"五德"之说，"善德""恶德"之分）。"据于德"，表示是否"志于道"，主要以是否"得道"衡量。故在同"道"对举的意义上，"德"专指善德，为规范词（实位词）。其中"道"，在"依于仁"意义上，又属于虚位之词。玩物适情之谓艺，即从爱好中见其志趣。

虽以"依于仁"作为价值追求，以是否得此道为判断人品、人格的依据，在礼制前提下，不能不以礼为立身之本，"不学礼，无以立"（《论语·季氏》）。礼制即贵族等级制度。其中规定有某种等级身份的人，对其下级有支配的权利，对其上级则有服从的义务。以此类推，上级对更上级有服从的义务，下级对更下级也有支配的权利。平民虽属等外之辈，其习俗也不免受等级制影响。在礼制前提下，道与德都以礼为限制。"恭而无礼则劳，慎而无礼则葸，勇而无礼则乱，直而无礼则绞"（《论语·泰伯》）。不过，每个等级的贵族，都应有志于依于仁之道："人而不仁，如礼何？人而不仁，如乐何？"（《论语·八佾》）。孔子实有感于礼崩乐坏而论，其中不无以仁正礼之意。其实礼耶仁耶，不过在非常有限的程度上夹杂于我国文化传统中。

明乎此，可知中西道德观念的差异。morality近于以道德底线为限度的习俗道德。virtue属于个人自主选择性质的伦理道德。我国道德包含习俗道德，又不限于习俗道德。道德作为价值观念既是个人的价值追求，又是普适性的伦理。加之我国把education译为"教育"，故中西道德教育同中有别，异中存同。虽各有其理，如以未成年的儿童、少年为对象，其中的是是非非便较为分明。

四、从教育原理到德育原理发生的问题

德育原理似乎是教育学的子学科。问题在于把狭义教育理

论改为德育原理，其主题与研究的重心存在游离于学科的母体向教育伦理学转移的可能，以至发生不同伦理语境中的主题与研究取向。

一般以为"德育"为道德教育的简称。其实未必如此。关于不同时代、不同社会-文化中的德育，如就其性质与语境分析，实际上与其说它们大同小异，毋宁说大异略同。明乎此，可知不同伦理语境中道德教育属于不同价值选择。

在专业与非专业区分的意义上，我国古代政教不分的"德育"，主要是"政治教化""道德教化"的同义语，现代德育主要属于教育的以未成年人为对象的教-学活动的范畴。

在教育（价值观念）与教-学活动区分的意义上，道德作为衡量教-学活动的价值标准，从而使"德育"成为当时"教育"的同义语。

在内在德性与外在德行区分的意义上，传统德育更偏重以内在德性为价值追求的"美德教育"，现代德育基于对独立人格的尊重，主要成为以外在德行为底线的"习俗道德教育"。超越义务道德的美德，取决于个人的自觉追求。

在德育与教育区分的意义上，现代教育对健全人格（个性全面发展）的追求，从而使德育从教育的同义语，转为教育的组成部分。

在个性与社会性区分的意义上，德育从个人品性意义上的教育正在转化为个体社会化意义上的社会教育，以及带有现代教化色彩的政治教育中的组成部分。个性和社会性似有区别，又可能是一种错觉。因为事实上并不存在孤立于社会之外的

"超人",不存在抽去社会色彩的个性与全无个人色彩的社会性,两者的区别只是相对而言。

诸如此类主题在教育伦理学中或不无研究的价值。不过,且不说狭义教育除道德主题外,还存在学生心理健康与行为指导问题,重要的是如何使伦理成为教-学活动的教育价值,而不致偏离教育主题。

教育交叉学科辨析

一、教育交叉学科缘起［287］—— 二、教育交叉学科的性质与类型［288］—— 三、教育交叉学科现象［288］

现代基础学科形成时期，每门学科如有专门的研究对象，才有成立的理由。时至当代，或有必要与可能以不同学科研究同一对象，以促进对研究对象认识的拓宽或深入。林林总总的教育交叉学科便由此发生。至于其中的是是非非，尚待具体分析。

一、教育交叉学科缘起

既然有教育学，为什么还要建构教育交叉学科呢？从根本上说，是同现代专业的两重性相关。

现时代，在职业分工基础上，形成专业分化。本来专业研究有助于对本职业认识的深入、拓宽，以利职能的改进，问题在于职业分工和专业分化都是人为的。事实上每种职业都不是社会生活中孤立的存在，其存在与消亡、发展与停滞，都有本职内外复杂的缘由所致。一项专业问题发生的外在缘由的探讨，不免涉及一个专业与同其相关的其他专业之间的关系。问题在于一个研究者如果长期甚至终身从事一个职业，甚至其中一个领域、一个课题的研究，由于受到研究时间和个人精力限制，不免在一项或几项专业研究越来越深入的同时，对其他职业和专业的关注与了解越来越少，从而成为马克思提到的"职业的痴呆"。故不同学科之间合作交叉研究，可以补救狭隘而又凝固的"旧式分工"可能形成的缺陷。

二、教育交叉学科的性质与类型

教育分支学科性质的划分，以学科母本为界限。以学科母本为界限，区分为以教育学为母本的教育学亚种，即教育学子学科；以其他学科为母本，以教育为论题的交叉学科，属于其他学科的亚种，或其他学科的子学科。如教育心理学、教育文化学、教育逻辑学、教育伦理学、教育美学、教育哲学、教育法学、教育经济学以及教育政治学。

尽管通常把诸如此类教育交叉学科列入广义教育学范围，不过此类学科的教育意义与价值往往大相径庭。既可能拓展教育视野，也可能转移教育学人对教育本身的关注，或使教育实践当事人无所适从。故不能不对此类学科具体分析。

三、教育交叉学科现象

教育交叉学科似乎把教育置于这门或那门母学科视野中审视，而诸如此类学科都未必顾及教育本身的视野。严格说既不见得成其为这门或那门学科，又未必是提供什么新见识的教育学建树，故不一定成其为一门新学科。

尽管教育交叉学科似乎都以教育为其研究的对象，单就如此研究对象，就有具体分析的必要。因为其中可能以狭义教育为对象，也可能是指教养，更可能指的是教-学活动，故实际上不同研究的教育意义与价值不尽相同。不妨以教育社会学为例。

以社会学观点解说狭义教育，有"教育即（as）生活"或"社会教育"一说。此说或针对教-学活动同学生生活越来越脱节，把教育比喻为生活（译者把as误译为"即"），表示近于生活的教-学活动才可望有教育的意义与价值。不过，并非任何生活都有教育的意义与价值。原意在于使学生在有教育意义与价值的生活中受到教育。

以社会学观点解教养，意思是以一定时代、一定社会-文化中的基本教养为课程和列入课程的文化知识、技能的价值标准，以区分有社会意义课程与缺乏社会价值课程的区别。教养毕竟是一种价值观念，学生在其社会活动中学习或更有教养价值，学生自主管理为社会学习的方式。未成年学生的社会活动或社会学习如无助或妨碍其自然发展与健康成长，将无社会价值可言。

或许更有必要以社会学观点审视教-学活动，故有"学校即社会"（译者把as误译为"即"）一说。是指按照社会学观点，重新审视学生的学习环境，即使班级、学校成为有共同目标和共同约定的权利与义务的雏形的社会，使未成年的学生从年幼时起，就在他们本身的社会生活中参与社会学习。不过学校毕竟有别于社会。学校如等同于社会,将不成为教育机构或教养机构。

每门教育交叉学科只是诸多同类学科中的一门子学科。且不说某门学科本身能否成立,其中的教育解说有无新义,即使有某种新义,其价值也有限。

以相关学科观点解说教育,充其量不过是从某门学科的"窗口"式"门缝"中窥测到的教育,事实上同教育的全貌存在或大或小的距离。至于从一门教育分支学科中分而又分的所谓"学科",除了表明其视野狭窄而又狭窄外,还能说明什么问题呢?

每门教育交叉学科只是诸多同类学科同教育相关的见识。若从此类学科总体看来,其中每门学科的价值都不免有其片面性。例如教育学虽或有助于审视教育的社会意义与价值,而缺乏甚至有亏于伦理、智慧或审美价值的教育,其"社会意义"云乎哉?反之有所谓伦理价值、智慧价值或审美价值的教育,如同未成年学生的社会生活脱节,其伦理、智慧、审美的价值也有限。

就教育分支学科而言,还有另一种声音。"凭借教育的艺术,哲学可以创造按照严肃的和考虑周到的生活概念利用人力的方法。教育乃是使哲学上的分歧具体化并受到检验的实验室。"[①]

鉴于在中国仿佛上了"本本"的就算是"什么学""什么

---

① 杜威.民主主义与教育[M].王承绪,译.北京:人民教育出版社,1990:346.

论",而疏于循名责实,故更有理由将所谓教育分支学科置于教育(教-学活动)艺术这个"实验室"中检验。

面对林林总总尚待检验的"厚本""薄本",不能不关注为"教育学科繁荣"所掩盖的有待解决的教育学问题。

"教育理论"和"关于教育的理论"的区分
——教育学名实辨析

> 一、关于"大教育学"现象的质疑[293] —— 二、以教育学"姓教"自律[294] —— 三、"教育理论"与"关于教育的理论"的区别[296] —— 四、"关于教育的理论"再分析[297] —— 五、为教育学正名的原因何在[300] —— 六、毋忘历史的鉴戒[301] —— 七、后记[303]

最近有幸阅读吴国平博士对拙作的平议(《陈桂生教育学研究思想管窥》,载《教育发展研究》2016年第10期)。他以平常心淋漓尽致地分析其研究的对象,行文不落俗套。三句不离本行。其中从教育学"姓教"谈起,所作的判断充分显示其教育情怀与专业修养。由于这个问题涉及"教育理论"与"关于教育的理论"的区分,事关教育学的学术声誉与教育学人的价值选择,故由此触发我重新检讨自己关于我国教育学现实状况认识转变的过程。

一、关于"大教育学"现象的质疑

所谓教育学"姓教",原是我于1998年发表的《教育学建构刍议——我的教育学信条》①中的一条。这个提法似乎不能算是一个问题。当时因有感于名目繁多的教育分支学科事实上未必都"姓教",才有如此一说。不过,提出如此一说,首先倒是出于对自己关于教育学现实状况看法的矫正,后来对这个问题的看法又另有所见。鉴于这个问题不仅涉及个人治学中的价值选择,更同教育学科的学术声誉相关。既然吴国平博士重提教育学"姓教"问题,不妨借以重新检讨自己有关教育学现实认识转变的过程。

早在1988年,在回顾1949年以来教育学的迷惘过程中,曾经提到,起初由外来的"大教育学"填补我国教育理论的真空。其中所谓"大教育学",是指师范学校与师范学院的教育基础理论,在总体上划分为教育学、心理学、教育史与分科教学法四类课程。"大教育学"是相对于教育分支学科而言。当时认定"大教育学"不足以反映我国教育的客观需要与实际情况,故有必要恢复与重建各种教育分支学科,在不同层次上以不同视角反映教育的实际情况,以满足教育实践的多方面需要。②

随后,于1994年发表《略论"大教育学"现象》一文,尝

---

① 陈桂生.教育学建构刍议——我的教育学信条[J].上海教育科研,1998(11):1-8.另见:陈桂生.教育学的建构[M].长沙:湖南教育出版社,1998:308-321.
② 陈桂生.教育学的迷惘与迷惘的教育学[J].华东师范大学学报(教育科学版),1989(3):33-40.

试为恢复中的教育分支学科立论,甚至断言:"大教育学"的时代将一去不复返。

20世纪80年代与90年代之交,随着各种教育分支学科(其中包括众多教育交叉学科与教育学的子学科)的文章与书籍纷纷出现,很快就察觉一批又一批匆匆应世的教育分支学科,并不尽如人意,这才以教育学"姓教"自律。

二、以教育学"姓教"自律

为什么会冒出教育学"姓教"的念头呢?

1. 在教育分支学科中,以别的学科为母学科的分支学科,如教育心理学,本属心理学的子学科,教育伦理学为伦理学的子学科;同样,教育法学、教育哲学也是各从其母学科派生出来的子学科。故此类学科各有其"姓",原不姓"教"。问题虽不在于此类学科"姓"什么,而在于诸如此类学科有可能分别单从心理、伦理、法理、哲理及社会之类视角,解释教育中涉及心理、道德、法律、思维、社会之类的问题,才将其列入教育分支学科。至于诸如此类学科是不是合理地解决教育中的问题,至少不致对教育问题作片面的解释,则同此类学科实际的建树相关。

2. 其实,教育毕竟有别于心理、道德、法律、思维、社会诸领域,它又不只同心理、道德、法律等领域中的某个领域相关。故此类学科在尝试解释教育中的相关问题时,不宜生搬硬套。如果单从其母学科"门缝"中窥测教育,或犹如盲人摸象,以偏概全,只能算是片面的教育观点合理化的错觉。

至于在此类学科名目中，玩弄其母学科术语，或给教育贴上某学科中的标签，虽像是新名堂，其实，称其姓甚名谁已无意义。

话虽如此，由于教育并非孤立现象，其中涉及同心理、伦理、法理及社会相关的问题，自然有必要参照相关学科知识与理论加以解释，唯其如此，所谓教育学"姓教"的研究取向，在于面对诸多相关学科，一言以蔽之，便是"任尔弱水三千，吾只取一瓢饮耳"。意思是不以相关学科知识与理论图解教育问题。只把教育中的心理问题当作教育问题，而非单纯的心理问题。对于其他相关学科，亦作如是观。旨在保持教育学的独立地位，正视教育中问题的合理解决。

附带说明的是，与其读《教育心理学》《教育伦理学》《教育社会学》之类教科书式的著作，不如读相关的学术专著，以便于独立运用相关学科的知识、理论，解决教育中的问题。

说到从同教育相关的学科中，只取"一瓢饮"，到底"饮"什么呢？从根本上说，其中最为不可或缺的，便是从中了解：究竟什么是个性，什么是独立而健全的个性（人格），什么是社会，什么是个体社会化。由于在这些根本问题上的价值判断、价值选择不同，才形成不同的社会制度、教育制度、教育机制与行为规范。明乎此，才可能从根本上了解现代教育与近代教育的区别、近代教育与古代教育的区别，了解现代教育中诸种问题的性质。

不过，既然把同教育学交叉的学科，列入教育分支学科，又不承认其"姓教"，也存在问题。于是，又发生对此类学科正名问题。

三、"教育理论"与"关于教育的理论"的区别

1997年,有感于到那时为止,教育理论的皇皇大作,大都属于"关于教育的理论",而真正以教育过程为研究对象,其成果又堪称"理论"者(即名副其实的"教育理论"),恐怕尚属凤毛麟角。不仅如此,在舆论中甚至还以为只有"关于教育的理论",才算得上是"教育理论"。盖因对此种倾向未加分辨,才"日渐染而不自知兮"(东方朔:《七谏·沉江》)。为此,曾发表题为《略论"教育理论""关于教育的理论"与"元教育理论"》[①]一文,加以分辨。

其中"关于教育的理论",当时主要指教育分支学科。由于那篇文章重在区分"元教育理论"与"教育理论",其中提出"教育理论"与"关于教育的理论"的区分,虽可意会,实际上并未到位。

不过,明了这种区分,对自己治学道路的转折意义甚大。因为其中把"本人发表的理论"归入"关于教育的理论"。明乎此,尔后才转向对"教育理论"的自觉追求。这便是从《教育原理》,经过《学校教育原理》到《普通教育学纲要》的缘由。

至于进一步澄清"教育理论"与"关于教育的理论"之间的区别,则是最近同年轻学者张建国博士正在讨论的问题。

---

① 陈桂生.略论"教育理论""关于教育的理论"与"元教育理论"[J].教育研究与实验,1997(2):22-24.

四、"关于教育的理论"再分析

2016年6月29日,收到张建国博士来函。其中提到他正在研究一项以西方马克思主义学者的教育理论为研究对象的课题。先后阅读《资本主义美国的学校教育》(鲍尔斯与金蒂斯)、《意识形态与意识形态的国家机器》(阿尔都塞)、《教育与权力》(阿普尔)、《意识形态与课程》(阿普尔)、《马克思主义与教育理论》(科尔)等著作。从中得到很多启发,又觉得这些著作似乎缺乏"教育学味道"。这位年轻学者难得之处,在于他从这批在西方教育舆论一度影响甚大的著作中,察觉此类著作实际上是拿教育说事。其中关注的未必是普适性的教育实施,"他们真正关注的是教育与权力、文化、政治、经济等之间的关系,或者说教育在更大的经济、社会、文化背景中处于怎样的位置,扮演什么样的角色",这才觉得其中缺乏"教育学味道"。由此又联想到在以往的通信中,早就提出的一个疑问,即为什么一些缺乏"教育学味道"的学科知识,偏偏吸引着众多教育学人?于是,想弄清楚,究竟什么是"教育学味道",其他学科的"教育研究"同"教育学的教育研究"之间的区别何在?

其实,建国的这种敏锐的感受,几乎是遭遇教育学的有志之士在研究方向选择中普遍存在的困惑。由此促使我这个过来的教育学人,对于"教育理论""关于教育的理论"的再思考。

"教育学味道"的提法,颇耐人寻味。所谓"教育学味道"指的是直接教育过程的理论,即以师生之间直接交往过程为研究对象的理论。教育虽有级别、类别之分，各级各类教育中都或多或少存在"直接教育的过程"，教育基本概念、基本法则，主要是在以未成年人教育为研究对象的过程中形成的。唯其如此，身为教育学人，甚至号称"博士""专家"偏偏有意无意地从教育学以外的天地中寻求出路。如此现象，虽或令人匪夷所思，说来不免话长。

从吴国平博士重提教育学"姓教"到张建国博士重提"教育理论"与"关于教育的理论"之间的区别，使我这个过来人不得不重新检讨自己原先的看法。

以往提出"关于教育的理论"同"教育理论"的区别，不仅未对"教育理论"加以界定，而且未对庞杂的"关于教育的理论"同教育相关的程度加以区分。现在看来，各种教育分支学科虽都列入"教育理论"，其实"关于教育的理论"中，按照同教育相关程度分为两类。一类是以教育学为母学科的教育学子学科，如德国的社会教育学、伦理教育学及分科教学法。这类学科因运用教育的逻辑（或教养-教学的逻辑）分析教育（或教学）中的问题，故同教育的关系较为接近；另一类是以同"教育学理论基础"相关的学科为母学科的教育分支学科，如法国、英国、美国的教育心理学、教育社会学、教育伦理学、教育法学、教育哲学。这类学科的长处，在于"另眼看待"教育问题。不过，他们若漠视教育或教养-教学的逻辑，那就意味着从别的学科"门缝"中观察教育。吴国平博士和张建国博士都有见及此。

从学科层面区分"关于教育的理论"，只是出于划分标准较为确定的考虑。其实，真正的问题，却在于那些拿教育说事

（包括说教育中无关紧要的事），虽像是"关于教育的理论"，实际上既同教育不相干，又未必配称理论。有意或无意地冒充的"教育理论"，才更有损教育学和教育学人的声誉。其实，声誉还在其次，重要的是：假作真时真亦假，非成是处是即非。所谓教育学，一旦真伪不分、是非莫辨，那就是危机。

进一步说，问题或许更在于在《教育学》《教育概论》《教育原理》之类名目的书籍中，也缺少"教育味"。其实，在我们这里，出现这种情况不足为怪。因为教育学人如果热衷于在"教育理论"以外讨生活，甚至以为只有"关于教育的理论"才有学问、有新意，而疏于关注教育-教养与教学的常理常规研究在其"教育学"中，怎会有什么"教育味"。只是不知如此"教育学人"怎面对关注教育的人们。不过，如果"教育理论"本身不成其为一种理论，怎使教育学专业的后来者不从"教育理论"以外的天地中讨生活？这便成为一种恶性的循环。

说到这里，不禁想起一件教育学不堪的往事。记得英国教育学者亚当斯（J. Adams）在《教育理论演进史》（1912年）一书绪论中，于罗列一堆学者对教育理论负面评价之后，在分析教育学落后的原因时，曾指出，由于教育学"不甚艰深"，使得它成为外行人易于涉足的领域；同时，又由于教育理论工作者"囿于实际方面"而"太不措意于理论之阐明，故使门外汉有隙可乘"。[①]简单地说，便是内行人偏爱干外行事，外行人却乘机插足内行事。

---

① 亚当斯.教育哲学史（一名《教育理论演进史》）[M].余家菊,译.上海：中华书局，1934：9.

至于我国如今这种教育理论状况，同上述情况对照，不仅有过之而无不及，其实，就连教育学专业学位中内行人与外行人的界限也较为模糊。

五、为教育学正名的原因何在

在现今如此学术氛围中，上述一番番唠叨，连同吴国平博士、张建国博士的高见，无非是书生之见。有道是"名无固宜，约之以命，约定俗成谓之宜，异于约则谓之不宜"（《荀子·正名》）。明知"异于约"，大大的不宜，还要唠叨，岂不是不适时宜的书生气作祟？不过，此类书生之见，究竟"宜"与"不宜"，尚有讨论的余地。

由于约定俗成只是语言文字中命名的常规。一旦研究问题，那就免不了发生名与实是否相符问题。在语言文字中，名副其实，是指语词符合它们所指称的对象；在学术研究中则是指概念（名）如实地反映它所反映的对象（实）。故学术研究超越约定俗成的常规，以概念的单义性为起码的规定性。

所谓概念的单义性，意思是学术论文（其中包括学位论文），不仅要求按照下定义的规则，对基本概念加以界定，而且在同一著作（包括研究项目）中，保持概念的单义性，即始终按照所下的定义运用概念、判断、推理、论证问题。以不致违背形式逻辑的同一律。即使在实践理论中，概念也须保持单义性。

如今由于对"教育理论"本身缺乏界定，加之这个"笼子"特大。俗话说"林子大了，什么鸟儿都有"。故在这个领域，常见的状况是，其中的学术论文（含学位论文），是否符合学术规范尚在其次，就连命名是否约定俗成，也满不在乎。只要舞文弄墨，似乎谁都有理由自作主张地为教育巧立名目，甚至还以标新立异自诩，且不说所立名目语义顺不顺，语法通不通，往往就连杜撰的"新名词""新概念"，在其行文中是否保持单义性，也无所谓。表示自己对自己的"创新"，也不那么相信。如此论文能否成立，只有天知道。其实，导致如此状态弥漫的缘由，才更不能不深长思之。

可见一介书生，几个博士，从为"教育理论"正名入手，循名责实，未必是白操心。有道是"名不正，则言不顺；言不顺，则事不成"（《论语·子路》）。不过，其中"名"也者，是指名分。这里援引这一古训，非为辨正名分操心，而属于学术研究中的名实之辩。简单地说，论定合乎学术规范的议论，成其一说，才堪称理论。拿教育说事的文稿，既视其说了什么，又得视其如何论说，其立论能够成立，才堪称教育理论；同时，对"关于教育的理论"，循名责实，以免鱼目混珠，无非是出于对教育学学术名誉的关注。

六、毋忘历史的鉴戒

若问如此为教育学正名的尝试，果真有效吗？其实，在如此学术氛围中，问题不在于这种"教育学梦"能否实现，而正如吴国平博士在平议中开宗明义断言，当下教育学研究确实面临着危机。表明正视我国教育理论研究中的现实问题，识别这个领域管中窥豹的弊端、李代桃僵的把戏，避免无数教育学人修炼无用功，使教育学逐步成其为一"学"，单就大量减少人力、物力无谓浪费，就早已到了非正名不可的地步。

如此断言，还需什么依据呢？

其实，关于教育学科，尤其是教育分支学科的命运，早在20世纪30年代初期，民国时期的教育界就发生过尖锐的争议。其中孟真（傅斯年）在论及当时"教育崩溃"的缘由时，甚至断言"哥伦比亚大学的教员学院（对其师范学院的贬称）里毕业生给中国教育界一个最不好的贡献"，便是当时教育崩溃诸种缘由之一。在他看来，只有中小学才是适用教育学的场所，教育学中的原则，并不适用于大学。那些留美学生即使对中小学搞的诸多尝试，也难以称其为学问。"看看这所学校［指哥伦比亚大学师范学院］的中国毕业生，在中国所行所为，真正糊涂加三级"。①

为什么说当时的教育学人糊涂呢？据称自1919年以来，哥伦比亚大学"教员学院"的中国毕业生，多在中国主持教育学院或教育学系，他们的成绩实在令人难以恭维。他们高谈测验、教学、行政、心理等，"似乎花哨得很，而于教科［课程］究竟应该怎么样，学生的知识如何取得，如何应用，很少听到他们的议论。尤其少见设施。也就是说了一些'教育八股'——文章上黼黻经纶，事实上不得要领"。所有的一切"洋八股""科学八股""党八股""教育八股"，都是"不学

---

① 孟真.教育崩溃之原因[J].独立评论，1932（9）：2-6.

无术"。①

这里无意重新打理那桩旧公案,却不妨把傅斯年对当时教育学及教育学人的评议,视为一面透明的镜子。从中既可照见他对教育学,尤其是教育分支学科一针见血的批评,即使对现今的教育理论状况,也不失先见之明;同时,从中还可照见教育专业以外的学者(如傅斯年),对教育学和教育学人的傲慢与偏见。傅斯年式的狂妄,是由于他对教育学人缺乏换位思考,以致不理解从理论上解决由传统教育向现代教育历史性的转化过程的复杂性和现代教育试验的必要性。他们简单地以本专业的眼界观察甚至挑剔别的专业。其中有些专家目空一切,实际上显示其"职业的痴呆",即对于本专业以外的专业无知。不知这种聪明的糊涂该加几级。

这面镜子至今仍未失效。因为从中尚可从中见到现代教育学人及非教育学人对教育理论态度的映像。

七、后记

这里所谓"大教育学"、教育学"姓教""关于教育的理论",都不是专业的规范用语,只是表述教育理论想象的符号。先后采用这些符号,实际上标志着自己对我国教育理论现象逐步认识的过程。

作为教育学人,瞎忙了许多岁月,才从对"大教育学"现

---

① 孟真.教育崩溃的一个责任——答邱椿先生[J].独立评论,1932(11).

象的质疑中,重新认识教育学科分化的必要性;从对教育分支学科状态的识别中,确立以教育学"姓教"自律;从教育学的名实之辩导致对"教育理论"与"关于教育的理论"的区分;从"关于教育的理论"的再分析中触发对教育学命运的关注。这与其说是对教育学人的关注,毋宁说是对于数以千万计的教师和数以亿计的学生的关注。

聊以自慰的是,既遭遇教育学,就以教育学为主题,"学而时习之,不亦说乎"!友朋无拘无束地切磋,或隔空不落俗套地交流,不亦乐乎?平平实实,曲低和寡,"人不知而不愠,不亦君子乎"?

传统教育语汇与现代教育语汇名实辨析

一、传统教育语汇同现代教育语汇性质的区别 [306] ——
二、现代教育概念内涵问题 [307] —— 三、传统教育价值取向的合理性 [308]

现代教育学中所谓"教育"(含教育学基本语汇),原为教育学中诸概念的表示,问题在于我国在西学东渐过程中,通常以我国历史形成的教育语汇为源于外来相关语汇的译词,由于长期以来对现代教育基本语汇同我国历史形成的教育语汇的属性未加分辨,或分辨不清,以致在教育理论研究,尤其是教育历史研究、教育比较研究中,以今度古、以古度今,或以中例洋、以洋例中的现象,屡见不鲜。由于这种不同属性教育语汇的分辨,既同教育语汇的语义相关,更涉及教育学诸基本概念的内涵问题,故同某种教育理论研究是否谨严,甚至能否成立不无干系。重要的是这种历史的比较的研究,其要义不在于简单地分辨对错,唯期待通过客观的分析,从中获得适当的启发。

一、传统教育语汇同现代教育语汇性质的区别

按照"轴心时代"(雅斯贝斯语)理论,人类精神的基础,是在公元前500年左右(公元前806年—公元前200年)奠定的。中国先秦典籍,尤其是孔子、墨子、孟子、庄子著作中以"教"字(音叫)表示的教育观念,便是此种时代的产物。释迦牟尼、古希腊学者的教育观念同样如此。严格说来,当时类似教育的观念,并非教育概念,而是基于直觉的教育价值观念。因为严格意义的概念,是以隐在普遍的客观事物中的本质属性概括的内涵,属于逻辑的基本范畴,而出于直觉的教育观念,虽非基于客观对象的抽象,却是对于客观事物普遍属性的领悟。所以,在现代教育学发生前,培根认定"教育"是不可界定的。如此判断是由于"轴心时代"所谓"教育",泛指一般意义的教育(或称其为"教育一般")。因一般意义的"教育"为属概念,也就不可按照属概念加种概念之差的逻辑学规则定义"教育"。不过,此说只就"教育一般"而言。至于不同时代、不同社会-文化中的教育,并非不可界定。否则便不明其中反映的对象。每个时代、每个社会-文化中教育的定义,是"教育一般"加本时代、本社会-文化中教育的规定性。其中以"教育一般"为前提,否则便不成其为教育。所以"轴心时代"的教育观念,至今仍未失效。

明乎此,可知中国古代汉语"教"字(音叫)为"教育一般"的直觉观念的表示。在education一词产生后,我国以"教

育"为其中文译词，从而产生现代"教育"概念内涵问题。

二、现代教育概念内涵问题

为什么说传统教育观念至今仍未失效呢？其内在原因在于自古以来的教育的性质属于衡量教-学活动的价值标准。是以善（道德）衡量教-学活动的教育价值。其中"善"的内涵虽然随着时代、社会-文化背景而变化，而"善"的本义未变。因为在任何情况下，使非善，甚至教唆作恶，都将受到教育的排斥。唯其如此，现代教育概念，是在"教育一般"基础上添加规定性（如"引出"），使其可以界定。其实，"引出"既暗含教育本义（使人为善），又赋教-学活动（教，音交）以教育价值的规定性，从而成为专业性的教育概念。不过，通常把未必"引出"的教-学活动，也视为教育。这便是专业性教育概念同非专业"教育"一词用法的区别。

教育概念的澄清之所以必需，是由于概念为构成教育基础理论的简单要素，相当于教育学的基因。由教育概念同相关用语构成教育命题，对教育命题以及命题与命题关系的论证，如果能够成立，才堪称教育的专业理论。不过，这主要是就教育原理或教育学术理论而言的。

教-学活动本身是由各种要素、各个环节构成的整体。这种活动又同其赖以维持与发展的条件以及社会生活中的诸种活动有不可分割的联系。同时，教育本义虽一脉相传，而现实的教育价值是在一定时代、一定社会-文化中形成的。所以教育研究既不妨就教育论教育，又不宜把教育视为社会生活中的一种孤立的现象。相对于现代形成的教育专业理论，反视此前直觉的教育观念，虽缺乏严格的学术论证，倒是把教-学活动做整体对待，并且没有隔断教育同当时政治以及社会生活的联系。在当代，随着教育事业的普及，教育同社会生活以及行政管理的联系，已经越来越密切。

三、传统教育价值取向的合理性

尽管以现代教育视野审视传统教育，不难察觉其中的粗糙，尤其是无视学生的独立人格，故从传统的非专业性的教育理论演变为现代专业性的教育理论，不失为人类教育智慧的进步。不过，现代越来越趋于专业化的教育理论本身也存在问题，在一定意义上它倒反衬传统教育取向的合理性。为什么这样说呢？

早就习以为常的专业概念，源于自然科学研究。教育专业研究不仅理所当然地把教育当作有别于其他学科的专门学问，而且把教育当作孤立的现象。然而事实上随着教育事业的发展，教育同各种社会事业的联系越来越密切，也就越来越需要借助于教育的行政管理与统一领导，以致某种教育专业理论反而可能成为局限教育事业的"围城"。

固然，适应现代社会-文化的潮流，教育理论逐渐分化，形成越来越多的教育分支学科。所谓教育分支学科，一方面形成教育学同某种其他学科的联系，扩大了教育的视野；另一方面教育学同某门学科单方面的沟通，反而成为教育视野的肢解。

不仅如此，由于教-学活动是由若干基本要素和主要环节构成的整体，而从教育学中分化出来的各种子学科，如课程理论、德育理论等，同样意味着教育和教-学活动视野的肢解。何况每个子学科内部还再分化为更细的学科亚种。

由于教-学活动本身既是一个整体，作为教育对象的学生，又是活生生的个体，也就不能不考虑，如把某种片面的"专业见识"落实于具体的实践，会不会导致对教-学活动及其对象的肢解。话虽如此，这难道是对教育专业理论的否定么？其实不然。

按照马克思的分工理论和个性全面发展学说，社会分工和各种机构内部的职能分工，虽然有可能导致参与分工的个人片面的发展，而唯有"旧式分工"，即个人长期甚至终身从事于一种职业，甚至某种职业中一种片面职能的分工，即凝固的分工（硬化的分工）才可能成为片面发展的个体。专业分工虽然也属于社会分工，而这种分工并非是基于操作技能的分工，而属于脑力劳动中的学科分工、技术分工和不同的价值选择。较之技能分工有更多自由选择的可能性。重要的是专业的研究者对个人的那种"专业见识"是否心中有数。心中有数才不致把它当作硬化的教条，不致把牛角尖当作教育理论的"小小天下"。

相对于把教育当作社会生活中的孤立现象，和片面的"教育专业见识"合理化，基于前人直觉的教育观念，尽管较为简单、粗浅和模糊，倒把教育作为整体把握，才不致容易失效。

在如今这种"专业化"优势的氛围中，以上的唠叨信不信由你。至少一位名叫杜威的学者，在一场蓬蓬勃勃的教育运动退潮之后，不无感慨地提到："以新的一套思想和由新思想所引起的新活动为指导的各种运动，或迟或早，总会返回到过去表现为比较简单的和比较基本的思想和实际上去——现时的教育又在企图恢复古代希腊和中世纪的各种原则，这便是明显的例证。"①

其中古希腊的教育基本原则，和我国孔夫子的言论同为"轴心时代"的产物。关于杜威的如此判断，听不听依然由你。因为相信教育的"钟摆"仍在摇动中，唯有不信空谈，才站得稳脚跟。

---

① 杜威.我们怎样思想·经验与教育[M].姜文闵，译.北京：人民教育出版社，1991：246.

现代教育和传统教育的区别与联系

一、20世纪初期关于现代教育和传统教育的争议［311］
—— 二、两种性质不同的传统教育［313］—— 三、隐在两个标号中的货色［314］

19世纪与20世纪之交,发达国家基本上实现社会现代化。随着社会生产和各项事业的变化,教育思潮也发生相应的变化。如此变化表现为关于现代教育和传统教育的争议。我国当时正处在西学东渐发动之际,来势汹汹,故对如此争议异常敏感。问题在于传统教育何所指,现代教育为何来,由于对如此问题似懂非懂,若明若暗,故关于传统教育同现代教育之间的区别与内在联系当时似乎了然,其实未必分晓。

一、20世纪初期关于现代教育和传统教育的争议

20世纪初期所谓传统教育,是指现代社会形成时期(我国称其为近代)大致形成的教育现实。实际上指的是教程型的教-学活动和隐在其中的教育价值观念。其实那种教育价值观念的

问题尚有待具体分析。

现代教育原以未成年儿童、少年为对象,其价值观念和教-学活动的设想,原出于未成年人自然成长的假设。问题在于如此假设唯有在把此前朴素的学程改造为现代教程型的教-学活动条件下,才可能较为普遍地实现,而教程在一定程度上又可能成为学生自然成长的束缚。以欧洲"新学校"和美国"进步主义"为代表的儿童中心主义教育说便作为其对立面而发生。

其实当时教育思潮中更加深刻的变化,倒是以社会意识对以发展个性为要义的传统教育批判。其中有代表性的口号,即所谓"教育即(as)生活""学校即(as)社会"。表明当时所谓现代教育流派内部就存在分歧。只是两者各以传统教育为批判的对象,彼此之间似乎并无争议。

且不说在教育越来越普及的条件下,以学程取代教程将是一个漫长的教育变革过程,故儿童中心主义假设不仅缺乏普遍实施的可能性,而且存在以单数个性取代复数个性,以学生意愿取代教师意愿之嫌。如以单数个性取代复数个性,或以学生意愿取代教师意识,或许较之传统教育距离学生更远。因为学生健康成长毕竟需要把自在的个性变为自为的个性,并且需要教师的指导。

同样,把学校变成"雏形的社会",也将是一个漫长的教育变革过程。"学校即(as)社会"的假设,不仅在当时缺乏普遍实施的可能性,而且有模糊学校与社会界限之虞。如果学校不成其为学校,结果或较之传统教育同社会的距离更远。因为正常的社会需要学校。

唯其如此，现代教育喧嚣一阵又一阵，传统回归一回又一回，似乎反而成为常态。只是回归的是"新传统教育"，不妨说这便是现代教育与传统教育之争价值的证明。

二、两种性质不同的传统教育

20世纪初期发生现代教育与传统教育争议之时，正值我国西学东渐兴起之际，故那时争议在我国甚为敏感。问题在于我国传统教育同西方所谓传统教育是性质不同的两种教育。

我国古代家族制与社会等级制是个人权利与义务不平等的制度，而未成年人（泛称儿童）处于这种制度的底层。在这种制度文化背景下形成的儿童教育，不承认儿童人格平等与个性自由，无视儿童学习能力的局限，却要求儿童对家族及社会等级盲目服从，对知识机械背诵，致使儿童近于"小成年人"，其实是"小奴隶"。故那时虽然以儿童为教育的对象，实际上并不存在名副其实的儿童教育。

西方所谓传统教育，是指那里现代社会形成时期（我国称其为近代）兴起的教育。它属于使社会成员从未成年时开始从漫长的中世纪天主教精神统治梦中觉醒的尝试。其中尊重儿童人格平等与个性自由，关注儿童学习的"可接受性"。

按理在我国，西学东渐本该从参照那里的传统教育入手，然而实际上却试图越过那里的传统教育阶段，迎头赶上所谓现代教育。岂不知当时所谓现代教育，不过是试图超越传统教育的假设，从假设中萌生的试验，不仅有待检验，甚至来不及检验即已不了了之，以致在我国喧嚣一时的现代教育，不仅昙花一现而已，而且从那时起，未改变对西方传统教育的印象，却又对曾经发生的关于我国传统教育的批判产生质疑。

三、隐在两个标号中的货色

"现代教育"和"传统教育"是反映不同教育价值取向的两个标号。如此标号可能发生时间观念的错觉，即传统教育为过去式，现代教育为现在式，仿佛以现在的教育取代过时的教育是理所当然的事情，并且迎合去旧图新的趣味。其实"传统教育"是一个事实判断，"现代教育"是有待实施、有待实现的价值判断。

如果以平常心看待这两个标号中隐藏的货色，可知两者之间实际上存在两种教育价值取向的分歧。这种价值取向的分歧又集中表现为教-学活动中教程与学程的区别。

现代教育价值观念中，就存在儿童本位与社会本位的区别。其实在传统教育中实际上存在这两种现代教育价值的源头，只是未将其夸大为极端。因为在传统教育中，早就尊重儿童的独立人格和个性自由，并且把"个体人格"和"个性"都作为复数概念。只是当时未必明了儿童的个性差异，实际上是个体社会化过程中形成的差异，意味着已经承认使其从自在的个性转化为自为的个性的合理性。问题在于在教程中既把众多学生当作"一个学生"施教，又有把学生关在学校而"脱离"社会之嫌。不过教程不仅是在当时那种实践条件下，几乎唯一可行的选择，而且是在教育普及条件下更加难以避免的教-学活动类型。

以平常心看待关于现代教育和传统教育问题的争议，可知这两者之间并不存在教育价值观念的根本分歧，否则对传统教育的否定，就意味着教育历史的倒退。如此争议的实际意义在于试图解决传统教育实施中受实践条件和认识局限，尚未切实解决发展学生个性与学生个体社会化问题。由于对传统教育尤其是教程中以教学法建树初步形成教育及教-学活动的常理、常规缺乏足够的注意与适当的评价，以致对传统教育的批判，不无过甚之辞。反之，现代教育的某些尝试，有待检验。故20世纪以还，所谓"教育革新"和"回归基础"反复交替，屡见不鲜。如此反复，在中国更是有过之而无不及。

基础教育辨析

一、基础教育概念内涵的变化[317] —— 二、西学东渐的反思[321] —— 三、我国基础教育的再认识[324] —— 四、以教育的常理常规为基础教育的新常态[327]

    本来意义的教育学，原以未成年学生的基础教育为研究的对象。所谓"基础教育"，不过是同"高等教育"对举的概念。至于它本身的内涵，或许有些明白，又未必分明。其中虽保持某些一脉相承的规定，又易受干扰。尽管它是相对于"职业教育"，成为"普通教育"的同义语，而普通教育概念的内涵，同样若明若暗。唯其如此，以往才一度又一度地给基础教育另贴所谓"素质教育""核心素养"之类标签。

    所谓素质，原意为未经加工的生丝。借用此语，也只表示每个人从娘胎里带来的遗传基因而已。每个人作为教育的对象，在出生后，早就在逐步社会化（其中包括以往教育的影响）的过程中，使其素质打上程度不同的社会-文化烙印。所以即使把不同年龄阶段不同个体经历初步社会化形成的品格与修养称之为素质，那么称之为素质教育（或核心素养）的教育，依然回避不了对基础教育概念的界定。

    尽管我国多年来谋求办好人民满意的教育，如今更加成为普适性的现实需求，但由于基础教育概念含糊，基础教育的实施以及人们对其的感受与反应，都不免存在合理性的判断标准问题。因为满意不满意，并非单纯的个人需求的满足而已。一定社会-文化中人们共同的需求，才同"人民的满意"相关。鉴于人们的需求既同其物质生活条件、社会地位、文化教养相关，又因人而异，故关于人民对于基础教育的普遍需求，有必要进行广泛的社会调查。这种调查的假设和结果的分析，又同基础教育的合理性与可行性相关。所以，基础教育内涵的界定，其实是无法回避的问题。

一、基础教育概念内涵的变化

现代基础教育发端于中世纪末期手工业行会举办的平民学校和富裕家庭聘请家庭教师对其子弟的教育。前者相当于我国古代遍及城乡的私塾，后者大致相当于我国古代的经馆。

现代社会逐渐形成的过程中，随着公共教育机构的兴起（含私立学校），尤其在包括各级各类教育的学校教育系统形成后才逐渐形成基础教育概念。起初因受办学条件的限制，故在相当长的时期，以平民子女为对象的小学以读、写、算和道德教育（宗教国家为宗教教育）为基本内容。由于现代教育研究的萌生，才把现代基础教育作为理论研究的对象。随着现代社会的演变和教育研究的进展，基础教育概念的内涵几度发生重要的变化。其中不乏至今仍可资参考的历史经验。

鉴于学生成年后的境遇各不相同，故以未成年人为对象的教育，原先的设计，着眼于学生成年后共同需要而又不可或缺的道德品格与文化教养，普通教育概念便由此发生。这种性质的教育，既反映一定社会共同的需求，也是个体人生不可或缺的准备。在这个意义上才可称其为基础教育。问题在于这种教育的性质和实施仍有待进一步探讨。

现代教育的性质同古代教育的区别，在于古代社会等级制度下的教育，偏重学生伦理价值的灌输和道德行为的约束，却无视甚至压抑学生的独立人格；现代教育则适应现代社会的客观需要，原则上尊重学生的独立人格与个性自由。为此不仅道德教育的内涵发生相应的变化，而且兼顾学生能力的健全发展，在其实施中还顾及未成年人的可接受性，否则这种教育便不具可行性。

19世纪初期，初步形成现代基础教育的设计。其要义在于通过实施新古典人文教育，实现学生"多方面兴趣协调发展"（选择性的目标）和"道德性格力量的形成"（必要性的目标）。表明其中着眼于学生正当而健全的心理品质的形成。问题是在现代社会中，实施所谓"新人文主义"的古典教育能否实现如此目标？

鉴于古典人文教育虽有助于人格的陶冶和智慧的启迪，毕竟源于古代的生活和见识，故19世纪中叶着眼于现代生活的普通教育构想应运而生。其要义在于以人类积累的基础知识，尤其是基本科学知识，为未成年人对未来生活的必要准备。同时教育（含德育、智育和体育）的实施，参照未成年人自然成长的进程，循序渐进地展开。

19世纪与20世纪之交，在产业革命基本完成的社会中，社会需求变动的速度加快。相对于半个世纪以前形成的指向未来生活准备的"教育准备说"，认定未成年人的基础教育，如着眼于渺茫的未来而使学生疏离现实生活的接触，不仅不足以成为未来生活的准备，反而可能使学生因读死书、死读书而养成脱离现实生活的习惯，故有必要改弦更张，即不仅沟通学校同社会之间的联系，而且使学校成为"雏形的社会"，以便于学生在共同的生活中，"从做中学"，在相互协作与交流中受到民主生活与社会精神的熏陶。从那时起，一度又一度甚嚣尘上的所谓"新教育"由此发生。

20世纪中叶，社会变革日新月异，以致在基础教育历史上，甚至第一次发生"替一个未知世界培养未知的儿童"问题。终生学习（或终身教育）构想应运而生，表示客观上需要以不断的教育—学习，适应不断变化的社会。终身教育的要义，主要不在于教育过程的延伸，而在于教育内涵的创新，即在每个教育阶段中，学会学习或许比学习可能失效的现成知识更加重要。

不同历史条件下形成的矫正时弊的见识和改进基础教育的构想，虽然可行性及普适性的程度相差甚大，但却拓宽了基础教育的视野。这些都至少表明了作为教育部类的基础教育，在任何时代、任何社会文化中，都以为未成年人形成当时当地通行的道德人格奠定基础，为必要的内涵；至于其选择性的内涵，则同一定时代、一定社会-文化中的教养价值相关。其中，涉及在历史形成的文化与现实社会中共同需要且必不可少的文化之间的平衡，在基本知识的掌握和实践中的运用之间的平衡，在社会需求和未成年人自然成长过程之间的平衡。至于学会学习，其可行性更是有赖于在具体实施中探讨的问题。

问题在于20世纪初期，曾发生现代教育与传统教育之争，或把所谓"新教育"当作"现代教育"的同义语。加之既未把"新教育"看成尚未定型更未成熟有待探讨的问题，又未把"传统教育"看成中性概念，而导致对传统教育的简单否定。一度导致基础教育失去其应有的平衡与稳定。其结果，正如杜威所见："以新的一套思想和由新思想所引起的新活动为指导的各种运动，或迟或早，总会返回到过去表现为比较简单的和比较基本的思想和实际上去——现时的教育又在企图恢复古代希腊和中世纪的各种原则，这便是明显的例证。"[①]探求"新教育"的运动前景以适应新社会秩序的现实需要的人，应当只思考教育本身的含义，而无须顾及关于教育的一些"主义"，甚至连"进步主义"也不必考虑。这表明不切合实际的构想终归走向其反面。基础教育中的这个已被察觉的教训，其实正是西学东渐中的能让人重蹈覆辙的前车之鉴。

问题在于：在各种概念的界定中，"××是什么"，只能算是软性的规定；"××不是什么"，即撇开可能同××概念内涵混淆的意思，才是硬性的规定。上述经历半个世纪形成的新界定，虽都是有所指而发，有助于开拓基础教育的视野，但由于其中夹杂"片面的真理"，其普适的程度、可行的程度有限，即虽为一时一地所需而不足以为未成年人的人生奠定基础的教育，

---

① 杜威.我们怎样思维·经验与教育[M].姜文闵,译.北京：人民教育出版社,1991：246.

势必缺乏基础教育应有的价值；虽似乎有助于为未成年人成年后参与社会生活和就业准备，而不足以成为一定社会中社会生活和各种职业共同需要的教育，因缺乏普通教育的简单规定，或多或少将成为个体社会化过程中的缺陷。

二、西学东渐的反思

我国现代基础教育的构架，基本上是在西学东渐的过程中形成的，历经约一个世纪之久，问题在于迄今对西方基础教育了解的程度如何？对别国的先例如何借鉴？实际上从中究竟受到什么影响？现行基础教育同我国国情契合的程度如何？我国人民，尤其是未成年人对如此教育满意的程度如何？满意或不满意的原因何在？为了办好人民满意的基础教育，对于诸如此类问题，不能不予以反思。

多年来我国教育学界，尤其是其中的专家学者，一向对西方教育的理论与动态至为关注。至于对其基础教育了解的程度如何，虽难以一概而论，至少有迹象表明，至今对那里情况的了解，或许还若明若暗。例如在欧洲大陆，如德国、俄国，在其教育学中，一向把"教养"作为同"教育"并列的基本概念，在美国则把教养融入课程价值之中，而在欧洲大陆社会-文化中，并未把"课程"作为教育学的专业术语。然而，在我国，既未把"教养"作为教育学的基本概念，又把"课程"只当作"教学内容"的同义语。尽管如此，还在教育的比较研究中，大大咧咧地议论所谓"德国课程""法国课程"。尽管专业用语属于符号性质，问题在于无视从原先的"教学内容"概念到如今的"课程"概念的实质性变化。如"课程方案"同"教学计划"的区别、"课程标准"同"教学大纲"的区别、"教材"同"教科书"的区别，实际上不仅反映从教程向学程转化的迹象，更涉及教-学活动行政管理机制的变化。尽管这种教-学活动范式的转换，至今仍在探索过程中，然而，是否明乎此，实同对教-学活动从哪里来，向何处去，是否心中有数相干。

在基础教育中，较之教-学活动范式转换更具有根本性质的问题，在于对基础教育内涵的把握。关于基础教育的内涵，如上所述，从现代基础教育问题发生时起，其内涵大致每经历半个世纪，都经过反思，对其内涵有进一步的理解。不过，尽管其中的见解不尽一致，毕竟未离"普通教育"的本义太远，并且在几度反复中，不得不向基础性的普通教育方向转移。为的是在教育中不致为未成年人的人生和个体社会化的过程遗留日后难以补偿的缺陷。我国以往虽一味求"新"，也曾几度调整，或因缺乏理性的自觉和对本土文化的自信，这才反复徘徊，从失误中学习。

问题在于20世纪初期，一度给在此以前的教育贴上"传统教育"的标签，甚至形成推倒重来的暗示。当时我国正值西学东渐盛时，由于顾不上考虑欧洲"新学校"和美国"进步教育"是在那里的传统教育基础上的新尝试，而试图在缺乏将近两个世纪实践经验的基础上，盲目照搬别国远未成熟尚待检验的所谓"新教育"的假设和做法。甚至在当事国开始反思并从中吸取教训后，仍充耳不闻，以致直到20世纪80年代，借对外开放之机,这种盲目追风现象,甚至有过之而无不及,结果如何呢?由于我国一向甚少反思,倒不妨从西学东渐的源头上,观照观照那里的学者对该国教育状态的反思。

20世纪80年代,美国学者库姆斯曾经不胜感慨地提出,多年来各种各样的人,试图改变该国教育并不令人满意的状况。然而以往三十年间(1958—1988)一度风行的诸种尝试,现已被证明"如此令人失望"。令人失望的教育尝试,如:语音学、教学机器、心理测验、视听装置、开放学校和开放教室、协同教学、"新数学""新科学"、行为矫正以及新近的行为目标、能力分组教学、凭证制度、计算机技术和"回到基础去"等。①

如此"一家之言",对于我国教育来说,问题或许不在于是否对我国惯于闻风而动的头脑猛浇一盆冷水,而在于其中追溯那里的教育令那里的人们失望的缘由,即那里关注的"是物而不是人"。其中所谓"物",泛指装置、机械、方法、学科、组织或管理的方式,而忽视同学生接触十分密切的人(教师)的变化;其中的尝试建立在某些"部分正确的假设"基础上;仅抨击解决问题的办法极少能取得预定的成效。②

如此判断,不免促使我们的反思。在中西教育比较中,我国教育文化中是否存在人无我有的先见之明和有利条件?是否察觉别国开始察觉而我国学者尚未察觉的缺陷?是否恰当地运

---

① 库姆斯.教育改革的新假设[M]//瞿葆奎,主编.施良方,译.施良方,唐晓术,崔允漷,选编.教育学文集·国际教育展望.北京:人民教育出版社,1993:273.

② 同上:273—274.

用我们的有利条件改进我们的教育？总之促成我们对我国基础教育的再认识。

三、我国基础教育的再认识

从根本上说，"办好人民满意的教育"，其意义在于不再把别国人民满意或未必满意的教育当作我国亦步亦趋的教育价值取向和教-学活动仿效的样式，从闻风而动回归从本国国情出发，尊重人民对教育的需求与意愿，这意味着教育立足点的转移。问题在于这种立足点的转移，虽有必要，其可能性如何？在具体实践中存在什么有待进一步审视的问题？

1. 尽管在任何社会-文化中都或多或少使其教育得到人民满意，又不见得尽如人意。例如颇令国人中不少佼佼者趋之若鹜的美国教育就存在这种情况。究其缘由，据称首先在于那里的教育重"物"轻"人"。其实，我国学者梁漱溟早于库姆斯半个多世纪（1922年）即注意到，中国教育中读书旨在明"人之理"，而西方教育中，读书意在明"物之理"。[①]

不过，对其中所谓"人"指称的对象，须具体分析。梁漱溟是就教-学活动的内容而言，库姆斯主要指教-学活动中的师资。相比之下，我国自古以来就形成尊师的传统。如果说当时尊师主要出于重当时之道的宗旨，那么我国自革命根据地时代以来，尊师便同"办好人民满意的教育"相关。因为唯有为人

---

① 梁漱溟.东西人的教育之不同[J].教育杂志，1922，14（3）.

民教育服务的教师，才堪称"人民教师"。

我国普及教育是在西学东渐的背景下展开的。其实，在这个背景下，早就发生"东学"与"西学"之争。其中尤其是革命根据地时代，曾经反复发生盲目移植别国正规化教育取向和贬之为"游击习气"的非正规化教育取向之间非常尖锐的争议，从而形成一条从本国本地区客观需要、现实条件出发，较为符合当时当地人民群众意愿的普及教育道路，从中积累了办好人民满意教育的基本经验。

2. 涉及教育中"人"与"物"（物质、技术条件）的关系，我国由于深感经济、文化落后，故实际上较之发达国家更加重视物质技术条件的改善。不过，相对于一般重"物"轻"人"现象，我国更加注重的是已有的物质、技术条件有赖于人的运用。涉及人对物的运用，由于我国是一个世界上较为罕见的组织程度（其中包括教师组织程度）甚高的国度，通过组织的调节和监督，不仅可能使物质条件得到较为有效的运用，而且在一定程度上，使教-学活动的规则和行为规范的运用较为合情合理。更不用说，发挥有组织的集体力量，有可能兴办单个人少数人分散的力量无法办成的大事。

话虽如此，由于现今毕竟仍然存在西学优势，我国在长期西学东渐过程中形成的习惯势力的影响不可低估，以致往往以西学的眼光观照我国土生土长的教育见识和举措。其中不仅存在对我国学校中教师组织的质疑，问题更在于鲜见对诸如此类质疑的分辨，表明至今仍缺乏对我国半个多世纪以来形成的教育机制的洞察与自信。

我国学校中的教师组织,如教学研究组与年级组,虽或同外界某种组织同名,实际上并非一回事。[①]主要由于既缺乏自信,又缺乏先例,以致此种组织活动至今尚无规章可循。其中也就难免夹杂可有可无的活动,从而助长对此类活动的怀疑。其中在我国舆论中,或出于对教师组织活动的怀疑,冒出一个时髦的口号,叫作"我的教学我做主",便是我国如今流行的一堆又一堆"部分正确的假设"(库姆斯语)之一。这个假设充其量只能算是"部分正确"。因为对此不禁要问:难道教-学活动无法无天?您做得了这个"主"么?

3. 同我们的教师组织观感类似的,是对于我国统一领导、分级管理的教育体制是否自信问题。

由于我国是一个统一的多民族的大国,国内各地区发展不平衡。有别于联邦制、地方分权制的国家,我国的这种教育行政体制,不仅有助于教育事业长期、较长期的统一规划,而且可能协调各方关系,调动可以调动的力量,兴办大事,解决大问题。不过,且不说主要由于这种教育体制有别于西方发达国家的先例而容易引起质疑,更因这种行政机制运作中由于缺乏专业意识和运作经验,曾经发生过严重的失误,故现今的教育改革才从教育领导与管理体制的改革起步。

在我国教育改革进程中,既存在革命根据地以来的传统影响,更存在近百年来西学东渐的习惯势力,不用说我国自古以来一脉相承的教育精神遗产的影响亦不可低估,以致教育改革

[①] 陈桂生.学校中的教师组织问题[J].教师教育学报,2017,4(01):27-30.

过程反复呈现东摇西摆的状态。尽管统一领导、分级管理的机构非常健全，其中的"领导"与"管理"可备一观。如：一方面，所谓"学会××""××教育""××第一""以××为主体""我的××我做主"之类公式化的"理念"此起彼伏、彼伏此起，甚嚣尘上；另一方面，几乎所有什么长、什么主任以至校长，都有权立这个或那个规矩，或加或减一门课程，并且每一"创新"，都有理由，都似乎令人"满意"，换一个"创新"，同样如此。只是"基础教育""普通教育"云乎哉？由此不免产生疑问：我国如今实行的究竟是什么教育行政机制？教育主管当局实施的是什么基础教育？如果指其较之分权制有过之而无不及，未免言过其实。因为教育主管当局事实上是在不断被动地实施调节。由此又不免反思：对于我国现行教育领导与管理体制到底是否相信？教育主管当局实行的"人民满意的基础教育"究竟是什么意思？

四、以教育的常理常规为基础教育的新常态

如上所述，现代基础教育在其经历的两个多世纪中，其价值取向曾经每经历半个世纪就发生一次变化。尽管如此，事实上终究还得回归其基础性、普通性的本义上来。不仅像我们这样的发展中的国家如此，即使是号称教育发达的美国也不例外。

美国学者拉尔夫·泰勒谈到基础教育课程设计时，有感于学科专家的建议"太专门化和专业化"，对大多数在校学生不适宜，认为学科专家应当考虑的，不是期待学生对学科专家关注

的学科有什么贡献,而是这门学科对"外行或一般公民"有什么贡献,[①]即不应偏离基础教育的目标和未成年学生的接受能力。那是就基础教育课程中的自然学科、人文学科而言的。对于参加师资培训的教育学专业的教师来说,同样不宜把自己专长的什么"新理念""大学问",塞给培训对象,以免偏离基础教育的性质和目标。

美国学者库姆斯在总结该国20世纪60年代教育改革的教训时提到,失败的首要原因在于"他们关注的是物而不是人"。因为近来的一些研究表明,使教师成为优秀教师的,"不是他们的知识或方法,而是教师对学生、自己、他们的目的、意图和教学任务所持有的信念"。[②]其中锋芒所向,非指未向中小学教师传播什么"新理念",其中所指,恰恰是无视教师基于其信心的意愿。即使有必要传播什么"新理念",至少也得从引出教师原有的教育价值观念入手。

如以为我国中小学教师因缺乏理性的判断力和自立意识,便可能把信服空中楼阁作为不可推卸的义务,或许是一种误解。

其实,一般较为成熟的教育主管人员、校长和教师,对于何谓基础教育,以及其中的常理、常法、常规、常情,或多或少心中有数。何况对于风里来的货色必将跟着雨里去,屡见不鲜。所以在背地里的交谈中,一般都通情达理。问题在于基础教育中的常理、常法、常规、常情,即使更新,毕竟缺乏新鲜

[①] 泰勒.课程与教学的基本原理[M].施良方,译.北京:人民教育出版社,1994:19-20.
[②] 库姆斯.教育改革的新假设[M]//瞿葆奎,主编.施良方,译.施良方,唐晓术,崔允漷,选编.教育学文集·国际教育展望.北京:人民教育出版社,1993:275.

感。不仅在如今这种舆论场中缺乏交换的价值,而且作为"学校形象工程""政绩工程",未必交得了账。然而焉知如今城乡新教师有待培训的,或许正是对于基础教育性质的了解和教育常理、常法、常规、常情的认知与运用。

总之,我国基础教育何时转入新常态,成为人民满意的教育,其中尚有不少课题有待探讨。

教育实践中的学生文化在变化中

一、学生是教育的对象吗[330] —— 二、何谓以学生为本[333] —— 三、学生角色的自我认同[342] —— 四、学生"以自我为中心现象"的警示[345] —— 五、学生可能自主管理吗[349] —— 六、学生集体的教育价值[351]

学生是教育的对象,早已成为常识。这是由于学校被认为是公共教育机构,以示同其他公共机构有别。其区别在于它的工作以学生为对象,对学生进行的是教育工作。然而,学校与非学校的公共机构的这种简单区别,并不足以反映学校的实际情况。如循名责实,不免发生问题:学校工作瞄准的对象只是学生吗?教师只以教育应对学生吗?学生只是被教育的对象吗?诸如此类问题,似乎同学校的日常工作并无多大干系。其实,教育历史上的重大变革,虽出于时代的需求,又同此类根本性的反思不无关系。即使是对于教育现实的审视,有无此类思考,结果也可能大不相同。这里,且从教育对象问题谈起。

一、学生是教育的对象吗

学校在事实上是否以学生为教育的对象,要看对"教育"如何理解。如果以为学校中的工作都算是教育工作,自然不成其为问题。若问学校中的工作在多大程度上以学生为出发点，并着眼于长学生之善，救学生之失，学生从中实际上受到什么教育的影响，这才成为值得考虑的问题。只是在学校中做什么、怎样做，并不单以学校中校长、教师及学生个人意志为转移。因为学生在多大程度上受到教育，成为教育的对象，取决于一定的教育结构和隐含其中的学校文化。一定的教育结构，犹如剧本，学校中的各个成员，只是按照剧本规定的情境和情节，各自扮演被规定的角色。剧本不同，同一个人扮演的角色也就不同。唯其如此，学校在多大程度上以学生为教育的对象，实不能一概而论。

单就教师与学生之间的直接教育过程来说，学生好像是教育的对象，其实未必如此。

在古代，每个学生只由一个教师管教，同一个教师管教的学生为数甚少。加之实行个别施教，每个教师同各个学生之间，只发生一对一的单线联系。故那时只存在管教是否得当、指导是否得法的问题，一般不存在管教缺失的问题。而在现代学校中，普遍存在"一师多生、一生多师"的格局，并且通常实行班级授课制度，即以教师群体应对学生群体或者说主要以学生群体为教育对象。这样，对学生行为与态度的个别指导，便容易落空。在这个意义上，只能说以学生集体为教育的对象，各个学生不一定是教育的对象。

一旦涉及这个或那个学生问题的处理，尤其在学生犯错误的时候，把他们看成是麻烦的"小捣蛋"，还是"成长中的未成年人"，是"屡教不改的差生"，还是"有待教育的孩子"，那么，这样的学生是不是教育的对象便成为问题。

更重要的是，如今有"应试教育"一说。其实，应试是"应试"，教育是"教育"。它们各有自身追求的目标与运作的逻辑。按照应试的目标，其成效理所当然地以升学率来衡量，也就只能把学生当作应试训练的对象，即考试机器的部件与产品。按照应试的逻辑，不管教育何等地道，只要学生在外部考试中名落孙山，只能证明应试伎俩不佳，应试训练失效。即使是名列榜首的学生，是不是教育的对象，还得视其实际受到的影响如何。

有一位教师著文指出，如今存在"学校中的局外人"。指的是一些无法跟得上班的学生，他们每天过着难熬的日子。这些学生不仅在学校可望升学的学生数中，是个"0"，而且成为学校的负担。由于形成此类"多余的学生"的原因比较复杂，单以教育对象为由，追究学校的责任，也未免过分。

以学生为教育的对象，意味着主要针对具体学生的具体行为与态度施加教育影响，而这种教育又须持之以恒，才可望见效。这就要求教师"眼光向下"，以学生的行为为转移。然而，在中国这种特殊情况下，做得到吗？

中国的教育行政体制相当特殊。欧洲大陆国家与英语国家，法律体系虽然有别，而教育行政人员都无权干涉学校内部教学和教育事务，只依法监督相关法律、法规的实施。无非是使教师有可能"眼光向下"，针对学生的行为与态度加以管理与指导，也就有理由考察教师是否把学生作为教育的对象，教育的成败如何。我国的教育法律、法规虽然并未授予行政人员以干涉校内教学、教育事务之权，但亦未禁止行政人员越权干预学校内部事务。以致在我国学校中，除了要按照法定的标准、通行的规范进行日常教学、教育外，还得随时跟着道道行政指令、长官批示运转。有道是："千里雷声万里响，道道指令往下传。指令传到校长室，举校上下忙不停。"相信没有一道指令没有其道理，只是此理之外还有一理，那就是，如果引导教师"眼光向上""眼光向外"，那么，还有什么理由埋怨教师不把学生作为教育的对象呢？

总之，教育对象如不成其为套话，总该有某种起码的规定性。

此外，按照现代教育价值观念，学生不仅是教育的对象，还应是"自我教育的主体"。至于学生是不是教育过程的主体，是一个争议不休的问题，有待另行讨论。

如此这般唠叨，自然并无深文大义可言，无非是给校长和他们的上司提个醒，在百忙之余，不妨扪心自问：我们到底在多大程度上把学生视为教育的对象？

二、何谓以学生为本

如今，在教育舆论中，"以学生为本"呼声甚高。不少学校也致力于以学生为本的探索，上海市曾赫然提出"以学生发展为本"的口号。从中仿佛已经听到一个以学生为本的教育新时代的脚步声。是耶？非耶？好像不存在问题。因为教育舆论界早已公认，我国现行教育机制与具体实施对学生个性束缚甚大，不利于学生健全发展和首创精神的发挥。"以学生为本"遂成为切中时弊的口号。问题在于：为了减轻学生课业负担，增进学生健全发展的机会，激发学生的创造力，是不是一定要使整个基础教育课程形成以学生为本的格局？在中国现实状况下与可预见的未来，是不是可能形成以学生为本的局面？自然，如此质疑，不免有较真之嫌。因为张扬这个口号，大抵出于对学生的人文关怀，出于矫正时弊的善意，未必真的要在中国马上建立以学生为本的教育机制。正像有的学校标榜以培养个性为目标，有的学校宣称"一切从学生出发""以学生为主体"，并不表示他们真的打算从根本上变革现行学校管理及课程机制一样。唯其真假难辨，把这种宣传口号当成一回事，就此较真，反而显得自己迂腐。不过，因其事关如今教育界的风气，又不能不置一辩。

"以××为本"，是时下表述教育观念的一个公式。其中所谓"本"，原指草木的根或主干，由此派生出诸种引申义。在不同语境中含义不同。它与"末"对举，指称事物的根源或根基；与"支"（枝、叶）对举，指的是事物的本体或主干。通常用本末、本支表示事物之间的关系。"以××为本"，正是表示对事物之间关系的抉择。如是，当我们提出"以学生为本"时，实隐含一种"以××为末""以××为支"的判断。否则，这个口号便可能失去它所要表示的含义。至于以什么为末、为支，那就得看在作出以学生为本的判断时，以什么同"学生"对举了。尽管不便提出"以教师为末""以社会为支"之类口号，其实教育界一向是以"教师本位"或"社会本位"同"学生本位"（"儿童本位""人本位"）对举的。只是在张扬学生本位时，心照不宣。在振振有词地宣称"以学生为本"时，关于"以教师为末""以社会为支"将是一种什么结局，恐怕连想也未曾想到，想也不敢想。说穿了，并无"以教师为末""以社会为支"之意。不过，心中如果不存在一个"末"、一个"支"，又谈什么"本"呢？可见，所谓以学生为本，大抵是一个套语，只是这个套语对于矫正时弊或有一定意义，但在理论上难以确证。

诚然，以学生为本，确是一种堂堂正正的教育价值取向，并且是最初为近代教育奠定理论基础的核心概念，而这种价值取向的倡导者卢梭确存本末的权衡。他把教育分解为三个要素，即"自然的教育"（指学生器官及其功能的内在发展）、"人的教育"（指教师教学生如何利用自身条件发展自己的器官及其功能）和"事物的教育"（指学生从影响自身的事物中获得的良好的经验），认为教师对学生施加的教育影响，应以学生自身的器官及其功能的自然发展为转移，称之为遵循自然的原则。这种见解以我国如今时髦的口号表达，称得上是"以学生为本""以学生为主体"。相对于这个"主体"，按照卢梭的意思，不客气地说，教师只配当教育的客体；[①]涉及个人（个性）与社会（社会性）的关系问题，卢梭认定有独立个性的人（自然人）是一个整数单位，而公民（社会人、有社会性的个人）只不过是一个分数单位。即以社会性为分母，以个性为分子，分数值是社会性越强，个性越弱。[②]如果教育要在培养公民（社会性）与培养自然人（个性）之间作出选择，则宁愿选择后者。卢梭之

---

① 卢梭.爱弥儿[M].李平沤，译.北京：人民教育出版社，1985：3.
② 同上：5.

所以毫不含糊地贬低传统教师及社会性在教育中的地位与作用，正由于以学生为本出于他的信念。自然，由于卢梭所处的时代，尚不存在近代意义的公民，他所谓"自然人"，即有自由个性的个人，正是近代公民的预想。他改变了传统的教师与教育观念，实际上是要使教师的工作更有成效。

唯其如此，尽管卢梭的见解，"只是大大小小的鲁滨孙一类故事所造成的美学上的错觉"[①]之一，在可能的范围内"遵循自然"，却越来越得到认同，成为现代以来教育演变的趋势。时至19世纪与20世纪之交，以学生为本的"儿童中心主义"还曾名噪一时。"遵循自然"也好，"儿童中心主义"也好，说的是在教育上把社会意志、教师意志强加于学生是无效的，而顺应学生身心发育的自然倾向加以指导，比较有效。问题是，"遵循自然""儿童中心"一定能取得社会认同的成效吗？因为学生的自然状态，大抵属于幼稚状态、蒙昧状态，甚至是野蛮状态，而学生毕竟置身于文明社会中，并将成为文明社会的成员，故就在"儿童中心主义"大红大紫之际，有识之士，如杜威就意识到，培养个性不一定要机械地遵循自然，遵循学生自然发展的指导，同"儿童中心主义"并不是一码事。

"儿童中心主义"认定，儿童是起点，是中心，并且是目的。儿童的发展、儿童的生长，就是教育理想所在，只有儿童的发展、生长才堪作教育的标准。对于儿童的生长来说，一切科目（课程）只处于从属地位，它们只是儿童生长的工具，并

---

① 马克思.1857—1858年经济学手稿摘选[M]//中共中央马克思恩格斯列宁斯大林著作编译局，编译.马克思恩格斯文集·第八卷.北京：人民出版社，2009：5.

以儿童实际需要衡量课程的价值。所以，个性、性格比教材更重要，教育的目标不是知识的获得，而是学生的自我实现。这可称得上是名副其实的以学生为本了。关于这种主张，杜威早在一百多年前（1902年）即指出："正如'旧教育'的缺点是在未成熟的儿童和成熟的成年人之间作了极不合理的比较，把前者看做是尽快和尽可能要送走的东西；而'新教育'的危险也就在于把儿童现在的能力和兴趣本身看做是决定性的和重要的东西。其实，儿童的学习和成就是不固定的、变动的。它们每日、每时在变化着。"[①]"它本身不是完成了的东西，而只是某些生长倾向的一种信号或标志……从道德上和理智上对儿童的极端轻视和对他们过于热情的理想化，都有它们的共同错误的根源。两者都来源于把儿童的生长各阶段看成是某些不相联系的和固定的东西"[②]。所以，在美国，20世纪初的"儿童中心运动"昙花一现，不是偶然的。盖由于其理论原则早已引起怀疑，它在实践上也遭遇不小的挫折。

附带说明的是，对"儿童中心主义"的质疑，并非只是出于杜威的敏感，而是20世纪社会本位教育勃兴趋势的舆论准备。这里偏偏只提到杜威的见解，盖由于我国诸多教育学专家、学者倒把杜威作为"儿童中心主义"的代表人物哩！

要论以学生为本理论基础的动摇，值得注意的是，早在19世纪中叶，马克思在评论卢梭以及18世纪社会思潮时曾明确指出，18世纪是产生"孤立个人的观点的时代"。这种"孤立个人

---

①② 杜威.儿童与课程[M]//赵祥麟，等，译.杜威.学校与社会·明日之学校.北京：人民教育出版社，1994：121-123.

的观点"的产生有其历史的必然性。因为直到那时为止,个人没有独立地位,而到了18世纪,随着商品经济的发达,自由竞争的兴起,个人的独立地位才获得现实可能性;然而,"产生这种孤立个人的观点的时代,正是具有迄今为止最发达的社会关系(从这种观点看来是一般关系)的时代。人是最名副其实的社会动物,不仅是一种合群的动物,而且是只有在社会中才能独立的动物"。① 这就是说,近代生产趋势,不再是小商品经济的生产,而是社会化的生产。每个人都在广泛交往的社会环境中生活与工作,不能脱离其他人而孤立地存在,个性也只有在一定的社会关系中才能形成。

说到个性(亦称人格),通常按照普通心理学的解释,指的是个人稳定的心理特征,其中包括气质、性格、兴趣、能力等。"个性"一词的单数用法是指不同的个人心理特征,即个别差异。所以,起初提到"培养个性",都着重于调节个人气质,形成独立性格,发展兴趣、能力。其实在现代社会-文化中"个性"起初就是一个复数的概念,只是在实践中未必尊重每个人、所有人的个性;进入20世纪以后,基于现代社会学说(其中包括社会心理学、社会学)对人的本性的新见,不再把个人作为"整数单位",倒是把个人作为"分数单位",认定教育不是把学生当作孤立个人培养,也不单是为了培养个性而教育。它旨在使个体社会化,从而把培养个人的社会性作为个人完善发展题中应有之义。因为社会中不存全无社会性的个人。按照社会心

---

① 马克思.1857—1858年经济学手稿摘选[M]//中共中央马克思恩格斯列宁斯大林著作编译局,编译.马克思恩格斯文集·第八卷.北京:人民出版社,2009:6.

理学的观点，所谓个性，指的是每个人在个体社会化过程中表现出的特殊性，而每个人除需要与可能有鲜明的个性以外，还免不了带有个体社会化过程中形成的社会性（共性）。只是自然形成的社会性，未必是健全的、合乎时宜的社会性。故现代教育相应地在传统的智育、德育、体育、美育之外，别立社会教育（我国以往曾译为"群育"）。由此看来，所谓以学生为本，作为一种理论观点，就其严格意义说来，实不尽合乎时宜。

好在我国发达地区现在谋求创建"第一流教育"，并未贸然提出创建"第一流教育理论"的口号，故对实践中的"以学生为本"口号，不必较真。既然如今就连大大小小的商场都标榜"以人为本"，在学校中怎能忽视对学生的人文关怀？一般教育工作者搬用这个口号，无非试图在沉重的课业负担与僵化的课程机制、学生管理机制中，开一个不大的口子，使学生在这种夹缝中得到一点自由生长的机会。对此挑剔，自然有失厚道。问题是，我们虽不期待"第一流教育理论"很快出现，总该认真对待"第二流""第三流"教育理论的建树，故对教育学博士、硕士有厚望焉。至于有些博士、硕士侈谈以学生为本，那是由于他们拜读的大作，往往也不过如此。例如，把杜威封为"儿童中心主义"代表人物的著作，就不在少数，故须加以澄清。不过，这里无意关注那些著作中纠缠不清的是非，只就某种辩护性的论调加以澄清。

1. 或谓以学生为本，是以学生发展为本，而同以学生为中心、以学生为主体有别。单从字面看来，"以学生发展为本"，同所谓"学生本位"其实是同义语反复。因为"以学生发展为本",说得完整些,就是"以学生发展为本位",而"学生本位"说得完整些,同样是"以学生发展为本位"。自然,没有必要望文生义,事实上如今所谓以学生发展为本确同以往的学生本位见解有别。它们之间的区别在于:20世纪初期的"儿童中心"(姑称其为"学生中心""学生本位")的基本假设是,课程不仅以儿童身心发展的现有状况与生活经验为出发点,而且以儿童的兴趣、需要为标准。这种假设中的前一判断,可谓"具有理论和实践上的积极意义",后一判断,未免失之偏颇。因为儿童的兴趣与需要本身的意义有限,它不是一成不变的,它有待发展。课程若不使儿童经验逐步向成人经验转化,不使儿童兴趣、需要同社会兴趣、需要协调,就不足以实现个体社会化。因此,认定学生本位忽视学生的发展,确说对了一半,即指其没有为儿童经验、儿童的兴趣与需要提供发展的方向;唯学生本位倒也对了一半。不仅由于儿童经验毕竟不同于成人经验,成人经验不管如何成熟,如何完善,如何合乎时代需要,未成年人在他们所处的发展阶段,自身难有这种需要,也难以体验这种同他们的生活疏远的经验,而且如果儿童每日、每月、每学期、每学年对所要学习的东西没有兴趣、没有需要,怎能期望他们将来会有什么个人的兴趣与需要?社会兴趣、社会需要和反映这种兴趣与需要的成人经验,如不转化为他们自己的兴趣与需要、自己的经验,同他们的发展有什么相干呢?

2. 如今所谓以学生发展为本,似并无以别的什么东西为末之意,据称只是"建立符合未来社会发展需要的学生发展观,就是要求把学生的发展与社会的发展需要在根本利益和价值体现上统一起来，赋予'学生的发展'以新的内涵"。如把这种解释加以简化，那就是"学生发展需要与社会发展需要（社会对学生的要求）的统一"。所谓"学生的发展"的新内涵，无非是学生个性与社会性的统一，所用的是一个规定性的发展概念。问题在于，个性与社会性有别，它们既可能一致，也可能冲突。若要解决它们之间可能发生的不一致，以至冲突，恰当的选择也许是：课程以学生原有经验、原有身心发展状况为出发点，在学生经验逐步向成人经验转化过程中的每一环节（每学年、每学期的每一门课程与教材）中，寻求成人经验与学生经验适当的交会点。这就是说，既要考虑学生经验向成人经验转化的需要，又要使这种转化过程可能在教师指导下由学生自己实现。课程改革的真正难点正在于此。但愿不致因把社会性纳入发展概念而不正视社会性与个性的区别，不致因考虑社会经济、技术的新需要而忽视教材被学生领会的可能性。否则，"以学生发展为本"便可能成为空洞的口号。

在20世纪，为探求便于学生从自身经验向成人经验过渡的步骤，有过许多探索。如，教材的逻辑程序与心理程序的适当融合，以问题研究为中心的教与学，必修课与选修课的配置，等等，唯至今距离从根本上解决这个矛盾的前景尚远。如今课程改革中确包含不少新的课程要素，有助于发展学生个性与社会性，唯我国多年来课程教材改革中最薄弱的环节，在于教材成人化，教材无视未成年人认知的心理程序。且不说这方面的研究基础相当薄弱，事实上在选编教材的实践中，还未把"教材的心理程序"作为问题提出来。即使不谈什么"教材的心理程序"，至少总得讲求一点教材可读性、课程同学生生活的联系吧！如今的教材有多少可读性呢？同学生生活有多少联系呢？

欲问"以学生发展为本"的真实含义如何，这个答案最好到已经出台的各科教育改革行动纲领与陆续问世的新教材中去寻求。

三、学生角色的自我认同

尽管凡是学生都不会不知道自己的学生身份，但他们未必都知道"学生角色"的含义。尤其是现代学生生涯的特点和现代学生的职责。就连教师也不见得有这种思考。其实这是一个不能不明白的问题。

在教育不发达的时代，人们为了求得知识，获得学问，不得不主动求师问学，而在如今这种教育发达的时代，不仅学习的机会非常充分，而且上学成为学生的义务，教学生学成为教师的职责，从而使学生容易产生一种错觉，以为学问无须去求，倒是教师为了完成自己的任务，反而去"求"学生认真去学，仿佛学生自己的学习是家长和教师的事情，导致"学生角色意识"模糊，有一首校园民谣，就刻画了如今某些教师的这种无奈：

> 对面的同学看过来，看过来，看过来，
> 我讲的课文很精彩，
> 请不要假装不理不睬。
> 对面的同学看过来，看过来，看过来，

不要被我的声音吓坏,
其实我很和蔼。
寂寞老师的悲哀,
说出来,谁明白?
求求你,把头抬起来,
看看我,把课听明白。

唯其如此,人们总以为只要通过入学考试取得学生身份,就算是学生了,其实,并非所有学生都名副其实。关于这个问题,20世纪初期德国教育论学者胡戈·高迪希曾把有学生身份的人,按其实际表现分为三种不同的学生角色,即"单是学生""也是学生""不是学生"。"单是学生"的人,是指埋头于孤立的学习生活,"两耳不闻窗外事,一心只读教科书";"也是学生"的人,既认真学习,又关注社会生活;"不是学生"的人,虽有学生身份,而不务正业。①正如尔后于20世纪70年代日本出现的"无力气、无关心、无责任"的"三无学生"一样。

我国有些校园民谣,倒是直白地刻画了某些"不是学生"的学生状态:

分不在高,及格就行。学不在深,作弊则灵。斯是教室,惟吾闲情。小说翻得快,杂志翻得勤。琢磨下象棋,寻思看录像。可以打瞌睡,写情书。无书声之乱耳,无复习之劳累。是

---

① 钱歌川.现代教育学说[M].上海:中华书局,1934:24.

非跳舞场，堪比游乐厅。心里云："混张文凭！"

如果说这种学生还翻翻小说、杂志，另有一些学生简直油滑到家：

> 人在教室心在外，读书不如谈恋爱。
> 老师怒问为什么，为了子孙下一代。

其结果可想而知。亦不妨用校园民谣表示：

> 小说漫画游戏，全都不能放弃。
> 篮球足球桌球，都要毫无保留。
> 英语物理地理，一概统统不理。
> 语文数学化学，打死我也不学。

至于学生得到什么"指导"，仍不妨以民谣表示：

> 现代老师武艺高，
> 个个都会扔"飞镖"。
> 教学更是有法宝，
> 不是作业就是考。
> 班里纪律真是妙，
> 不能说话不能笑。
> 学生胆敢大声叫，

马上把他父母找。

言归正传,由于时代的不同,学生角色也不是一成不变的。记得我童年时代,偶尔看到民国初期出版的"共和国国文"(小学一年级教科书)。其中第一课全文是这样的:

学生入校,先生曰:"汝来何事?"学生曰:"奉父母之命,来此读书。"先生曰:"善!人不读书,不能成人。"

也算是以明了学生角色,为始业教育。当时期待的学生角色,正是同时代人高迪希所谓"单是学生"。到如今,已经过去将近一个世纪,看来就是"单是学生"的学生,也很难得了。至于高迪希表述的"也是学生",即20世纪的学生,那是指不仅认真读书,而且参与劳作(工作),并把包括劳作在内的学习活动,看成是自己的事。有自己追求的目的,关于学习活动的过程与程序,关于努力方向,关于质疑,关于自己活动的调整,都自主决定。这些,恐怕就是指导学生认同学生角色的主要点。

四、学生"以自我为中心现象"的警示

2010年4月,有一位教师向《河南教育》杂志"万玮热线"提出一个问题:"现在大多数学生都是独生子女,在家里都被父母宠爱,在学校里感觉就应该以自我为中心,觉得所有人都应该对他好。老师对他们再好,只要批评他一句,

他就记仇……"他问:"我们该如何解决这些问题?"其中提到的学生,大抵是指1980年至1989年间出生的孩子(通称"80后")。这算是我国第一代独生子女。他所得到的解答中,关键性的判断是:"现在的孩子以自我为中心,敢于展现自我,敢于挑战老师。其实是时代的进步。我们无须为此苦恼。"

这一问,问得好!问出了如今教师的无奈。早该有此一问。这一答,也有点意思,只是仍令人不解。学生"以自我为中心",果真算是"时代的进步",我们或许还有理由为此高兴。然而,教师如果遭遇如此学生,能高兴得起来吗?能不"为此苦恼"吗?

上海电视台有一个频道专门开辟了一个称作《80后剧场》的节目。其中的主角,正是所谓"80后"。他们演绎的那些花样百出的生活故事,不仅令"80前"匪夷所思,就连"自我中心"或"非自我中心"的"80后",遇到"自我中心"的"80后",也不免烦恼之至。在学校中,老师若同如此角色打交道,怎能不苦恼呢?

然而,如把"80后"同缺乏"自我中心"意识的"80前"相比,好像又不能不承认,"自我中心",或许是"时代的进步"。

话虽如此,其中的情况又相当复杂。由于"自我中心""自我表现""挑战老师",都是习俗说法。其中每一说法指称的,可能是性质截然不同的行为。如,"自我中心",可能是指正当的自主抉择,执着的价值追求,也可能是唯我独尊、独往独来,甚至是损人利己的表现,或者只是一种无聊而已。"向老师挑战"，可能偶然触及老师的不足之处，也可能就是胡闹、恶作剧，怎能一概肯定或否定？

说到"80前"，当时一般尚未出现诸如此类现象。由于它既非那时所长，也不一定是那时所短，故那时的情况也就不足以衬托"80后"诸如此类表现的"进步"。如果一定要把"80后"与"80前"加以比较，不妨说，"80前"的学生也曾二度向老师挑战。其战斗精神只能让"80后"的学生自愧不如。然而那种精神和行为表现，只能令人遗憾。那种事态不该重演。所以说到学生向老师挑战，如果不区分有无事实根据，其理由是否正当，有无道理，而一概视为"时代的进步"，行吗？

问题更在于，此类说法似乎同心理学上的"自我""自我概念""自我实现""自我中心思维"沾边，也就"有理"。其实，心理学上此类概念基本上是中性概念。心理倾向性原有别于伦理倾向，更由于此类现象发生的背景，同哲学上、意识形态上所谓"自由个性""自我实现"之类见解发生的背景，或有某种相似之处，也就容易对此类现象产生所谓教育理念的联想。这才可能把"社会进步过程中发生的新问题"，误认为是"时代的进步"。

不过，这种纠缠不清，只是在像我这样的书本中讨生活的"写手"中，才会发生的问题。由于一般老师直接面对的，是这些或那些学生的这种或那种行为表现，他们并不难把执着进取的学生同唯我独尊的学生加以区别，不致把展露才能同好出风头混为一谈，更不致把批评老师同刁难老师同样看待。问题在于，作为人师，或有自己的价值追求，或不得不顺应有司所谓

"教育理念"。由于不明或不甚通晓心理学、哲学、教育学中的那些大道理，不明其中的那些概念，到底是中性的还是具有价值倾向的，是复数概念，还是单数概念，以致一旦碰到所谓理念，对自己从经验中得到的见识就容易失去自信。于是，该管的事情不再敢管了，不该做的事情仍得去做。如此状态，无以名之，只得说是"尴尬"与"无奈"。只是不知如今众多老师的实际感受如何。

个中缘由，只能有待专家分析，本人孤陋寡闻，只知即使在"个性解放"时代，所谓"个性"，也是个复数概念，指的是任何一个人的个性，而每个人的个性在其行为上的表现，都以不侵犯他人的利益，不妨碍他人行动的自由，不干扰共同任务的完成为限度。如允许某个人、某些人有超越这些限度和自由行动的特权，从而对其他个人有失公平，便成为自由个性之说的自相矛盾。唯其如此，也就未闻哪个处于正常状态的国家，哪个尚存健全理性的专家，居然会为"自我中心"辩护。

到了现代，越来越难以否认，每个人都是社会中的个体，未成年的个体都须经历社会化的过程。个性实际上是不同个体在社会化过程中显示出来的差异。任何个人既然生活和活动于人群之中，偏偏置他人于不顾，硬要以自我为中心，将来是不是有出息，还属未知之数，而在交往中不碰壁，也难。因此，一味放任自我中心，怎谈得上对未成年人的爱护？

至于这些道理是否可取，是否适合我国国情，如今几乎越来越难以断定。这便是本人的尴尬与无奈。一生求知，求到这个份上，这才懂得什么叫作难得糊涂。

五、学生可能自主管理吗

学校是一个小社会,班级是这个小社会中更小的社会。这个小社会对于学生的意义,丝毫不亚于每个机关、企业、事业单位之于成年人的意义。每一个大大小小的基层组织,既可能使其中的成员精神舒畅,有在其中发挥自己作用的机会,也可能使人压抑,而又无法跳出这种樊笼。故学生集体,尤其是班级学生集体的合理组织,本身就对学生有教育意义;反之,学生集体组织的功能不健全,将对学生产生负面影响。

何谓"健全的学生组织"?它至少是在教师指导下名副其实的学生组织,即学生自我管理、自我监督的组织。这种组织叫作"学生自治"也好,叫作"学生民主管理"也好,都不甚重要,重要的是多数学生能在其中行使民主权利,履行应尽的义务。

尽管我们的班主任老师早就积累了相当丰富的学生自我管理与监督的经验,但是不知从什么时候起,班级越来越成为"班主任的附庸"。学生干部中,强一点的,成为班主任的助手;弱一点的,成为班主任的"传声筒"。学生集体组织的功能越来越弱化,学生的集体观念、民主意识日趋淡化。不仅如此,由于班主任主宰班务,甚至在一定程度上主宰某些学生的命运,从而导致机灵的学生看班主任的眼色行事,少年先锋队干部标志成为类似于军衔标志的东西,以致不少学生在家长的驱使与帮助下,把小干部作为追逐的目标,彼此之间甚至明争暗斗,小干部民主选举逐渐流于形式。有些小干部有幸连选连任，甚至多次连任，成为小学生、中学生中的"老干部"。其中有些学生不免养成"干部作风"，只牢记自己是"班主任的助手"，却忘记自己是"同学的代表"。在这种情况较为突出的班级，不免发生少数学生同班干部对立、多数学生对班级工作冷淡的现象。在名不副实的学生组织中，表面上也许秩序井然，实际上却缺乏活力与生机。

以上还只是就缺乏民主气息的学生组织对学生生活的影响而言的，其实，更严重的还在于，如果每个人在其学生时代就习惯于眼光向上，习惯于当官，习惯于对集体冷漠，习惯于站在集体的对立面，习惯于假民主，他们长大以后将成为怎样的公民？若一朝权在手，将成为怎样的官？如果从小没有学会按照一定的民主程序，行使民主权利，履行应尽的义务，等到成年以后再从头学起，靠得住吗？

上海市打虎山路第一小学有鉴于此，在学校中一度提倡让学生"学会当家"，成为"班级小主人"，老师们为此进行了多种尝试。其中，有的试行"今天我当家"制度，让较多小学生轮流当"小班主任"；有的缩短小干部任期，让更多学生有机会当小干部。沈芝瑾老师试行的"班主任秘书制"，也属其中的一种实验。鉴于这类初步实验都还是在小干部上做文章，且未脱离小干部是"班主任助手"的套路，该校从1998年秋季起，在华东师范大学胡惠闵等老师的参与下，开展"班级小主人行动"课题研究。此项课题研究的新意，主要在于使小干部从"教师的助手"变成"同学的代表"；把学生的注意力从当干部引向当合格的班级小主人，从而把以教师为中心的民主教育转变为学生的自我教育。应当指出的是，在如今这种社会环境、教育大环境中，个别学校若干班级所进行的这类富有根本性质的改革，意义更为深远。

六、学生集体的教育价值

关于教-学活动的过程，历来存在"以教师为主体"与"以学生为主体"的争议。在我国还有"以教师为主导，以学生为主体"的折中之见。其实，"主体"是与"客体"相对的概念，"主导"是与"从属"相对的概念，没有"客体"，也就无所谓"主体"，而无论是"以学生为客体"，还是"以教师为客体"，都甚不可行。

值得注意的是，乌克兰教育家马卡连柯，依据多年成功的教育实践经验，发现学生集体的教育价值，能够比较合理地解决教-学活动过程中主体与客体的关系问题，并创造性地提出学生集体既是教育客体又是教育主体的见解。

马卡连柯用16年时间，先后创立"高尔基工学团"和"捷尔任斯基公社"两个半工半读的少年集体，并据以建立集体主义取向的教育理论，在国际教育界颇有影响。

马卡连柯的见解与上述三种见解的区别在于，他不是把教-学活动作为教师个人或学生个人孤立的活动，也不是把师生关系简单地归结为教师与学生个人之间的关系。依他之见，构成教-学过程的能动要素，除了教师和各个学生以外，还有更加不可忽视的能动要素，即学生集体与教师集体。尽管学生集体是由集体中一个个的学生所组成的，而集体则具有有别于各个学生个性的关系属性。这种关系属性，不是各个学生个性的总和，而是学生之间各种错综复杂的具体关系的总和。所以，学生集体本身可能具有教育的力量。不过，学生集体不可能自发地形成，它有赖于教师的培养。从这个意义上可以说，学生集体是教师的"教育客体"，而教师是学生集体的"教育主体"。只是单靠教师个人的力量，还不足以建立学生集体。只有依靠教师集体的力量，才能够有效地培养学生集体。所以，这又取决于与学生相关的教师是否形成教师集体。

如果说学生集体是教师集体的"教育客体"，那么，学生集体一旦形成，它便成为集体中各个学生的"教育主体"。换句话说，每个学生都成为学生集体的"教育客体"，而不再单纯是教师的"教育客体"。这叫作"在集体中，通过集体，为了集体"教育学生。究其实，是学生的自主管理、自我教育、相互监督。而其前提，则是在学生集体形成以后，教师和教师集体，充分尊重学生自主管理的权利，不越权干预可由学生集体自主处理的事务。

按照这种思路，班主任工作归结起来便是组织班级教师集体和培养班级学生集体；在学生集体形成以后，放手让学生自主管理、自我教育、相互监督。

以往，我国借鉴马卡连柯的经验，在培养学生集体方面，曾有不少建树。而在近二十年间，尽管教育的各个领域都有进展，而学生集体的功能反而日趋弱化。显见得多年来，我们在忙于琐碎的班务、频繁的活动、浮光掠影的"班干部制度改革"和旷日持久的空谈中,忘记了不该忘记的深思熟虑的教育见识与比较成熟的经验。所以,《马卡连柯教育文集》值得一读。

中西师资文化比较

一、广义师资文化与狭义师资文化的区别［355］——
二、中西师资文化何以不同［357］—— 三、西方师资文
化在变化中［359］ —— 四、师资文化变化的缘由
［361］—— 五、中国传统师资文化的道理何在［364］——
六、我国现今师资文化有何特点［365］

我国素称教育文明之邦。近百年来我国的教育都在西学东渐的过程摸索中演进。问题在于我国固有的教育文化有何特点，中西教育文化的区别何在？本文尝试以师资文化为研究的对象。其中在中西教育文化比较的意义上，把我国固有的教育文化称之为狭义的师资文化，而把西方教育文化视为广义的师资文化。其中的区别在于这两者中，存在教育之人（师道）和教育之事（授业之理）权重的差异。如单就师道而论，西方师道以师德为行为规范，我国的师道则是广义的概念。其中除为师之道外，还包括学生求师之道和举国尊师之道。尽管在西学东渐中，我国固有的教育文化似乎相形见绌，其实现代西方教育文化演变中有迹象表明这两类教育文化都不失互补的价值。

在教与学组织萌生以后，逐渐形成以授业为职能之师，即弟子的业师。随着时代变迁，授业职能的演变，师资文化日益复杂。其中存在今古师资文化的异同与中西师资文化的异同，师资文化本该成为研究的对象,然而实际情况未必如此,个中缘由也就值得研究。

一、广义师资文化与狭义师资文化的区别

何谓师资文化?

由于教师以授业为基本职责,而教育学着重揭示授业之理,教学法主要揭示授业之法,故近代以来在很长时期,便以教育学与教学法为师资文化的主要内容。那时还不存在师资文化[①]概念。如夸美纽斯《大教学论》、赫尔巴特《普通教育学》、斯宾塞《教育论》以及杜威《民主主义与教育》之类教育名著中,都未见"师资"一章一节。主要供教师阅读的《教育学》教科书中,虽有题为"教师"的专章,其中的内容却较为简单。唯有第斯多惠《德国教师培养指南》,虽以授业之理与授业之法为主,倒涉及师资问题。

该书共分两编:第一编为"普通编",内分四章,前三章同教师职业准备相关,第四章为教学法则与规则;第二编为"特殊编",内分两章,涉及教师的社会关系。从全书结构看来,似以教师为研究对象。不过,如就各章权重来说,全书正文共187页。其中第四章为112页,占全书59.9%,[②]表明该书同样以授业之理与授业之法为主。这不难理解。因为授业之理与授业之法

---

① "师资"指胜任教师职业的人。表示并非有教师名分、承担教师职务的人,都堪称师资,故把以文化审视教师现象称之为师资文化。
② 第斯多惠.德国教师培养指南[M].袁一安,译.北京:人民教育出版社,1990.

为教师授业活动的理论依据与行为规范。在这个意义上，不妨说，教育之学、教学之法都可算是广义的师资文化。但师资文化不限于授业之理与授业之法，师资本身还存在许多特殊的问题。那么狭义的师资文化情形如何呢？不妨从中国古代的师资文化谈起。

中国古代教育事业早就初具规模，尤其是作为蒙学的私塾，几乎遍及城乡。然而，在漫长岁月中，却鲜有教育学、教学法的建树，而以"师"为主题的"师说"，倒异常丰富。不仅早在先秦即定下尊师的基调，甚至把"师"同"天""地""君""亲"并提。从唐代起，师说之作，就屡见不鲜。其中，韩愈《师说》发其端。尔后，如宋代柳开《师说》、戚嵩《师道》、王令《师说》、吴如愚《师说》、俞文豹《师说》，元末明初涂机《师说》，明代林希元《师说》、何景明《师问》、何心隐《师说》、王世贞《师说》、李贽《真师二首》、郭子章《师说》、张恒《续师说》、张自烈《续师说》、陈子龙《师说》、黄宗羲《续师说》与《广师说》、徐枋《师说》等，有清一代《师说》之作更多，至少20篇。初步收集，从唐代至清代，《师说》之作至少达40篇之多。其中有什么深文大义呢？

如果说西方教育学、教学法重在授业之理与授业之法的探求，那么中国古代师说的要义在于"师道"。其中包括治国"尊师之道"、学子"求师之道"和师者"为师之道"。却鲜有授业之理与授业之法的系统研究，故相对于西方广义的师资文化，中国自古以来一脉相承的可算是狭义的师资文化。

中西师资文化何以如此不同？又如何沟通？这是有待进一

步考虑的问题。

二、中西师资文化何以不同

其实，我的老师萧承慎（1905—1970）教授早就有见及此。距今70多年前，他在《师道征故》（1944年）一书中，就系统考察了我国古代师者"为师之道"、治国"尊师之道"和学子"求师之道"。[①]还在《教师之基本素养》（今称《教学法三讲》1940年）中，从《学记》与荀子（约前313—前238）、徐干（171—218）、胡瑗（993—1059）、程颐（1033—1108）、朱熹（1130—1200）、陆九渊（1139—1192）、王守仁（1472—1528）、王筠（1784—1854）著作中，整理我国教学法遗产。[②]从中得出的结论，正是："我们关于教学之理论，最缺少者，为形式的、复杂的教学实施步骤之理论（如赫尔巴特派之'五段教学法'等等）及各科教学法之原理与实施；对于一般教学之基本原则虽多所论列亦最精透，但散于各家之各种著述中。片言数语，殊少有系统之记载。"[③]

至于中西教育文化系统何以会有如此不同，萧承慎教授关于"中国缺少教学理论的原因"，旁征博引，列举的原因共有八点之多。由于那是教学法著作，或许原该如此。如今联系到《师道征故》中的"师道"之说，不由得发生另一个问题：如果

---

① 萧承慎.教学法三讲［M］.福州：福建教育出版社，2009：附文.
② 同上：17-65.
③ 同上：17.

说中国缺乏授业之理、授业之法的系统建树，而古代教育早就初具规模，素称发达，个中缘由何在？同师道有何关联？

说到这里，对中西师资文化的区别，就有进一步考察的必要。

中西师资文化的不同，植根于双方文化传统的区别。至于传统文化对师资文化的影响，既与不同的社会背景相关，或许同教育价值取向差异的关系更为密切。

无论东方还是西方，教学组织的发生，都同知识授受及文化价值传承相关，如把"知"解为客观真理的追求，把"道"作为善的追求，那么相对说来，东方与西方对于这两者权重的判断，便存在微妙的区别。据辜鸿铭称："西人入学读书，其所学者，一则曰知识，再则曰知识，三则曰知识；中国人入学读书，所学的是君子之道。"①其实，中国古代虽然也讲求知识，而所求却未必是客观真理，如樊迟问"知"，得到的回答是"知人"（《论语·颜渊》）。孔子还谈到："多闻，择其善者而从之；多见而识之，知之次也。"（《论语·述而》）表示求善（道）比求真（知）更重要。梁漱溟曾说："中国人说'读书明理'，其意盖指明'人'之理；西洋人若说'读书明理'则要指明'物'之理。"②所以，西方重在授业之事，讲求授业之理与授业之法；中国人讲求"师道"，即授业之人的道德人格与价值追求，并非偶然。相对说来，西方文化重在求知，探求客观真理，不但不是忽视价值追求的表示，而通过求知，正是使价值追求建立在理性自觉基础上。

教育学与教学法的形成，实为主知取向所致。主要是近代

---

①② 转引自：萧承慎.教学法三讲[M].福州：福建教育出版社，2009：15.

科学影响的产物,即集纳科学研究的成果,构建系统的学科知识。同时,由于以班级为单位,实行教与学,取代个别授课,才可能把授业活动加以分解,从中概括出授业之理与授业之法,使教师按照一定程序,一步一步地运作。反之,这也正是古代尚无条件解释普适性的授业之理与授业之法的缘由。

近代社会-文化中,固然注重授业之理与授业之法,其实,在授业之法中隐含着授业之理。而在授业之理中隐含着授业之道,即教育-教学价值选择。在一定社会-文化中,只有形成普适性的价值观念,并且据以形成授业之理与授业之法,才便于学习,并转化为合理的授业行为,从而发生持久的影响。

这种师资文化的原理在于近代社会讲求尊重个性自由,在一般情况下,外界无权干预个人的价值选择。因为个人的价值观念只有建立在理性基础上,才能成为自觉的追求。故就教师来说,主要通过学习授业之理与授业之法,理性地履行授业的职能。主要由于授业是公共的行为,才有必要对授业加以规范,否则势必有碍于他人的利益和共同事业的正常运作。

中国古代以"经"为道的载体,授业以"经"为基本教材,科举考试以"经"为主要依据。直到近代才在西学东渐过程中受到西方师资文化的影响。不过,时至当代,西方师资文化也在变化中,这又是怎么一回事呢?

三、西方师资文化在变化中

在中西师资文化比较中,相对说来,西方重在教师授业职能活动研究,而中国则一向以师者"为师之道"、学子"求师之道"及治国"尊师之道"为话题,偏重于对教师道德人格、社会地位的关注。双方在事与人方面,都不是非此即彼,但术与道权重不同,在实践中的影响也很大。历史形成的中西师资文化如此区别,归根到底是中国古代精神文明与西方近代精神文明之别,更是不同历史的产物。

到了现代,随着基础教育普及,逐步提高质量的需求日益迫切,教育本身的逻辑,促使传统教育文化发生变化。加之国际交往与文化交流的机会增多,除了中国在西学东渐过程中发生的变化以外,时至20世纪,现代师资文化的潮流也逐渐发生微妙的变化,从中提出一系列新课题:

1. 谋求改变单凭文化、学科知识入职的状况,逐步使教师行业成为有别于同类其他职业的"专门职业";

2. 不再满足于以教师职业为谋生手段,逐步谋求教师职业与同类职业待遇、社会地位平等的权利;

3. 突破单以教育主管当局规定课程,或主要由学科专家设计课程的常规,开始发掘教师参与课程革新的潜力;

4. 突破教师作为学校中的被管理者的陈规,开始尊重教师适当参与学校行政管理的权利;

5. 课程改革从教程向学程转化的趋势,促进教师授业职能的转变;

6. 教师行业从"专门职业"到成为"专业性职业"(通称"教师专业化")问题的提出;

7. 从"防教师"性质的师德到兼顾师道的教师职业伦理,

注重对教师价值追求的尊重与激励；

8. 从开始把教师作为教育研究的对象，到提倡教师成为自己教育行动研究的主体。

诸如此类迹象，显示出对狭义师资文化的关注。尽管有些动态人所共知，有些变化比较微妙，从中毕竟反映出师资文化视野从对教师职能活动的关注，开始转向对这种职能活动主体的关注。

怎样看待这种现象呢？说到狭义的师资文化，尽管中国早就得风气之先，如把如此变化视为"东学西渐"的迹象，那就未免过于天真了。因为在中国曾经发生的西学东渐过程，原是为求迅速改变落后面貌不得已而为之。而如今发达国家中的习惯势力，甚至还未放下以其价值倾向臧否发展中国家文明的架势。

师资文化的演变表明：由于教师毕竟以授业为主要职责，故从古代泛泛的师资文化到近代以授业之理与授业之法为主的师资文化，乃势所必至；然而授业毕竟是教师的职业行为，授业之理与授业之法，主要靠教师的运用，故以师资本体为主题的文化的兴起，不仅为大势所趋，而且是人心所向。

师资文化的如此演变，归根到底，是教育活动本身的逻辑使然。

四、师资文化变化的缘由

为什么说师资文化演变是教育本身内在的逻辑使然呢？

简单地说,在社会近代化过程中发生教育普及问题,相应地把培养与训练师资提到日程上来,教学法与教育学随之应运而生。教学法起初是按照近代教育价值观念,从授业(通称教学)经验中归纳出授业的原则与规则,原先称之为教学艺术;进而尝试按照自然科学的先例(科学规范)揭示教育一般原理(或称之为规律),18世纪与19世纪之交的赫尔巴特《普通教育学》为其代表作,以致直到如今仍把教育学归入所谓"教育科学",把教育研究泛称"教育科学研究"。

然而,在教育学历史上,早在19世纪20年代,就间或发生对教育学科学性的质疑(施莱尔马赫)。到19世纪下半期,进而又由此引申出对建构教育科学可能性的根本性的怀疑。这是由于科学旨在探求客观真理,即从普遍事实的因果关系中发现客观规律,而教育则是按照一定的价值标准,传承已经发现的客观规律及价值文化的过程,并使受教育者在理性基础上形成独立的人格。

那么能否在教育科学研究过程中发现教育活动的规律呢?质疑的理由在于:每一个具体的教育活动,无不是在一定的教育体制下,在一定的教师与一定的学生之间传承一定文化的过程,旨在使学生形成应有的教养。其中体制、教师、学生以及文化的内容与传承的方式,都是变量。每一要件的不同都可能对其他要件发生影响。所以每一项具体的教与学的过程,都是"一次性"的,即不具有科学实验的可重复性。因此,各次教育活动实效的可比性相当有限,也就很难从这种比较中发现一般性的规律。

不过，教育科学（或科学取向的教育学）的追求，并未因此而降调。因为名副其实的科学较为可靠，然而教育终究有别于客观真理的探求，故在19世纪与20世纪之交，先后出现教育研究分途的议论。其中包括教育科学与称之为教学艺术（或教育学说）的实践教育学二重区分。如俄国乌申斯基的划分（1867年）、德国维尔曼的划分（1876年）、法国涂尔干的划分（1911年）以及德国洛赫纳的划分（1934年）。这些不约而同的议论中，大体上认定教育科学旨在客观地陈述已经发生的教育事实（价值中立），从普遍存在的教育事实中揭示事件发生的原因同其导致的结果之间的必然联系，从中发现教育活动的一般规律；有别于教育科学的教育学，不论其名目如何，原先的状况是研究一般教育理论，按照一定的教育价值标准，在具体条件下的运用。故曾经称其为教育应用科学或规范理论。其实，这种按照技术科学思路建构的教育学，同教育实践理论或实践教育学尚有距离。

实践，原指人类自觉的有目的的改造客观对象的活动。中小学教师的实践，旨在影响学生按照一定社会的需求，正当地、健康地尽可能完善的成长。某种教育理论，即使成其为一说，并为教师所领会，充其量将有助于教师对职能得到理性的认识和合理的运用。至于教师究竟在多大程度上运用这种理论，不仅取决于其能力大小，更取决于他们本身如何对待所从事的职业，履行职责的自觉与自主意识如何，而教师的职业态度与职业精神，不仅同职业教育与训练相关，更取决于社会分工中教师职业地位与声望，学校当局如何尊重教师并发挥教师主动性，释放其创造潜力，如何引导学生向老师求教，以及如何发挥教师组织的作用。其实，这倒是中国古代"师说"中一以贯之地关注到的师道问题。

由此可见，当代师资文化演变的趋势，其中包括教育研究课题的适当调整，正是教育实践内在的逻辑使然。

五、中国传统师资文化的道理何在

进一步的问题是，中国在古代那种社会经济状况下，教育事业早就初具规模，私塾更遍及城乡，其中的缘由便值得考虑。尤其是在中华人民共和国历史上，以发展中国家举办世界各国中规模最大的教育事业的姿态彰显于世。近几十年间，更在现代化道路上逐渐从发展中状态脱颖而出。除了后发的优势以外，教育事业本身内在的缘由何在？从我国师资文化的传统与特点看来，或许别有一番道理。

中国师资文化传统的原理是：崇尚师道。中国所谓"师道"不只是同伦理意义上的"师德"对举的概念，而是广义的概念，即不单是师者"为师之道"，还包括学子"求师之道"，更是治国"尊师之道"。所尊之"师"，又不一定是授业之师，而是所谓"人师"。即使是"塾师""经师"，都不一定堪称"人师"。故以"好为人师"为戒，甚至以避"师名"自诩，显示出对名副其实的"人师"的尊重，从而引发对"人师"的追求。

在师道中，"求师之道"重于"为师之道"，即学优先于教。意味着学是学子本身的事情。个人是否从师，是个人的选择。

由于个人是否从师直接同个人之学，间接同个人前途相关，故以重在"求师"彰显"尊师"之理。

在"为师之道"中，授业之"道"重于授业之"术"（授业之法），而"道"以"经"为载体，隐含于"经"中，故授业价值取向，不单取决于个人的价值选择，而是社会正统的价值追求。

在师道中，治国"尊师之道"重于师者"为师之道"与学子"求师之道"，这才使尊师成为习俗、传统，得到舆论的支持，融入伦理价值规范。

六、我国现今师资文化有何特点

自19世纪与20世纪之交以来，我国在西学东渐过程中，似乎与西方师资文化逐渐趋同，以致现今师资文化同我国传统的师资文化大相径庭。问题在于中国今古师资文化异中是否存同，同在哪里？中西师资文化同中是否存异，异在何方？

这是一个有待分辨的问题。这里从我国现今师资文化中，略举数例。

1. 尽管世界各国都少不得对教师表示尊重，或许唯有我国尊师之道源远流长。

我国早在先秦典籍中就有把"师"与"天""地""君""亲"并提的先例（《礼记·檀弓上》《礼记·礼运》《大戴礼·三本》），表示不忘本之意。直到民国时期，若干地区坊间仍在正堂屋神龛上供奉"天地君（或国）亲师"牌位。尽管其中所谓"师"，在早期儒家著作中别有以"君"为师或"国师"

(君之师)之类强解,而一般授业之师也总算沾光。

按照现代常理常规,各种职业在法律上一律处于平等地位,对不同职业从业人员的人格,都该尊重。那是一种礼貌上的尊重,而在我国,尊师不仅出于礼节,且不说作为治国之道,至少含不忘本之意。故把学生尊师,列入学校中的纪律。所以像我国这样尊师传统,在国际上较为罕见。

2. 尽管世界各国都讲求师德,一般师德为戒律。其要义在于:防止教师授业行为违背教师必须遵守的伦理底线,同时,尊重教师思想自由,原则上不干预教师的信仰与价值选择。我国所谓师德规范中,涉及教师价值追求的师道成分,一向重于戒律。其要义在于:通过弘扬教师美德(伦理道德),影响教师授业行为。所以我国教师的责任与负担比较重。尤其是其中的敬业者,往往不怕麻烦和劳累,甚至不计个人得失,甘心在自己的岗位上为国家效力,几乎蔚然成风。

3. 尽管世界各国或多或少存在教师维权组织与教师职业组织,而在我国,教师组织程度之高,在国际上亦属罕见。

我国除教师工会(维权组织)、教学研究机构及共产党青年团在学校中的基层组织外,在学校中还存在教研组、年级组之类的专门组织。

所谓教研组(教学研究组简称)虽然早在20世纪50年代初期从苏联引进而来,而在实际上早就同苏联式的教研组渐行渐远。因为苏联式的教研组重在教学法的运用,而在我国的教研组活动中,教学法的成分越来越稀薄,而教师授业行为管理的成分越来越多。如今,苏联教研组已经更名"教学法小组",以致我国教研组同它不再名同实异，就连名称上也不同了。

4.尽管世界各国或多或少都有教师职业培养和在职培训的开展，而在我国，不仅有所谓教师职前职后教育，经常还有针对教师实际情况的教师工作。

因为我国早在革命根据地时期，就明确"政治思想教育"与"政治思想工作"的区别，即意识到无论是对干部，还是群众，单靠教育，成效有限，故还须针对对象的实际想法与实际情况，去做他们的"工作"，包括沟通思想，或帮助他们解决实际困难。我国教师组织程度较高，既把教师置于舆论监督的环境中，也便于对教师进行切实的"工作"。

上述情况表明，在我国不仅早就形成师资精神文化的传统，还形成了不以单个人意志为转移的师资制度文化。至于古今师资文化的异同，中西师资文化同异，其中各自的短长、得失，都有待深入探讨，非简单地非此即彼所能解决问题。

学校管理演变的轨迹

> 一、从家长式管理到规范管理[368] —— 二、强序管理与弱序管理[370] —— 三、从规范管理到以价值原则为导向的管理[371] —— 四、从学校管理到学校领导[373] —— 五、学校管理演变中的学校观念[374]

众所周知,在社会分工中,学校为专门的教育组织。作为英语school中译词的"学校",主要指为一代又一代未成年人成年准备的教育组织。由于学校的办学资源有赖于社会的供给,学校的价值取向又受到变化中的社会需求的影响,故学校管理不能不随着时代的变迁而发生相应的变化。从学校管理历史性演变的轨迹中不仅可见现行学校管理的坐标,而且大致可知学校管理从哪里来,将向何处去,故有梳理的必要。

这里所谓学校管理,泛指教育行政对学校行政的管理,学校行政对本校教师、学生、职员即学校工人的管理,以及教师对学生的管理。此处着重讨论管理模式(或范式)历史性的变化问题。

一、从家长式管理到规范管理

在学校发展过程中,不同时代学校管理的价值取向和反映一定管理价值的常理常规发生了什么历史性的变化呢?

中国古代有官学（通称学校）和私学（书院）之分。当时在宗族习俗与社会等级制度的背景下，原则上不承认独立人格与普遍的个人的自由权利，故无论是官学还是私学，都实行管理者对被管理者直接管理（含监督），学生对于教师亦带有人身半依附关系。被管理者对管理者只有被动服从的义务。通常把这种类型的管理，称之为"家长式管理"。

现代社会原则上废除人身依附、半依附关系，在法律上人人具有平等的权利。个人的人身与人格不受侵犯。与此相应，通常以规范管理取代家长式管理。其中管理者无权以个人意志强加于人，被管理者无须服从管理者个人的意志，双方各依管理的常理常规履行职责。成为以规范为中介的间接管理取代人对人的直接管理。

话虽如此，学校管理中一系列的实际问题便由此发生。学校管理事务的规则、运作程序和行为规范，毕竟都是死板的，有待人们的运用。由于管理者与被管理者都是活生生的人，简单地说，便是事在人为。因为规范不仅靠当事人执行，而且有赖于当事人正当地恰当地运用。

以学生行为规范管理为例。由于教师和学生双方，处境不同，而且无论在教师中还是学生中，不仅各有个性，而且人各有见、人各有知、人各有志，故对规范管理与管理规范的见识与态度，同中有别，异中存同，故实施规范管理的前提，既在于以其为师资培养、训练题中应有之义，更有赖于学校及教师对学生进行纪律教养。其中按照规范处理学校教师和学生中发生的问题。

尽管规范管理模式的形成，至少已有百年历史，不过在我国迄今仍然存在规范管理是否名副其实问题。具体表现为一种有代表性的论调，曾经甚嚣尘上，即在一定意义上，"一个好校长，就是一所好学校"。不能不承认，如此论调的确是一种经验之谈，并且这种经验之谈还可能行之有效。如此经验之谈，至少表明，在我国，家长式学校管理的智慧至今仍不可低估。问题不仅在于"一长制"管理效应的性质如何，还在于只能把"好学校"的期望寄托于主管当局对校长的选择，学校中人只能听从命运安排。

虽然以规范管理取代人对人的直接管理，出于尊重独立人格的考虑，问题在于规范既可能解放人，亦可能束缚人。无论是解放还是束缚，都因规范本身是否正当、是否合理而定。因此对规范本身就有具体分析的必要。

在我国，有些能干的校长，曾经得意扬扬地宣称："在我们这所学校，处处有规矩，时时有规矩，事事有规矩。"看来这所学校的规范管理，何等到位！不过，果真如此，这所学校中的人还可能自在地"活"么？

不过，如此"好校长"的如此"规范管理"也不无道理。因为一所学校如果一处、一时、一事规范缺失，那就不免有乱套之虞。问题在于"规范"本身的限度如何？

二、强序管理与弱序管理

由于立规本身的出发点，有"护教师"（或学生）与"防教师"（或学生）之分。立意不同，规范的性质便大为异趣。

立规的原意在于维护学校中正常的教-学秩序，使教师授业（或学生学习）不致受到违规行为的干扰。如以"防教师"（或防学生）为出发点，因防不胜防，所立之规势必处处设防、时时设防、事事设防。既然设防，所立规范还得成套，不留余地，以致不仅使教师（或学生）束手束脚，而且人为地打造"易犯错误"的教师（或学生）。反之，"护教师"的规范，则以维护教-学活动中正常行为的底线为限度，故规范只是针对触犯底线的行为而设，对一般教师（或学生）来说，甚至可能成为"无须管理"的管理。那么这两种规范管理的成效如何呢？

"护教师"的管理与"防教师"的管理，都是为了维护学校正常的教-学秩序，其中的区别在于，后者规范密集，算是"强序管理"；前者把规范约束在必要的限度内，为"弱序管理"。然而其结果往往强序不强，弱序不弱。

这是由于规范密集，难免使既定的规范，成为有待挣脱的束缚，或因管不胜管，成为具文，从而有损规范应有的权威。反之，以行为底线为限度的规范，其正当性与合理性几乎毋庸置疑，便有可能得到广泛的认同与支持，故弱序不弱。

那么为什么可能实行弱序管理呢？因为弱序管理为向超越规范管理过渡的形态。那么是否有可能超越规范管理呢？

三、 从规范管理到以价值原则为导向的管理

虽然在学校管理的历史上，迄今尚未达到超越学校规范管

理的阶段，不过规范管理并非不可超越。那么超越规范管理是怎么一回事呢？

所谓"规范"，原是依据一定的价值原则，对管理与被管理当事人职业行为的规定。其中原则作为一定价值观念的凝结，为价值追求的集中表达。原则与规范的区别在于规范为职业行为的规定，以原则为导向的管理，集中体现为对职业价值的追求。规范相当于职业行为的规则，在规定的范围内，不管实际情况如何，都得无例外地执行，而同一原则，可以依照实际情况，灵活地运用。不过，如违背原则，意味着价值追求成为问题。故原则性错误较之违规行为，属于严重的教育性质的错误。

由于个人的外在的职业行为，不论对错，都可能在相关的人际交往中发生相互影响，故普遍性的学校管理，一般以规范管理为常规；由于人们的职业行为表现，或多或少同其内在的职业价值倾向相关，故规范管理，充其量不过是治标之举，以原则为导向的管理，才是治本之道。问题在于对职业从业人员内在的行为动机和价值倾向，既难以准确地认定，更难以强求，那么以原则为导向的管理是否可行？如果可行，其中问题的关键何在呢？

由于一定的价值原则作为教育应然状态追求的表示，同职业从业人员内在或外在的实然状态不免存在或大或小的距离，其中还可能存在可行性的难题和利益的冲突，故从根本上说，此种管理取决于某种价值原则本身的正当性、合理性与可行性，并得到从业人员普遍的认同。其中的引导又同确立这种管理模式的程序相关。一旦经过一定的民主程序，确立原则引导或管理，便可能使一定的价值原则发生道德舆论般的制约作用。

我国20世纪五六十年代，在形成以"为人民服务"为导向的价值权威的同时，明确反对对从业人员的"管、卡、压"，表明以原则为导向的管理的可行性。不过，尔后一度试图诉诸价值原则的机械灌输，漠视合理的行为规范，才成为管理中的教训。

其实，早在现代教育理论萌生时期，在夸美纽斯《大教学论》中就萌发教-学价值——教-学原则——教-学规则（规范）的思路，使教-学理论比较接地气。只是在教学艺术—教学法—教学理论演变过程中，教学理论才逐渐疏离具体的教学活动。

四、从学校管理到学校领导

在学校中的教师、学生、职员和工人看来，在学校行政或校长负责制体制中，无论是家长式管理、规范管理还是以原则为导向的管理，校长和学校决策层都算是"学校领导"。不过我国如今仍把"学校领导"统称为"学校管理"。其实，如今已经开始萌生从学校管理到学校领导过渡的迹象，表明学校领导概念有别于学校管理。那么学校领导概念同学校管理概念的区别何在？其中的区别究竟因何发生？

从学校行政体制演变的轨迹看来，现代学校的性质为公共教育机构。公共教育机构并非公立学校的同义语，私立学校也在公共教育机构之列。随着世俗的义务的免费的公立学校的发展，教育行政部门无力直接管辖、治理学校，便授权校长代表教育行政管辖、治理校务，这便是校长责任制的由来。

在公立学校，尤其是私立学校发展后，在现代民主制度与企业制度影响下，逐步实行规范管理，遂使学校管理概念逐渐流行。学校管理同学校行政的区别在于学校行政原则上是教育行政的延伸，学校管理是按照既定的管理制度接受教育行政的领导，并按照既定的管理制度，自主管理学校。

学校管理原以学校内部事务为限度。随着基础教育的普及与学校规模逐渐扩大，便发生学校办学条件（其中包括教师待遇）的保障与改善之类问题，加之学校之间差距拉大及学校之间的竞争，在现代市场经济与企业改革的影响下，便逐渐摆脱内向型学校管理的局限，有意或无意地滋生学校经营意识，即把本校治理放在社会需求与学校系统中审视，以致不仅筹划学校资源的管理，而且通过对学校现有教育资源的经营与扩充，使其发挥更大的效用。

原先学校的规模比较有限，故学校的领导基本上对学校事务进行直接管理和监督。随着学校规模的扩大，在学校决策层面领导下，形成逐渐扩大的分工管理的层面，从而使学校的决策层面逐渐摆脱烦琐的日常管理事务，成为有别于学校管理的学校领导。

从学校领导问题的发生，可知它是在教育事业超常发展、学校规模超常扩大情况下发生的学校治理意识。至于学校领导概念的内涵如何，学校领导的状态如何，只能说，"没有调查研究，没有发言权"。

五、学校管理演变中的学校观念

从学校行政到校长责任制的学校自主管理后，经历家长式管理——规范管理——超越规范管理的以价值原则为导向的管理——超越学校内向管理的学校经营——超越学校管理的学校领导，显示出学校管理演变的轨迹。明乎此，从中不仅可以发现现行管理的坐标，而且可知学校管理从哪里来，将向何处去。

学校管理演变轨迹中隐含着有关学校的不同假设。如学校或是教育行政系统的下属机构，或是专门的教育机构，或是专门的教养机构（如大学），或是社会-文化市场中的经营机构。尽管不同时代、不同社会-文化中的学校之间同中有别、异中存同，归根到底还得问：学校到底是怎么一回事？

那么学校究竟是怎么一回事呢？自古以来，学校作为教-学活动的组织机构，原本是至今仍然是通过教-学活动使未成年人形成道德人格作为成年准备的教育机构。其中读写算和自然常识、社会常识带有基础教养的性质。至于大学，同学校并不是一回事，那是教养机构。由于文化教养同道德修养的关系甚为密切，故在这个意义上，大学也带有教育机构的性质。

问题在于学校虽是以未成年人道德人格形成为基本职能的教育机构，由于现代越来越多的未成年人成年时并未进入社会，而转入大学深造，由此反过来为学校添加应试动因。一旦超越一定的限度，实际上导致学校失常和转向。

问题还在于学校虽是社会分工中的专门教育机构，事实上学校并非社会生活中孤立的存在。因为随着教育的普及，学校的办学资源越来越有赖于社会的供给，学校教育的内涵不能不适应变化中的社会需求，以致进入20世纪以后发生现代教育与传统教育的争议。由此发生学校的新假设。

关于学校的新假设，典型的提法是"学校即（as）社会"与"社会即（as）学校"。对于如此新假设，如果望文生疑：如果"学校即社会"，那么还是学校么？如果"社会即学校"，那么还需要办学校么？自然此类口号别有深义在，只是其实现须经历漫长的探索与实践的过程。

其实，不论学校的价值取向发生如何的演变，归根结底，万变不离其宗。因为学校的本义虽在于一代又一代未成年人的教育，而由于事关每个时代、每个社会-文化中社会的延续和文化的传承，故属于不以人们意志为转移的民族大义。历史证明，学校一旦失去常态，或早或迟都会向学校的本义回归。

师资培训辨析

一、师资培训问题的提出［377］—— 二、师资培训问题的症结［378］

一、师资培训问题的提出

最近若干年来，以中小学教师为对象的师资培训大规模地蓬勃展开。由于对其中的情况并不尽知，原无就此说三道四的资格。只是在1996—2005年，笔者曾同胡惠闵、黄向阳、王建军等博士参与中小学教师教育行动研究，对我国"政绩工程""学校形象工程"中的教师状况多有领教，更就我们同中小学教师沟通中的障碍深有体会。加之2015年偶然参加一次以农村教师为对象的报告会，感触良深。当时为了了解师资培训的成效，笔者曾见到一位热心主持农村教师培训的博士提供的培训对象对培训反映的报告。其中以客气话居多，却甚少具体提及培训中的课程和报告对其本职工作的启发。此外，曾闻城市中小学教师，由于工作负担甚重，有些教师似把这种硬性规定的培训，看成额外的负担。按照以往同中小学教师交往中得到的印象，一般教师，尤其是其中力求上进的年轻人，都不乏求知的欲望。如今有些人遇到这种学习机会，为什么反而避之唯恐不及？由此不由得不考虑，如今师资培训问题的症结何在？这就是：虽然师资培训旨在提高中小学教师履行基础教育职责的能力，问题在于在职培训中所追求的"高"是什么意思？以什么价值标准判断这种水平的高低？是在培训对象现有水平基础上提高，还是按照什么设定的标准揠苗助长？

二、师资培训问题的症结

这些问题的发生，其实是从当年毛泽东在延安文艺座谈会的讲话中得到的启发。因为在此以前，我国文艺界曾经倡导文艺大众化，然而，通常把文艺大众化理解为文艺通俗化，只是便于人民大众接受。问题在通俗的文艺本身，往往是"洋""名""古"的高雅的文化。高雅文化虽有很高的情趣和价值，不过，在当时那种历史条件下，在毛泽东看来，进步的文艺工作者中的问题，不仅反映出文艺同现实生活、实际斗争脱节，这个问题的症结更在于文艺工作者并不熟悉人民生活与实践中的需求与愿望。为了使文艺成为人民大众的文艺，文艺工作者少不得到人民中去，从向人民群众学习开始，体察他们的需求与愿望，才能创作适合人民群众生活与实践的需要，从而为人民群众喜闻乐见的作品。

与此相关，在毛泽东一以贯之的教育主张中，曾反复强调"要做人民的先生，先做人民的学生"。我国教师备课中俗称"备教材"与"备学生"不可或缺，便与此相关，表示教育工作者立足点的转移。

问题在于我国经历多年的师范教育和教师学历补偿教育，

如今中小学教师大都达到合格学历的标准，职业自主的意识相对提高，同在此以前的教师状况自然不可同日而语。不过，教育的常理和行之有效的常规，以及师资培训的历史经验未必失效。倒是培训师资的教师是否心中有数，还是问题。故关于如今师资培训中问题的症结，仍有认真审视的必要。

如今师资培训的对象中，有城乡教师之分，有骨干教师同一般教师之别，问题在于，不管哪种程度的师资培训，其课程究竟对教师原先的职业文化修养，尤其是基础教育意识的影响如何？为此自然少不得从培训调查入手。这种调查的成效自然取决于对基础教育内涵的把握。

在各级各类教育中，以未成年人为对象的基础教育，就其课程来说，似乎较为简单，问题在于这种教育往往未必以其对象的状况和需求为旨归，反而易受多方面的社会需求的驱动或干扰，从而使这种未必复杂的教育越来越复杂化。

师资培训根植于基础教育的价值追求与实际状况，其中包括师资状况。基础教育为学生人生准备奠定基础，学生的人生准备既受到社会中企业组织、事业组织、公务机构的关注，又作为职业教育、高等学校生源受到各级各类教育机构的关注。多方面对其"接班人"的关注虽应有其理，主要顾及"接班人"应当如何如何，而难以顾及未成年的学生可能接受的程度如何如何。所以基础教育师资培训的调查设计和调查结果的分析取决于对基础教育内涵和我国基础教育价值取向的审视，简单地说便是取决于基础性、普通性的教育新常态。

V

附录

幸遇明师一生顺，难酬达徒半子劳。
脚踏实地笔生风，背靠青山思如潮。
命乖偏交如意运，位低有缘会群豪。
漫道前程无定数，甘雨及时兆年饶。

二〇一七年七月廿七日草
二〇一九年五月五日略改
——陈桂生

一个执着的教育学人
——陈桂生教授访谈纪事

一、教师职业的选择［384］—— 二、教育学专业的选择［385］—— 三、教育学研究的选择［385］—— 四、萧承慎教授的指导［387］—— 五、关于教育学基本概念的认识［388］—— 六、以马克思主义理论与方法指导教育研究［391］—— 七、关于毛泽东教育思想的思考［393］

刘庆龙*（以下简称刘）：陈老师，我读过您的《普通教育学纲要》，觉得其中有不少发人所未发的见解，又未必真正懂得。最近又读了您连载的《教育学究竟是怎么一回事》的文章，觉得很有意思。由于很想了解您究竟是如何研究教育学的，特向您请教。知道您一向不愿接受访谈，不过也有例外，据了解，您曾接受师姐范敏、师兄殷玉新访谈，所以贸然请您接受我的访谈。

陈桂生（以下简称陈）：你的老师胡惠闵教授和你对我完成《教育学究竟是怎么一回事：教育学辨析》一书提供多方协助，我无法执言回绝你的要求。请你认真考虑一下提纲，建议只谈有点意思的话题。

---

* 刘庆龙，1991年生，华东师范大学课程与教学研究所2017级博士研究生，研究方向为教师教育、课程与教学论。

一、教师职业的选择

刘：请问，您是怎么选择教育学专业的？

陈：这要从选择师范学校谈起。我出身于手艺人世家。我的家世世代代都是文盲。我祖父兄弟三人，只有他结婚生子，并且我祖母在我父亲出生四个月，就不堪家庭压力，携子出逃，并在出逃四个月后把我父亲送给南门外一卖豆腐的人家。次年8月那家给我父亲做周岁生日，被人发现，才打官司，验血领回家。我父亲到4岁才学会说话，8岁就随祖父做小工。一生都做瓦匠。唯其如此，他不要我再做瓦匠。

我生于1933年，3岁到13岁在私塾中度过了童年岁月。1947年春才进慈善性质的民办初级小学。功课非常优良。有一次老校长董暮功上国画课走到我身边，自言自语"这个孩子太可惜了，"又冒出一句，"将来可以上师范"。好像给我指出了一条出路，我从此牢记心中。

1949年高邮解放。由于局势未定，有钱人家怕孩子被共产党带走，因此我的许多同学在家长的观望中耽误了学习机会。我这个穷孩子特别珍惜学习机会。初中毕业时，政府规定所有应届毕业生一律服从分配，功课好的同学，都想进高级中学，或工科学校，我作为学生会副主席和青年团副书记带头选择淮安师范学校。

二、教育学专业的选择

刘：您从淮安师范学校毕业后为什么选择教育学专业？

陈：我在淮安师范学校学习时，读了史瑞芬老师的《我在清水塘》，对做小学教师异常神往。毕业时，按照师范学校毕业生中有5%可报考师范学院的规定，我被批准报考师范学院。当时校中知道离招生考试的时间只有半个月，并且苏北行政公署规定，师范生只能报考江苏省内高等师范学院，想不到我竟被华东师范大学教育系（2000年左右改称教育学系）录取。因为当时华东师范大学录取标准为四门功课240分，我竟以306分录取。

我在填写入学志愿时，填写的是教育系。我的班主任兼教育学教师郝鑑唐老师感到奇怪，问我为什么不选中文系或数学系，而选教育系，因为一般同学都对教育学不感兴趣。现在想来，当时毕竟幼稚，觉得正由于人们对教育学不感兴趣，我才偏偏选教育学。因为在中师学习时，自学苏联学者波·恩·申比廖夫和伊·特·奥哥洛德尼柯夫编写的《教育学》，觉得教育学中"有学问"。

三、教育学研究的选择

刘：我发觉您研究教育的中心不同于一般教育学人。一般教育学人以教育为研究的重点，您却以教育学研究为重点。难道教育研究不算是教育学么？教育研究与教育学研究的区别何在？

陈：教育研究的对象或是教-学活动研究，或是教育价值研究，或是教养研究；而教育学研究属于教育学科研究。

虽然教育问题研究或许也算是教育理论研究，或教育学研究，不过具体问题的研究究竟能否成为理论，或成其为一"学"，还是问题。因为专业性质的学科有通行的学术规范制约。简单地说，"××是什么"以足够数量的事物为事实判断的客观依据，"××应当是什么"在既定的事实面前，不仅以一般的价值前提中合乎逻辑地推导判断，还得以可实现价值可能性为论证。

刘：难道非得如此才能称其为一"学"么？

陈：不见得，因为就对于教育或教-学活动的指导来说，只要能解决面对的问题也就可以了。

刘：您也写了不少教育随笔。如《学校文化引论》《课程引论》《德育引论》等。为什么人们觉得您的教育理论同有些教育理论有某种不同？其中的区别何在呢？

陈：或许由于我的教育理论或多或少算是教育学的运用。因为尽管一般学者的教育论文未必是教育历史的逻辑辨析，但思想深处，仍以事实和对事实的逻辑分析为依据。因为形式逻辑毕竟是简单的思维规则和对事物判断、推理的依据。

刘：您为什么如此注重教育学研究呢？

陈：主要同恩师萧承慎教授精心指导相关。

四、萧承慎教授的指导

刘：请问萧承慎教授是如何指导您学习教育学的？

陈：关于恩师对我的指导，以前曾有介绍。我在大学学习期间，从1956年起，几乎每个星期六（或星期天）晚上，基本上都在他家中度过。每次从七点钟谈到十点或十一点。我们只谈学问，不谈琐事。

他在讲"教育学绪论"时，就根据凯洛夫主编的《教育学》（1948年版）谈到教育学的基本概念为教育（狭义）、教养和教学，合为广义教育之学。我对教养并不了解。当时王焕勋曾发表一篇文章，其中罗列苏联各种教育学教科书中的教养定义，大致指出：教养是指使教师讲授的知识、技能转化为学生的知识、技能，在此基础上发展学生的感觉、知觉、注意力、记忆力和理解力，形成道德品质和共产主义世界观。萧先生提出其中有两个关键问题，即教养本身是使学生应当掌握的知识、技能转化为他们本身的知识、技能，在此基础上对他们发生教育影响。在交谈中，进而指出：我国所谓普通教育，在外国称之为普通教养。同样，职业教育、职业技术教育为职业教养、职业技术教养。

他既讲究工具书的运用，更注重读书的选择。据称，常溪萍（时任华东师范大学党委书记兼副校长）曾问孟宪承：教育学教授很多，其中哪些教授更有学问？孟宪承的答复是：萧孝嵘、常道直、萧承慎、赵廷为、曹孚。

他还提到中国懂得杜威的有孟宪承、吴俊升、许崇清、曹孚。他曾说：中国讲凯洛夫的教授很多，只是不见得都读懂了凯洛夫《教育学》。他要我注意读北京师范大学邱椿和瞿菊农的文章。

其实恩师对我最大的关注在于我大学毕业后，建议教育系不要让我做行政工作。系总支和行政接受他的建议，但又把我当作"后备干部"运用，如20世纪60年代上半期，我在每周星期六下午列席学校中层干部会议，并让我素身参加许多"干部工作"，如1960—1961年率领本系师生数十人在华东师范大学第一附属中学参加教学改革，1965—1966年作为教育系的领导带领百余名师生参加"四清运动"，1969—1970年负责编写《外国教育发展史资料》。现在看来，若无诸如此类实际工作的锻炼，不可能成为如今这副样子。

五、关于教育学基本概念的认识

刘：在一般人看来，教育现象寻常之至。其中哪有什么深刻的道理呢？可是您对教育学研究几乎一发而不可收拾，究竟是何道理？

陈：我在萧先生精心指导下，算是读懂了以凯洛夫《教育学》为代表作的苏联教育学，20世纪50年代后期对毛泽东领导的"教育大革命"曾深受鼓舞。20世纪60年代上半期又系统地阅读教育权威著作。从柏拉图、康德、夸美纽斯、赫尔巴特、杜威到凯洛夫，随后对毛泽东倡导的"无产阶级文化大革命"

又从信到疑。不过,我虽一直未写教育学文章,"教育学究竟是怎么一回事"一直是我心目中的疑团,却为这个疑团的解析,积累了丰富的资料。所以1988年在接受瞿葆奎委托执笔写了纪念中共八届三中全会纪念文章之余,情绪激动,一气呵成写成我的处女作《教育学的迷惘与迷惘的教育学》。1993年出版《教育原理》一书后,"教育学的迷惘"才真正成为我自己的迷惘。

多年来一直想修改《普通教育学纲要》,成为心病。2018年忽萌生此念,一气呵成写成《教育学究竟是怎么一回事——略议教育学的基本概念》。想不到转移了话题,并就此话题,从一谈再谈,到说三道四、吃五喝六、七谈八说,不可收拾。

刘:您为什么就此话题一发而不可收拾呢?

陈:既然追问教育学究竟是怎么回事,忽然忆及教育原本事关未成年儿童、少年成年的必要准备,故本来意义的教育学是以儿童教育为研究对象的学科。关于这个问题,孟宪承早就说得明明白白。在他看来,中国古代有官学与私学之分。官学事关成年人进德修业,私学中的学塾是由家长和塾师商量的事情,儿童、少年本身的需求不在考虑范围中。现代社会实行义务教育,才考虑逐步把儿童本身的兴趣与需要引向应有的品质。教育学由此发生。所以本来意义的教育学是指儿童教育学。

刘:如此不免引起我若干想法:

1. 现代教育学已经不再是以儿童(未成年人的简称)教育为研究对象的学科,而成为涵盖各级各类学校教育的教育系统之学。由此不免发生教育概念内涵和职业学校、大学的性质问题。职业学校及大学究竟是什么性质的机构？究竟在什么意义上才能称为教育机构？

2. 如今的中小学已经成为教育系统中的基础教育性质的学校，问题在于基础教育的含义是什么？现代的中小学教育实际上实施的是什么性质的教育？如果中小学偏离基础教育，将导致什么结果？

陈：你有理由作此推论，只是信不信在于别人。

刘：西学东渐已有长达百年的历史。关于您对教育学的看法最令人感兴趣的是对把Pädagogik译为"教育学"持保留意见。难道它果真不是教育学吗？

陈：从把本来意义的教育学变成以教育系统为研究对象的教育学，尤其是把education（原意为"引出"）译为"教育"，使我越来越觉得我国的教育文化同Pädagogik之间存在距离。进而对建构Pädagogik是否存在一定数量的教育事实表示怀疑，才对把Pädagogik译为"教育学"持保留意见。

刘：难道那里果真不存在教育问题么？

陈：只要读过夸美纽斯的《大教学论》就可知道，其中提到："在以前各世纪，这种教导与学习的艺术是很少有人知道的，至少，我们现在希望它能达到的完善的程度是很少有人知道的。"[①]

刘：照这样看来，Pädagogik果真不同于教育学。不过说那里没有教育真是令人难以相信。

---

① 夸美纽斯.大教学论［M］.傅任敢，译.北京：人民教育出版社，1979：5.

陈：那里原先虽然基本上不存在教育现象，但那里有宗教影响，只是未把神圣的宗教看成教育。唯其如此，在现代社会形成过程中，才根据现代社会的客观需要，尝试建构并发展世俗性质的教育。不过，在那里，这毕竟是新兴的事业，这才在不断探索过程中，变过来，又变过去，再变过来，这便是那里现代教育与教育学的历史与现实。

刘：照这样说来，近百年西学东渐岂不是跟着走冤枉路？

陈：虽说盲目跟风，走过不少弯路，西学东渐毕竟促进我国教育日趋现代化。Pädagogik毕竟有助于教育实践者对教育问题进行理性思考，即使有失误，也可自觉地拨乱反正，而不是像我国古代教育文化传统那样，一味信奉"古已有之"的教条，最终落后于时代。

六、以马克思主义理论与方法指导教育研究

刘：您是我国著名的马克思主义教育思想研究专家，请问您为何致力于马克思主义教育思想研究？

陈：1965年人民教育出版社根据周荣斌建议选编《马克思恩格斯论教育》《列宁论教育》。华东师范大学教育系接受了这个任务，交由我负责完成。我在1965—1975年，完成了主编《马克思恩格斯论教育》《列宁论教育》和《斯大林论教育》三本书。在此期间，查阅了《马克思恩格斯全集》《列宁全集》和《斯大林全集》，并对这三套书中的教育言论，尤其是其中的基本思想和思想方法加以摘录和思考。在对马克思、恩格斯和列

宁的研究中，发觉在他们的理论组成部分中，实际上并不存在独立的教育理论，所以1995年以后主要运用马克思主义理论与方法研究教育问题。所以我并不认为自己是马克思主义教育思想研究的什么专家。

刘：20世纪60年代，您只是教育系的助教，为什么编《马克思恩格斯论教育》《列宁论教育》的重任会落到您的身上呢？

陈：这件事说来话长。我在初中一年级时，曾用一个寒假时间，读胡绳主编的《思想方法论初步》。原出于对书名的好奇：思想怎么还有方法？那本书实际上是按照斯大林的观点写成的辩证唯物主义的通俗读物。上篇讲三个观点，下篇讲四个观点，都可读懂，结论中才指出上篇讲的是唯物论，下篇讲的是辩证法，为辩证唯物论。读后大为惊喜，总算知道当时还较为神秘的辩证法和唯物论。当时学校新来一位副教导主任，他知道我对哲学有点兴趣，我在散步中，经常向他请教马克思主义理论问题。他向我介绍一些马克思主义经典著作，我买了莫斯科中文版的《共产党宣言》《国家与革命》等。虽然读不懂，也强读，此后一直注重马克思主义著作的学习。在淮安师范学校学习期间，读了胡绳、于光远、王惠德编写的《社会科学基本知识讲座》。如此学习兴趣与习惯一直保存下来。1961年文科教材会议，新设"列宁与毛泽东文化教育论著选读课程"。刘佛年教授参加完师范教育会议回到学校以后，就把执教这门新设课程的任务交由我承担，另由他负责指导。我1962年每周星期二下午都在他家接受指导。所以后来由我主编《马克思恩格斯论教育》和《列宁论教育》，还算是较为自然的事情。

七、关于毛泽东教育思想的思考

刘：众所周知，您对毛泽东教育思想很有研究，您的《现代中国的教育魂——毛泽东与现代中国教育》一书为什么没有再版？

陈：那本书，以充分的资料为根据，治学仍算谨严，现在也未察觉其中有不当之处。不过认识到Pädagogik是怎么一回事以后，对毛泽东教育思想的认识有了变化。因受到视力局限，不可能修改此书。

刘：您现在对这个问题的认识有什么变化呢？

陈：对毛泽东教育思想重新概括，主要为：

1. 以人民本位为核心价值取向的教育史观；

2. 枪杆里出人民本位的教育；

3. 民族的科学的大众的新民主主义性质的教育；

4. 以马克思主义中国化为指导思想的独立自主发展的本国教育；

5. 以人民群众客观需要和实际情况为出发点的群众教育；

6. 从普及与提高结合到"两条腿走路"的发展路线；

7. 要做人民的先生，先做人民的学生；

8. 教育为政治服务，共产党对教育的领导。

刘：您对教育学逻辑范畴的分析对于教育学的建构和教育学对教育实践的指导可能产生什么影响？

陈：我在《教育学究竟是怎么一回事：教育学辨析》一书

"跋"中提到，本书中并无什么深文大义，无非是对我国教育学人提个醒而已。至于此书的影响，可能很大，也可能并无什么影响，因为是否提而醒之，那是读者的问题。

刘：从您的指导中学到不少在别处难以学到的知识和道理，有待慢慢体会。我和我的导师胡惠闵教授对您的辛勤指导非常感谢！

陈：再见！

2019年9月26日—29日

话说教育学的学习与前程
——王建军—陈桂生教育学问对

一、如何使所学的教育知识融入自己的思维并转化为认识的工具［396］── 二、思维的性质和类型的区别［399］ ── 三、关于教育学的命运［402］

    王建军[*]：您是我认识的人中一位既亲身经历了中国最传统的教育方式（私塾），又亲身经历过新中国教育从草创到完成基础教育普及又面临数字时代挑战的整个过程，而且几十年来以教育研究为专业的人。我很想知道：这些一般人难得的个人经历，对于您确立自己的教育学立场和观点，起到了什么作用？作为具有这样的历史亲历经验的教育学者，如果请您对"教育发展的中国之路"和"教育学发展的中国之路"做一个比较简短的概况和评价，您会如何述说、如何评判，又如何预判未来的可能走向？

    陈桂生：客气了。我研究教育学的立场，其实同一般教育学人并无二致。无非是力求参照专业性质教育学的学术规范研究问题而已，因有感于多年来的研究生态，才一不标新，二不立异，三不开宗，四不立派，理由倒也简单，教育本是

---

[*] 王建军，男，1973年生，华东师范大学教育学系副教授。

千千万万教师参与的实践活动，与此相应的教育理论，无非是教育的常理常规与常法而已。至于"教育学发展的中国之路"，尽管自2014年以来萌生这种念头，但尚未形成系统的见解，或者说虽有某种见解，有感于如此研究生态，与其说了白说，不说也罢。

你提出的其他问题，触及我的痒处，不妨一议。

一、如何使所学的教育知识融入自己的思维并转化为认识的工具

王建军：读经典、读名著是学术界在培养新生一代时常见的要求之一，但多数人在选经典上就遇到困难，即使选择正确，真正要从经典中读出意味来，尤其是真正读出一种学术品格和掌握某种思想武器，更是不易。我很想知道：您当年在一个什么背景下以什么方式阅读包括马克思、恩格斯代表作在内的经典著作？这些阅读经验又如何转化为您后来形成教育学思想的武器呢？

陈桂生：你提出的这个问题，表明你对于如何使从教育名著中学到的教育知识融入自己的思维，并转化为自己认识教育问题的工具，深有感触。长期以来我虽读了不少教育名著，其实只能算是糊糊涂涂地死读，就连你的这种感触也无。不过从我学习教育学的过程，以教育学基本概念为例，倒可回答你提出的问题。

说来话长，1956年我开始学习教育学时，恩师萧承慎教授

在讲"教育学绪论"时,就根据凯洛夫主编的《教育学》(1948年版),提到教育学的基本概念为教育、教养和教学,合为广义教育之学。当时王焕勋在一篇文章中罗列苏联各种教育学教科书中关于"教养"的定义。我觉得费解,萧先生告诉我其中有两个关键问题:一个是教养是为学生应当掌握的知识与技能转化为他们自己掌握的知识与技能,一个是在教养的基础上形成学生的道德品质、世界观。

到此为止,是否懂得什么是教育,什么是教养,什么是称之为教学的教-学活动,教育学基本概念充其量只能算是似懂非懂,若明若暗。正如本书序中提到的,得益于前辈学者舔破一层又一层蒙在教育学基本概念上的窗户纸,才算走近教育学。

不过,从自己的教育学研究成果看来,还不能这么说。我拿到《教育原理》样本时,即产生"修改它"的念头。由于未能如愿,只得另起炉灶,写成《学校教育原理》。同样,从《学校教育原理》到《普通教育学纲要》又只得推开原作,另起炉灶。为何如此呢?现在看来,当时虽然早就知道教育学诸基本概念,其实并不知道教育学基本概念究竟是怎么一回事,在教育学研究中起什么作用。在《教育原理》中,虽然知道事实判断、价值判断、盖然判断的区分,未发生模态逻辑失误,但其中只把知识、技能作为教-学活动的中介,既未把教养作为衡量教-学活动的价值标准,也只把教育看成是教-学活动不言而喻的价值范畴,其中干脆把教-学活动称为"教育活动"。

再说,一直想修改《普通教育学纲要》,拖延很久。有一天忽生此念,遂草就《教育学究竟是怎么一回事——略议教育学的基本概念》，想不到由此却转移了话题。不仅由于发觉原先把"教养"看成"教育"的转义，实际上是教养概念与教育概念的混淆，在转移话题后，进一步发觉就连《教育学究竟是怎么一回事——略议教育学的基本概念》一文中的观念也大有反思的必要。经过一谈再谈，说三道四，吆五喝六，七谈八说，结论还是原先的观点，其实已经把别人的观点转化为自己的观点。

王建军：同样语词，原意也无差别，为什么会存在"别人的观点"和"自己的观点"之间的区别呢？

陈桂生：同一语词在运用中表达的观点似乎并无区别。其实语言既是习俗交流或学术交流中的工具，也是思维中用以表达思想的工具，思想中的概念更是内在的语词表达。内在语言和外在语言的区别在于外在语言存在一词多义的可能性，内在语言当然也存在各人赋予的语义的区别。至于学术语言，一般称之为"术语"，术语以定义的方式揭开概念的内涵，故按照形式逻辑的规则具有单义性质。

由此可见，读教育著作时，简单的学习是了解其中话语表达的见解，但读者了解写作的话语未必了解作者的原意。

从阅读教育名著中如增长教育知识，也算是开卷有益。若想增长自己的教育见识，势必从了解自己对同一教育问题的见识入手，明了自己的见识同隐在原著叙述中见识的区别，进而对原著中的见识加以分辨。

话虽如此，并不表示自己果真这样学习，如此议论其实不过是梦醒时分的想法而已。

王建军：您初读教育学诸基本概念和八读同一问题都是您

自己的看法，为什么说是把别人的观点转化为自己的观点？

陈桂生：初读教育学，实际上是按照西方学术规范，教育学理所当然是这么一回事，后来进一步反思才逐渐发觉我国称之为教育学的Pädagogik，未必是这么一回事，至多不过算是形成中的教育学。即使是公认的教育名著，也不过如此。即便如此，其中包含的现代教育之中不可或缺的成分，仍有效法的价值。至于按照通行的学术规范研究教育问题，更不可或缺。

以上只是事关阅读与领悟教育名著所见，其中涉及以文字表达的外部语言同个人用以思维的内部语言之别，不过实际上更是出于思维性质的类型的差别。

二、思维的性质和类型的区别

王建军：思维的性质与类型同外在语言的性质与类型有何区别？

陈桂生：在一般意义上，个人的思维中可能存在具象思维与抽象思维的成分，可能把其中一种成分凝固化、绝对化，并形成两种不同的思维类型。其实，即使是抽象思维，也还存在偶然的局部的抽象思维和全面的系统的理论思维的不同。理论思维中又存在科学理论思维和实践理论思维的区别（实践理论又有别于实践活动，科学理论中还存在自然科学和人文科学的区别）。不过，思维性质和类型的区别是人为的，重要的是超越二者如此区别的辩证法思维。

王建军：对同一概念或命题认识的差异究竟如何形成？

陈桂生：个体差异的发生自然复杂，其中一个普遍性的缘由，或许如所谓"诗的功夫在诗之外"。学术性质的问题也是如此，例如心理学家皮亚杰（J. Piaget）在谈到创造性时，曾提到在研究某个心理学问题时，要形成创造性质的思考，不妨不看本专业著作，而从本专业以外的著作求得启发。自然毕竟少不得以熟悉本专业为基础，所以在可知的同一概念或命题之外，还存在有待进一步思考同本专业课题相关的题外问题。在这方面，通常易受狭隘专业观念影响，往往只专注于专业研究对象直接相关的知识，而把本专业研究对象看成是社会生活中孤立的现象。

离题太远了，不妨回到你提出的阅读教育名著问题上。我国通常所谓教育学，其实是德语Pädagogik的中文译词。Pädagogik是怎么一回事？它同教育学的区别何在？这便是有待研究的问题。由于Pädagogik、education为研究的对象，education原意为"引出"，我国把education译为"教育"。education究竟是怎么一回事，它和我们所谓教育的异同，又是有待研究的问题。其实英语pedagogic更是按照现代人文学术规范建构的新学科，如不了解称之为现代学科形成的现代人文科学常例，便难以理解pedagogic何以如此。

按照建构现代基础性质的人文学科的常例，为使其有别于习俗观念，一般从建构术语入手。通常以古代拉丁语或希腊语中某个词语为词根建构新词（术语）。如Pädagogik希腊语原意为"教仆"。其实就连"教仆"也是中文译词，Pädagogik为以education为研究对象的学科。education原意为"引出"，我国把education译为"教育"，才把Pädagogik译为"教育学"。

问题在于建构Pädagogik之际，当时当地并不存在普适性质的education，即基本上尚未存在指称的对象，而称之为"引出"的对象属于有待普及的对象。那么当时当地为什么以"引出"为普及的对象呢？其实这又同当时当地历史形成而又普遍存在的值得注意的倾向性问题相关。

王建军：从教育情况看来，那里当时当地实际上存在什么有待解决的问题呢？

陈桂生：一般说来，在世界文明古国中，西方早就存在基督教传统。根据《圣经》，自亚当偷吃禁果以来，人出生后即有原罪，故有赖于上帝救赎。每个上帝之子，诉诸对上帝的信仰，笃信教规，在宗教仪式中不断忏悔，才不致沦为迷途的羔羊。时至近现代，自文艺复兴、宗教改革和启蒙运动以来，随着理性的复苏，逐渐萌生理性意识，以致现代基础性质的人文学科，都以人性论为立论的起点。按照夸美纽斯的见解，在亚当作恶之后，才有原罪，而在亚当作恶之前，人们并无原罪。由此可见，所谓"引出"，虽像是"输入"的对立词，实际上都带有引出人性之义，证明人是可教育的。

王建军：照此说法，教育问题竟然如此复杂，不免令人望而生畏。

陈桂生：把西方的Pädagogik同中国的教育文化相比，对教育问题的看法，与其说西方教育看法复杂，毋宁说那里的看法，其实远较我国的看法简单。

王建军：这是什么意思？

陈桂生：参照建构基础学科的学术规范，建构专业性质的学科，固然不易，就教育见解而言，由于西方本来意义的教育原以未成年人为对象，而我国自古以来的教育，原有官学与私学之分。官学以"有望成为官员后备人材的成年人为对象"，时至现代各级各类教育系统，意味着所谓教育已经超越未成年的对象，以致教育成为泛化的概念。不仅如此，西方原罪说根深蒂固，故其中的各种行为规范，基本上都以底线为限度，即以不作恶、不犯法、不违规为限度。我国从来未背所谓原罪说包袱，故一向存在超越底线的期待，甚至把这种期待夹入行为规范、道德观念、法律条文中。

回到本题，语言和表达语言的文字，实际上不过是思想的外壳，实际上未必都是思维的工具，不了解中西教育文化的区别，在阅读教育名著中就难以实现隐含于语言中的思想沟通。

总之，语词是一种称号，文字是有别于话语的另一种语言外化形式。所以有两种名不副实的情况：一是语词同其指称的事实有距离；一是语词同其反映的概念有差异。概念是指事物的本质属性，不过事实上有些概念是事物本质属性的表示，有些概念可能是事物应有本质属性的表示。可见读书是否领会其中的原意，其实同名实是否相符有关。

三、关于教育学的命运

王建军：就教育学本身而言，您在大学阶段初接触教育学时，主要学的是"舶来的教育学"；"文革"之后亲历"中国的教育学"的创建，又经历从试图创立比较纯粹的自己的教育学

（20世纪70年代末80年代中），到大面积、大幅度地借鉴以英美为主的外来经验（从概念到逻辑），再到近年来在一种新的自信基础上再次试图创建中国的教育学的复杂历程。我很想知道：在您看来，中国教育学在可预见的未来会是一种什么样的使命、样态和命运呢？

陈桂生：每个研究者都难摆脱其历史的局限性，教育学人更是如此。其实，我空忙一生。2014年才开始萌生走出"舶来的教育学"的念头，迟至2018—2019年才进入梦醒时分，开始对我国近百年来称之为"教育学"的pedagogic究竟是什么"学"存疑，从中滋生中国教育文化的自信。这种自信出自朦朦胧胧的见识，尚未形成系统的见识。面对如此学术氛围，尤其是教育学生态，与其说了等于白说，还是不说也罢。

不过，想到有感于如此学术氛围，才那样回答。有道是"不可与言而与之言，失言"，而"可与言而不与之言，失人"（《论语·卫灵公》）。相信所问系出于相信我真能合理地回答所问，毕竟出自诚意和对我的期待，故不妨尝试说说。你提出的问题虽像是容易答复，其实这个问题本身就有待具体分析。按理，"不曰'如之何，如之何'者，吾末如之何也已矣"（《论语·卫灵公》）。因为何谓教育之"学"，何谓"教育"之学，何谓"中国特色"的教育学，中国有无教育学，"中国特色"是什么意思，都是有待研究的前提性质的问题。中国为何尚未形成pedagogic或education那样的学科，甚至是否有必要形成那样的学科，更是前提性质的难题。如把称之为"教育学"或类似名目的教科书算是教育学，那么中国的教育学甚至比西方发达国家更发达。至于普适性的教育常道、常理、常规、常法追求，那是另外一回事。

诸如此类，前提性问题存在，归根到底还是由于从西学东渐开始，把pedagogic或education译为"教育学"，以致或以中国语词翻译其中专业语词，其中不免隐含本国语义或思路，形成中国化的pedagogic，或以中国化的pedagogic解读本国教育的历史与现状。然而我国历史形成的教育特色又未必因此而消亡。套用一句名诗"不识庐山真面目，只缘身在此山中"，弄不清楚教育学究竟是怎么一回事，皆因身在如此教育学生态中，这便是我等教育学人难以规避的历史局限性。

话虽如此，我还是乐观地看待教育学的命运。因为我们所谓教育学，即pedagogic，毕竟只有两三百年历史，在人类教育历史长河中只不过是短暂的一瞬间，更不用说这短短的一瞬间是在风雨飘摇中摸索行进，所以来日方长。中国虽无教育学的传统，而有长达五千多年的教育文化传统，以致pedagogic虽未必算是教育学，而在其演变过程中可窥见中国教育文化的影子。何况未成年人的教育，不管其形态如何，毕竟是各个时代、各个社会-文化中基础性质的事业和千千万万教师的实践活动，所以教育学人只要根深路正，必定大有可为。

关于教育学基本概念的内涵问题
——殷玉新—陈桂生教育学问对

一、关于教育学基本概念的内涵 [406] —— 二、何谓教养 [408] —— 三、何谓教学 [409] —— 四、何谓课程 [411]

殷玉新[*]：陈老师，您好！近期读了您在《全球教育展望》《中国教育科学》和《教育学报》等期刊上发表的关于"教育学究竟是怎么一回事"的系列文章，很受启发。不过，其中仍有一些问题还不太清楚，特想向您请教。主要是：您虽然注重教育学基本概念的单义性，并未对教育、教养和称之为教学的教-学活动下一个明确的定义；其中，虽然提到教育学中各个基本概念之间的联系，但并未展开分析。用意何在呢？因此，想请您结合这些关键问题再做一些解释。

陈桂生：你提到的这些问题很重要。其实，早就有青年朋友提出，我虽然写了许多关于教育学基本概念辨析的文章，却未见其中给若干概念下过定义。听了以后，如梦初醒，仔细一想，果然如此，但又说不出其中的缘由。关于教育学诸基本概念之间的联系，确实未能展开分析，这两个问题经你郑重提出，

---

[*] 殷玉新，男，教育学博士，浙江师范大学教师教育学院讲师。

我自己倒也该好生想一想。

一、关于教育学基本概念的内涵

殷玉新：我曾在您的《普通教育学纲要》一书中发现，您在概念界定上有独特的方法，曾采用历史的逻辑的、历史的具体的、历史的比较的方法，给教育、五育（智育、德育、美育、体育、劳动技术教育）都下了很有启发意义的定义，对我明确博士论文研究中的诸多概念有实质性帮助。那么，您为什么没有在文章中给教育学基本概念都下一个明确的定义呢？

陈桂生：以前无法回答这个问题，现在不妨说一说。以教育、教养概念为例，如今所谓"教育"其实是英语education的中译词，"教养"是德语Bildung的中译词。问题更在于education（教育）是以古代拉丁语educauo为词根建构的新词，拉丁语educauo原义为"引出"；curriculum（课程）是以拉丁语currere为词根建构的新词，currere原义为"跑马道"（racecourse）。

这样说来，不客气地说，表达现代教育、教养的语词好像是捕风捉影，即为建构一个新词，从拉丁语捕风，至于新词指称的对象，要在实践中去捕捉它的影子。不过如此说法，其实小看了现代术语的建构。实际上，如胡适所谓"大胆假设，小心求证"是把立论作为假设，主要的是求证。因为诸如此类专业性质的新词，是有别于习俗词语的术语。关于基本概念的内涵，由于每个事实发展到一定程度，其内在的本质属性才显示出来，从而按照事物的本质属性以定义的方式确定概念的内涵。

殷玉新：照此说法，我国语境中的教育内涵与英语国家语境中的教育内涵存在差异，而且教育内涵也在发展变化中。那么，教育概念的内涵究竟是什么呢？

陈桂生：在世界文明古国中，只有我们中国自古以来为世俗国家，所以，我国几乎很早就形成元教育的概念。早在先秦时期，就形成"以善先人者谓之教""教也者，长善而救其失者也""修道之谓教"之类的意识。由于善与恶为道德的基本范畴，故现代教育为使未成年的学生形成道德人格之义。由于基督教假定人出生后就带有原罪，故在宗教活动中救赎。所以，按照西方基督教观念，本无须在宗教之外，另立世俗的教育。

殷玉新：也就是说，教育概念的内涵在于使人向善。那么，西方社会为什么会实行education（中文译"教育"）的普及呢？

陈桂生：按照西方学者（如涂尔干）的说法，时至今日，基督教本身也发生变化，主要是从人对上帝的义务逐渐转化为人对人的义务，即从道德宗教化转化为宗教道德化，特别是在文艺复兴和启蒙运动以后，希腊时代的人文观点复苏。按照夸美纽斯的解释，人类在亚当偷吃禁果以后，才发生原罪，而在此之前，并无原罪。所以，对于未成年儿童来说，重要的是从education中引出其原始的人性。经过卢梭的发挥，便使education成为按照人的自然生成的秩序，发现儿自然的本性。

二、何谓教养

殷玉新：在您的著作中，曾援引德语及俄国著作中的教养概念，并未对教养概念的内涵作出解释。而在中国文化中，"教养"并不是专业术语。您在《普通教育学纲要》中把教养称为教育的转义或教育的第二义，不免有把教养与教育混为一谈之嫌。请问：我的这种看法对不对？

陈桂生：很对！《普通教育学纲要》中的说法，其实是在不明Pädagogik同教育学区别情况下的说法。以前有人问我：如何说通教育同教养之间的联系？那是由于我着眼于"以善先人者谓之教"，把教养解释为从善良之善到完善之善的变化，如把教育理解为道德人格的形成同作为知识、技能形成的教育，两者的性质便存在根本的区别。

殷玉新：也就是说，教养是一个较为专业的概念，具有独特的内涵，问题在于我们似乎并未给予足够重视，而只是作为一个日常用语对待。那么，为什么不仅中国文化中未把教养作为专业概念，就连英语文化中也未把它作为专业概念呢？

陈桂生：现代欧洲学术原为号称"有教养等级"的专利，随着民主意识与社会意识勃兴，平民文化意识逐渐增强，促使"有教养等级"改观。此后，在英语文化中，虽未把教养作为学术用词，却并未由此改变对教-学活动的教养价值追求。

相对说来，在我国教育文化中，因不明教育与教养的区别，而把教养融入教育概念中，相对于教养，始终把教育置于优先地位。

殷玉新：经过您的分析，教养概念才较为清楚。在教育学中，教养是指使学生获得所处时代应有的知识与技能，从而成为"有教养的人"，教养也就成为衡量教-学活动的另一种价值准则，即教-学活动需具有教养价值。

陈桂生：其实，中西教养观念仍有区别。西方社会中，未成年学生普适性的教育价值标准或价值追求，基本上以基础性质的教养或普通性质的教养为限度。所谓基础教养，是指人的一生中不可或缺的教养，而非偶然需求或暂时需要的教养；普通教养是一定时代、一定社会文化中不可或缺的教养，同样有别于这种片面或那种片面需求的教养，这是就以未成年人为对象的普适性的教养而言，至于个人是否超越这个限度，而不介意为自己或自己的子女留下成年人基础教养缺陷的终生遗憾，那是另外的问题。其实，所谓人格全面发展，正是这么一回事。

三、何谓教学

殷玉新：此外，我还发现，您在讨论教育诸基本概念时，还提到了教学，那么，您经常提到的通常称之为教学的教-学活动又是什么意思呢？有没有什么特殊的内涵？

陈桂生：其实，教学更是尽人皆知的事情，但是概念更加含糊，故这个提法也表示对"教学"一词有保留意见，又由于这个词已经约定俗成，才暂时采用这一提法。那么，为什么又对"教学"一词持保留意见呢？

关于教-学活动，原以"教授"一词表述，1919年，陶行知鉴于事实上"教授"不一定教学生学，故把"教授"改称"教学"，意思是只有教学生学才堪称"教学"。

其实，原先采用的"教授（受）"一词，不过是德语Lehren的中文译词，它表述的是教-学活动，属于中性词。把"教授"改称"教学"，事实上犯了把中性词改称带有一定的价值倾向的规范词的通病，因为通用语的性质是不以个人意志为转移的。所以，此后虽然把"教授"改称"教学"，事实上，通常仍把不论是不是教学生学的教-学活动，都视为"教学"。所以，把"教授"改称为"教学"，实际上对并非有效地教学生学的教-学活动起了掩饰作用。

殷玉新：您迁就习俗用语，暂时采用了这个提法。那么，依您之见，这个问题该怎么合理地解决呢？因为不是所有人都愿意接受习俗用语的提法。

陈桂生：客观地说，所谓教学，实际上是指教-学活动。明乎此，可知，有必要对教-学活动的价值进行思考。此外，由于现代教-学活动中传递的是集纳于基础学科的人类长期积累的基本知识，这种基础学科知识是教师已知而学生未知的成人经验的结晶，加上随着教育日趋普及，教-学活动越来越制度化，导致教-学活动反而同造就学生独立人格的初衷越来越远，甚至成为学生独立个性及学习主动性与创造性的束缚。又事实上客观存在的教-学活动，可能具有教养价值，也可能并无什么教养价值，还可能误导学生，甚至可能沦为教唆。所以，把教-学活动不加区分地统称教育活动或教养活动，便可能成为对走过场的行为或无价值行为的掩饰。

四、何谓课程

殷玉新：看来教学概念含糊的原因很清晰了，不仅如此，我觉得课程的概念也很含糊。而且，从您的著作中得到的印象是：您对课程问题研究的保留意见，似乎不下于对教学问题研究的保留意见。不知是否如此？

陈桂生：这是两个相关的问题。如今教学论和课程论专家云集，我虽对所谓教学和课程问题有些看法，但并无足够把握。在教-学活动问题研究中，"课程"是一个较晚出现的提法。Pädagogik 中原无"课程"提法，英语 curriculum 是以古代拉丁语 currere 为词根建构的新词。我国通常所谓"课程"，实际上是英语 curriculum 的中文译词。如今即使在英语地区，关于课程有多种不同的解说（定义式表述），尚未形成通行的课程定义，而在我国学者中，通常把课程解释为教学内容，同英语学者著作中有关课程的定义式表述的含义多有出入。问题在于，课程问题如何发生？

如果把"课程"作为"教学内容"的同义语，那么教学内容问题虽有待研究，而英语 curriculum 却是教-学活动研究过程中提到的新问题。这个问题的提出，有感于教-学活动中实际上存在教与学脱节的现象。进入20世纪之初，杜威在《儿童与课程》一书中，率先按照经验论重新解说教-学活动的实践。

殷玉新：那么，杜威按照经验论重新解说教-学活动的实践，对于解说课程的内涵有何新意呢？

陈桂生：鉴于传统教-学活动以学科知识与技能为中介，而学科知识不仅同未成年人的认知水平差别甚大，按照杜威的说法，学科课程中反映的人类成熟的经验甚至同未成年人的经验正好相反。不过，学科知识本身是人类认知由浅入深、由简单到复杂逐渐形成的。有道是未成年个体的生长在一定程度上为种族生长过程的复演。所以，可以从种族经验形成过程中寻求同未成年儿童、少年经验沟通的要素，如从神话故事、童话故事、民间故事、动物故事入手。

殷玉新：据介绍还有按照人类文化演变设计课程的尝试，而且这种尝试还是很有意思，也对课程设计蛮有启发的。不知以经验解说教-学活动内容的沟通在课程实施中还有其他的什么尝试吗？

陈桂生：其实，以经验解说课程还得自对手工劳动教育价值的肯定说起。这是由于20世纪初期在劳工神圣的思潮中，对体力劳动从贬视到肯定，鉴于传统教-学活动中一向存在学与用脱节的缺陷，有识之士为解决这个问题，从把手工劳动列入教-学活动内容中得到启发。自古以来，在历史形成的体力劳动和脑力劳动对立的背景下，一向存在对体力劳动和体力劳动者的歧视。19世纪与20世纪之交兴起的劳工神圣的社会思潮，把手工劳动列入教-学活动，意味着发现体力劳动的教育价值，由于以手工劳动为缓解学与用脱节问题的契机，从手工劳动中进一步衍生出"劳作""劳动"和"作业"观念，以致那时所谓劳作学校、劳动学校、工作学校风起云涌。甚至干脆把现代学校同传统学校之间的差异归结为工作学校同读书学校的区别。

殷玉新：照此说法，读书还有什么用呢？岂不是"读书无用论"的意思吗？

陈桂生：20世纪之初，杜威在《学校与社会》一书中，有一个著名的价值判断，即现代学校从"儿童读书的学校"，改变为"儿童生活的学校"。如此变革正如哥白尼把"地球中心说"改为"太阳中心说"，一般把杜威的如此判断理解为从"社会中心说"到"儿童中心说"的转变。其实依杜威之见，读书学校可能发展个人主义，所以他试图把读书学校改为儿童生活的学校，恰恰是培养未成年学生的社会意识，即在儿童本身的社会生活中合作学习，相互交流，未必存在排斥教师讲授和学校读书之意。

殷玉新：照此说法，20世纪初期课程改革的背后，实际上是教育价值观念的变化吗？

陈桂生：说得对，"课程"未必是"教学内容"的同义语。当时还有教-学活动形式（如我国称之为设计教学法的克伯屈的设计法）、教-学活动组织形式（如我国称之为道尔顿制）之类的尝试，超出了教-学活动内容的范围。

殷玉新：既然课程和教学内容不一定是一回事，我国学者为何还把"课程"作为"教学内容"的同义语呢？

陈桂生：其实，我国所谓课程，原为英语curriculum的中文译词，curriculum实际上仍是探索中的课题，虽有不少定义式表述，迄今尚未形成恰适性的定义。不妨视之为"学程"的同义语。

殷玉新：您在《课程引论》一书中曾提到，德国在20世纪60年代以前，并无"课程"一说，有的法国学者也称，在法国并不知道课程是怎么一回事。欧洲教-学活动难道并未发生从教程向学程转化的趋势吗？

陈桂生：是的，在英语地区，curriculum（课程）也是在19世纪中叶以后才逐渐采用的概念，同欧洲大陆地区的教学内容观念同中有别，异中存同，这也正是有待研究的课题。

殷玉新：那么，您所说的同和异分别是什么呢？在现代教-学活动从教程向学程演变的趋势中，形成中的课程论究竟是怎么一回事？我们该如何进行课程研究呢？

陈桂生：面对教学论、课程论专家云集，只能说，你问道于盲。

殷玉新：请相信，我是诚心实意向您请教，希望谈谈您的看法，我们在学习和研究过程中也可以获得多种观点的启发。

陈桂生：还是那几句话，面对教学论与课程论的分野，局外人对此问题也就难说。我在《学校教育原理》一书中曾冒昧提出教学论—课程论一元化见识，意思是：教程和学程原为历史形成的两种教-学活动形式。其实，教程本身便同指导学生学习而发生，从教学艺术到教学法（即教学法则研究）以至教学论。其中，初步形成的教学原则、教学法则、教学规则、教学方法，无不同指导学之教的规定性相关。从"无为教而教，教而以矣"之说。自然，在实践中"为教而教，教已矣"的情况是普遍存在的。后来，相对于"以学生为中心"才有"以教师为中心"一说。所以学程的源头就隐藏在教程之中。由于教程毕竟是教育尚未普及过程中形成的，随着时代的变化，特别教学活动的价值取向与实际状况的变化，对原有教学原则、教学规则和教学方法就有必要重新加以分辨。由于教-学活动是千千万万人参与的实践活动，故无论是国际课程研究的成果，还是本国课程研究成果，在实践中都少不得要有可能性与可行性的考虑。

殷玉新：看来您不是就课程论课程，而是以教育学视野审视课程，又从课程的变化中察觉教育的变化。

陈桂生：与其说从课程变化发觉教育的变化，不如说由于教育价值观念的变化，才促使课程问题发生。而且，有意思的是，英语地区形成课程概念而鲜见教养概念。其实，以经验取代（实际上解读）知识与技能，实际上追求的正是以课程名之的教养；那么，在欧洲大陆若干地区，以教养为教-学活动的价值追求，虽未以课程为教育学的基本概念，那里教学内容+普通教学法与分科教学法，同课程概念的内涵却有可比之处。因为普通教学法与分科教学法所拟解决的正是成年人经验与未成年人经验沟通中的问题。

我国教育学或课程论、教学论，虽以"课程"为"教学内容"的同义语，却鲜见相当于普通教学法与分科教学法的建树。虽然所谓课程理念、教学理念，越来越新，越来越玄，好不热闹，至于何时落地，没有调查，就没有发言权。

殷玉新：从与您的问对中，我得到不少启发。不仅清晰了教育学诸多基本概念的内涵，也发现以问对的方式探讨教育学问题的好处。谢谢陈老师！

陈桂生：不当之处，请你指正。再见！

跋

关于本书缘起,不妨补充作点交代。本书作者早就打算修改《普通教育学纲要》,一直延误下来。有一天忽然萌生此念,遂信笔草就《教育学究竟是怎么一回事——略议教育学的基本概念》一文。想不到由此转移了话题,并且一发而不可收拾。其中又不时萌生疑点:以如此简单的话题七谈八说,岂非走火入魔?恰在此时,忽忆及王国维治学之境界说,才总算释怀。

有道是:"昨夜西风凋碧树,独上高楼,望尽天涯路。"此第一境也;"衣带渐宽终不悔,为伊消得人憔悴",此第二境也;"众里寻他千百度,蓦然回首,那人却在灯火阑珊处",此第三境也。由此可知,关于教育学问题的症结,经过七谈八说,蓦然回首,才知事情就这么简单。至于在如此简单的问题上怎么会"众里寻他千百度",才真相大白呢?不妨再套用一句名诗,即"不识教育学真面目,只缘身在此学中"。盖由于教育学问题的症结,早就淹没在一层又一层是是非非的教育学迷雾的覆盖中,以致不登教育学的"高楼",便难以望尽它的天涯路。

那么此"路"为什么如此难呢?还是那句老话:我国早在西学东渐之初,就把那里的Pädagogik当作教育学。其实那里并不存在教育元概念,才新造出一个意为"引出"的语词,其指称的对象,尚有待建树。信不信由你。不讲别的,最初建构带有现代的教育理论的夸美纽斯就曾指出:"在此以前各世纪,这种教导与学习的艺术是很少有人知道的,至少,我们现在希望它能达到的完善的程度是很少有人知道的。"① 不过那里虽不存在教育元概念,却大致在我国形成教育元概念的同时,形成那里一脉相承的基督教观念,以致那里世俗性质的教育属于新兴事业。唯其如此,才在不断摸索中冒出各种各样的选择,从而使本来较为简单的教育问题越来越复杂化。

啰唆一通又一通,其实并无什么深文大义。无非是给我国教育学人提个醒而已。信不信由你。

本书在写作过程中,有幸得到胡惠闵教授及其博士研究生刘庆龙硕士的多方支持和信阳师范学院张建国博士的热情赞助,上海教育出版社责任编辑董洪硕士为本书出版费心良多。顺致谢意!

陈桂生
2019年7月27日

---

① 夸美纽斯.大教学论[M].傅任敢,译.北京:人民教育出版社,1979:5.